LE VOYAGEUR FRANÇOIS,

OU

LA CONNOISSANCE
DE L'ANCIEN
ET DU NOUVEAU MONDE.

VOYAGE DE FRANCE,
Mis au jour par Monsieur D***.

TOME XXXII.

Prix 3 liv. relié.

A PARIS,
Chez MOUTARD, Imprimeur-Libraire de la Reine,
rue des Mathurins, hôtel de Clugny.

M. DCC. XC.
Avec Approbation, & Privilege du Roi.

ERRATA.

LE voyageur a répété par inadvertence, page 196, depuis la ligne 28 jusqu'à la ligne 18 de la page suivante, ce qu'il avoit dit à la fin d'une de ses lettres précédentes page 147, concernant les salines du Languedoc. Nous ne nous sommes apperçus de cette petite répétition, que lorsqu'il ne nous a plus été possible de la supprimer.

LE VOYAGEUR FRANÇOIS.

LETTRE CDXIII.

Suite de l'Auvergne.

EN remontant toujours à la source de la petite riviere de Couse, nous nous sommes trouvés, Madame, dans la plus horrible gorge qui existe au bas du groupe énorme du Mont-d'or. C'est un précipice profond, sombre, au milieu duquel coule, avec grand bruit, le torrent qui l'a creusé, tout est triste. Tout est affreux dans ce ravin; mais aussi c'est un spectacle non moins singulier qu'effrayant de se trouver, pour ainsi dire, placé dans le flanc du groupe du Mont-d'or, & dans un fond entouré de deux murs naturels, qui semblent s'élever jusqu'aux cieux pour vous cacher la lumiere du jour, & dont les énormes assises se détachent successivement, & menacent de tomber dans le précipice qui les sépare.

Nous nous hâtâmes de sortir de ce lieu presque souterrain, qui n'avoit de beau que l'horreur qu'il inspiroit & que l'étonnante rapidité du torrent.

Je ne vous raconterai pas, Madame, les fatigues, que nous eûmes à éprouver, les dangers que nous eûmes à courir pour nous tirer de ce lieu de ténèbres, & pour être rendus à la lumiere des cieux; nous y parvînmes, mais après beaucoup de lassitude.

Un poëte, Madame, auroit pu trouver, dans ces lieux sauvages, un grand aliment à son imagination; il y auroit certainement vu la retraite de quelques faunes amoureux, mais à-coup-sûr il ne l'auroit jamais pris pour le séjour des Nayades. Les belles Nimphes des eaux auroient adopté un lieu plus aimable. On n'y sauroit voir tout-au-plus dans la source du torrent que la caverne de quelque fleuve, bourru, grondeur, & d'une figure rébarbative.

Le lieu appellé *Mont-d'or les-bains*, où nous arrivâmes quelque temps après, est célèbre, non seulement en Auvergne, mais aussi dans tout le royaume, par ses sources minérales. Elles obtiendroient sans doute une plus grande célébrité, si le lieu étoit plus agréable, & si les étrangers y trouvoient plus de commodités.

Les principales sources thermales & minérales qui coulent dans ce lieu sont au nombre de trois; *les bains de César, les grands bains & la fontaine de la Madeleine.*

Les *bains de César* qui sont les plus renommés, & dont la source est la plus abondante & la plus chaude, semblent par leur propre dénomination, avoir été connus du tems des Romains. Cette opinion est appuyée par l'existence des restes d'un monument antique, qui porte encore le nom de *Panthéon*; & qui devoit être un temple consacré à tous les dieux.

Cette source se trouve sur le penchant de la montagne, au-dessus du vallon ; elle jaillit au-milieu d'une grotte, dont la hauteur est d'environ douze pieds, la largeur de neuf, & la profondeur de onze : ces dimensions ne forment pas une étendue fort considérable. Au milieu, est un petit bassin irrégulier qui représente assez bien l'ouverture d'un puits. C'est-là que les malades se transportent, ou se font transporter dans des chaises à porteurs, pour y prendre les bains. Il ne s'y peut placer qu'une seule personne ; & encore ne peut-elle s'y tenir que dans une posture gênante.

La chaleur de cette source fait monter le thermomètre de Réaumur à trente-six dégré. Cette eau contient en dissolution de la terre absorbante, de l'alkali minéral, un peu de fer & du sel marin.

Un phénomène bien remarquable, Madame, s'opere dans cette grotte. Cette source très-salutaire d'ailleurs produit, à certaines époques, des effets meurtriers. Lorsque le ciel est couvert de nuages électriques, ou pendant les temps de brouillards, les vapeurs qui s'exhalent en abondance de cette fontaine, deviennent très-nuisibles pour ceux qui se hazardent à les respirer. On ne peut alors s'y baigner & même s'arrêter pendant quelques minutes dans la grotte, sans éprouver une grande difficulté dans la respiration, & une opression qui s'acroit à mesure qu'on y a prolongé son séjour. On cite l'exemple de quelques personnes, qui s'étant obstinées à prendre les bains dans ces tems critiques, sont mortes victimes de leur entêtement.

A vingt pas au-dessous des bains de César, sont *les grands bains*. Dans un bâtiment large de quinze pieds, profond de vingt-six & haut d'environ quinze à seize, sont deux sources qui jaillissent l'une à côté de l'autre, chacune dans un bassin particulier, & qui sont séparées par un mur à hauteur d'appui. Les deux bassins de cette fontaine sont plus grands & plus commodes que celui des bains de César. Les eaux en sont également gazeuses ; cependant, dans des tems où le ciel est couvert de nuages; leurs évaporations ne produisent point d'effet dangéreux comme dans la grotte de ces derniers bains : ce qu'il faut attribuer à la plus grande étendue du local & à l'ouverture plus vaste de la porte qui y laisse pénétrer une plus grande quantité d'air athmosphérique.

La chaleur de ces bains est moindre que celle des bains de César, & elle ne fait monter le thermomètre de Réaumur qu'à trente cinq degrés. Ces eaux contiennent en dissolution de la terre calcaire & du sel alkali minéral.

La *fontaine de la Madeleine*, est la plus basse & la plus voisine de la riviere; elle n'est enfermée dans aucun bâtiment, & n'a pas même un bassin pour recevoir ses eaux, qui sont les plus tempérées, & les seules qu'on laisse boire aux malades. C'est à cette fontaine que l'on remplit toutes les bouteilles qui sont envoyées dans différentes provinces de France, à moins qu'on ne demande expressément de l'eau des autres deux sources.

Cette eau contient en diſſolution, comme les deux autres ſources, du fer, de la terre calcaire & du ſel alkali jaunâtre.

Outre ces trois fontaines, on en trouve une quatrieme d'eau froide, qui eſt minérale : elle eſt ſituée au-deſſus des bains de Céſar.

On ne fait ordinairement uſage des eaux du Mont-d'or que dans les plus grandes chaleurs de l'été, depuis le 15 Juillet ſeulement, juſque vers la fin d'Août; dans les autres tems de l'année, il y fait froid, & l'hiver y eſt toujours très-long, très-rigoureux, & les printemps ainſi que les étés y ſont tardifs.

Les propriétés ſalutaires de ces eaux ſont univerſellement reconnues, & leur réputation eſt encore mieux établie par les guériſons fréquentes qu'elles opérent, que par le témoignage des médecins. On les regarde comme les plus gazeuſes de l'Europe; elles ſont ſouveraines pour les malades attaqués de phtiſies, pour les pulmonaires, les aſthmatiques, & les paralytiques; elles guériſſent les rhumatiſmes, la galle, les dartres, & ſont utiles dans presque toutes les espèces de suppression de règles. Elles ont aussi un avantage qui n'est pas commun, c'est celui de supporter le transport sans perdre de leur vertu.

Le village de Mont-d'or n'est point directement situé au bas des montagnes de ce nom comme on pourroit le croire; il est bâti au bas de la montagne de l'*Angle*, & il est éloigné d'une grande lieue du fameux grouppe du Mont-d'or, dont je vais, Madame, vous entretenir.

Pour arriver à ces montagnes, nous suivîmes le vallon des bains, au fond duquel coule la riviere de *Dore* qui se jette plus loin dans la riviere de *Dogne*, & qui confondant leurs eaux & leurs noms forment une seule riviere sous le nom de *Dordogne*, qui après avoir dans un long espace, séparé l'Auvergne du Limosin, traverse le Périgord & le Bordelois, & va grossir la Garonne au-dessous de Bang.

Nous remontâmes le long du vallon des bains, bordé de chaque côté de montagnes très-élevées, d'aspérités nombreuses, de rochers suspendus au-dessus du ruisseau, d'autres absolument renversés & tombés jusqu'au fond. Parmi les formes bizarres que produisent ces groupes de rochers, on en distingue un communément appelé *le Capucin*, parce que de loin il présente assez-bien la forme d'un religieux avec son manteau & sa capuce.

A gauche du vallon, on admire un objet bien plus magnifique; c'est *la Cascade* du Mont-d'or. Elle est formée par un ruisseau assez considérable, & ne présente qu'une seule nappe dans sa chute qui a plus de soixante pieds. Cette nappe d'eau est d'autant plus belle qu'elle est environnée d'objets tristes, de rochers, dont la noirceur & l'aridité semblent en relever l'éclat. On assure que lorsque cette cascade vient à être frappée par les rayons du soleil, elle offre les effets de l'arc-en-ciel; nous n'eûmes pas, Madame, le bonheur de jouir de ce brillant spectacle.

Les rochers énormes, suspendus au-dessus de cette cascade, minés dans leurs fondemens par les eaux,

& qui sembloient menacer nos têtes, l'inquiétude naturelle qui résultoit de notre situation n'étoit point assez forte pour nous distraire du sentiment profond que nous inspiroit la vue de ce bel accident de la nature. Les objets grands, les objets extraordinaires, frappent nos sens d'une maniere nouvelle, remplissent notre ame, & en excluent pour quelque tems tout autre sentiment.

La vue de cette nappe d'eau, le bruit de sa chute, l'énorme chaussée de rochers du haut de laquelle elle tombe, l'air humecté des environs: tout cela doit être vu, entendu & senti, & ne peut se décrire.

Enfin, Madame, pour ne plus vous amuser en chemin, nous voilà sur la cime de la montagne la plus élevée du groupe du Mont-d'or. Cette montagne appelée *le puy de Sanci*, s'éleve au-dessus du niveau de la mer de mille quarante-huit toises. Elle est hérissée, de tous côtés, de groupes de rochers, d'aspérités nombreuses, dont la matiere est indubitablement volcanique; ce qui me feroit croire que cette montagne étoit anciennement dominée par une autre beaucoup plus confidérable & plus élevée, où fe trouvoit le cratere d'où font découlées toutes les laves & bafaltes qui forment aujourd'hui la cime de celle-ci, qui même paroît dans un état de deftruction & de décharnement univerfel ; car on peut dire que cette cime n'offre que le fquelette d'une montagne.

Je n'ofe vous peindre ce que mes yeux ont à peine ofé parcourir. C'eft l'immenfe lointain, qui du haut de cette montagne, s'offrit de tous côtés à mes regards. Votre œil, Madame, a t-il jamais embraffé un efpace de vingt à trente lieues ? Vous êtes vous jamais élevée au-deffus ou bien au niveau des nuages ? Avez vous jamais eu à vos pieds des milliers de villes, bourgs, villages ou hameaux ? Si vous ne vous êtes jamais trouvée dans une pofition femblable à la mienne, vous ne pouvez point vous en former une idée.

Quand je viens à rappeler à mon imagination ce que j'éprouvai alors, la plume me tombe des mains. J'aime mieux laiffer votre efprit s'égarer dans un champ illimité, que de le restreindre par des expressions insignifiantes, dans des bornes inexactes.

A une forte lieue & à l'occident du groupe du Mont-d'or, on trouve le hameau de *la Bourboule*, bâti sur les bords de la Dordogne : il dépend de *Murat le-quaire*, village avec une seigneurie autrefois considérable. Dans ce lieu on voit aussi plusieurs sources thermales, auxquelles on attribue les mêmes qualités qu'ont celles du Mont-d'or ; elles ne sont point aussi chaudes ; car elles ne font monter le thermomêtre de Réaumur qu'à 28 degrés ; mais elles contiennent en dissolution à-peu-près les mêmes substances.

A une lieue au delà & à deux lieues des Monts-d'or est la ville de *la Tour*; petite ville, qui a donné son nom à une des plus puissantes maisons de la province & du royaume, connue sous le nom de *la Tour d'Auvergne*, & qui prétend descendre des anciens comtes d'Auvergne. Cette descendance n'est pas trop bien prouvée, malgré les efforts que fait le savant Baluze dans son histoire de la maison d'Auvergne. *Geraud de la Tour*, est le premier seigneur que l'on connoisse de ce nom; il vivoit vers le milieu du dixieme siecle. Après avoir enrichi plusieurs monasteres, il finit par se faire moine à Sauxilange, en Auvergne, vers l'an 984, & y mourut quelques années après. Il eut pour fils & successeur *Bernard de la Tour*, qui fut à son tour un grand bienfaiteur du monastere de Sauxilange. Un de ces dévots seigneurs fit hommage de son château de la Tour à l'abbaye de Cluny, & plusieurs de ses successeurs l'imiterent fidèlement dans cet acte de servitude religieuse.

Bertrand V, seigneur de la Tour, par son mariage avec *Marie*, comtesse d'Auvergne & de Boulogne, devint le chef des comtes d'Auvergne de sa maison. Les historiens du quatorzieme siecle font souvent mention de ce seigneur, qui étoit courageux & magnifique. En 1389, Charles VI alloit en Languedoc. Le sire de la Tour vint l'attendre & le recevoir à Gannat, avec plusieurs dames; là il lui donna une fête magnifique. L'historien de Louis III, duc de Bourbon, dit que le roi étant à Gannat, *le sieur de la Tour avec les dames & demoiselles du pays, le festoierent liément.*

Ce seigneur eut souvent à combattre les Anglois, qui de son tems s'étoient emparés de plusieurs places en Auvergne. En 1390, un de ses châteaux, nommé *la Roche-Vandais,* qu'il avoit abandonné, fut pris par les pillards, qui tenoient pour le roi d'Angleterre.

Cette place, très-forte, & avantageusement située, n'étoit qu'à une lieue de la tour, & sa prise par les Anglois causoit de grandes inquiétudes à ce seigneur. *Le sire de la Tour,* dit Froissard, *quand il sentit qu'il avoit tels voisins si près de lui qu'à une lieue de sa meilleure ville de la Tour, ne fut pas bien assuré, mais fit garder fortement & étroitement ses villes & ses châteaux.* Le roi de France alors averti du désordre qui regnoit en Auvergne, envoya dans cette province *Robert de Bethune,* vicomte de Meaux, qui parvint à chasser les pillards du canton & sur-tout du château de la *Roche Vandais*, qui fut aussi-tôt rasé par les gens du pays. *Tellement*, dit Froissart, *qu'il n'y demeura muraille entière, n'habitation nulle, ne pierres l'une sur l'autre; tout fut renversé & porté par terre.*

Mérigot de Marchés, chef de ces pillards, fut fâché lorsqu'on lui annonça la prise du château de la Roche-Vandais. Ne sachant comment garder les pays qu'il avoit pris en Auvergne, il fut se refugier chez le seigneur de *Tournemire*, son cousin, qui le reçut d'abord, puis l'arrêta & le mit en prison dans son château, comme traître au roi. Le comte d'Armagnac réclama ce prisonnier & l'obtint : le roi en étant averti, écrivit au comte de lui renvoyer ce prisonnier; & *Mérigot de Marchez*, la terreur de l'Auvergne, & qui se faisoit nommer *le roi des compagnies*, fut conduit à Paris; son procès lui fut fait à son arrivée, & il eut la tête tranchée aux halles; puis il fut écartelé, & chacune des quatre parties de son corps fut placée aux quatre principales portes de cette capitale.

Bertrand V de la Tour ne fut point comte d'Auvergne, il mourut même quelque tems avant que sa femme devint *comtesse*. Mais son fils aîné, Bertrand VI de la Tour, porta, le premier de sa maison, le titre de comte d'Auvergne & de Boulogne. Ce comte se distingua dans les malheureuses guerres civiles qui troublerent la France, sous les règnes de Charles VI & de Charles VII. Lors du mariage de la princesse Marguerite, fille du roi de Sicile, avec Henri VI, roi d'Angleterre, célébré à Nanci, le comte d'Auvergne se distingua par son courage & sa magnificence dans les joutes. Il vint, dit un écrivain de ce tems-là, *monté sur un bel & puissant coursier à une houssure d'un beau drap d'or, chargée de petites campanes d'or, à une manteline de mesme; & avoit dix gentils hommes atournadés de satin blanc & cramoisi portant chacun une bonne lance. Il fit ses douze courses, c'est-à-savoir, trois contre M. Saint-Pol, six contre messire Jacques de Lalain, & trois contre messire Pierre de Braizé, & rompit six lances.* Martial d'Auvergne, dans son livre intitulé *les Vigiles du roi Charles VII*, parle ainsi de ces joutes & de cette fête.

La feste si dura huit jours
Tant en danse, desduits, esbats
Que autres gracieux séjours
Et tant que chacun étoit las.

Jean III, seigneur de la Tour, comte d'Auvergne & de Boulogne, fut le dernier de la premiere branche de la maison des seigneurs de *la Tour d'Auvergne*. Il épousa en 1494, *Jeanne de Bourbon*, princesse du sang royal, appelée communément *la Douairière de Bourbon*. Il échangea, avec le roi Louis XI, le comté de Boulogne pour le comté de Lauraguais. Ce comte laissa trois filles, l'une décédée en bas âge; la seconde fut *Anne de la Tour*, comtesse d'Auvergne, qui épousa *Jean Stuart*, duc d'*Albanie*, dont les enfans moururent jeunes, & la troisieme fut *Madeleine de la Tour*, qui en 1517 épousa *Laurens de Medicis*, duc d'*Urbain*, neveu du pape Léon X. Elle eut pour fille *Catherine de Medicis*, qui hérita de sa tante *Anne de la Tour*, du comté d'Auvergne, & qui fut reine de France.

Il existoit, Madame, une autre branche de la Tour, connue sous le nom de *la Tour d'Oliergues*, & qui est la seule qui subsiste, & de laquelle descendent les ducs de Bouillon d'aujourd'hui. Bertrand III, seigneur de la Tour, en est le chef; il épousa *Beatrix d'Oliergues*, dont la seigneurie échut à *Bertrand*, son fils puiné. Ce Bertrand épousa Marguerite *Aycelin de Montaigu*; c'est de ce mariage que sont descendus les ducs de Bouillon & le célèbre vicomte de Turenne.

Je me suis un peu écarté, Madame, de la relation de mon voyage, pour vous donner quelques détails d'une maison aussi illustre, & qui a fourni plus d'un héros à la France; je reviens à mon premier objet.

La ville de la Tour a le titre de baronnie, elle est petite & assez mal bâtie. On voit encore les restes de l'ancien château, perché sur une butte volcanique, ou chaussée de basaltes, dont les colonnes sont bien caractérisées. La place du marché de la ville est établie sur une autre chaussée de basalte dont la surface offre un pavé presque régulier, & qui rappele le carrelage d'une chambre.

Nous quittâmes la Tour pour revenir du côté de la Limagne d'Auvergne, & après avoir traversé les apendices méridionales des montagnes du Mont-d'or, nous nous arrêtâmes au lac de *Paven*.

Ce lac est une des anciennes curiosités naturelles de cette province. Suivant plusieurs vieilles traditions, lorsqu'on jettoit une pierre dans ce lac, un épais nuage s'élevoit aussitôt du milieu des eaux, & produisoit des éclairs, le tonnerre, l'orage & la grêle. *Abel Jouan* parle de ce lac comme d'un *grand goufre duquel, dit-il, sort ordinairement une grande foudre de grêle & tonnerre qui gâte les blés des vallées*. Le pere Foderé dit en parlant de la Limagne, que ce lac est *admirable & épouvantable* ; « admirable, » dit-il, parce qu'il est sans fond, » au-moins, il n'y a personne qui » l'ait pu trouver, & d'ailleurs on

» ne sait d'où l'eau peut venir d'un
» lieu si haut ; car on n'y en voit
» point tomber d'aucune part ; *épou-*
» *vantable*, d'autant que si vous y
» jettez une pierre, vous êtes assuré
» d'avoir bien tôt du tonnerre, des
» éclairs, de la pluie & de la
» grêle ».

Ce lac *épouvantable* & dont les effets sont, dit-on, si terribles, ne nous a offert que l'image du calme & d'un des plus rians paysages que j'aie jamais admiré.

Sa forme est à-peu-près ronde, sa circonférence est d'environ une demi-lieue. Il a cela d'extraordinaire que ses bords sont élevés, & forment une enceinte, qui a depuis soixante jusqu'à cent-vingt pieds de hauteur. Cette enceinte naturelle est en-dehors fort escarpée, & dans l'intérieur sa pente est douce, tapissée de verdure, & en plusieurs endroits ombragée d'arbres touffus.

On voit bien sortir, même avec abondance, les eaux de ce lac qui forment à leur issue une riviere assez considérable ; mais on ne voit point par quel endroit elles s'y introduisent. On ne peut pas douter qu'elles n'y arrivent par des conduits souterrains. L'eau en est limpide & transparente; on voit parfaitement bien le fond qui va toujours baissant, vers le milieu, en forme d'entonnoir, & qui sembleroit indiquer que la vaste excavation qui contient les eaux de ce lac, étoit autrefois la bouche d'un des plus affreux volcans d'Auvergne. Ce qui m'a confirmé dans cette premiere idée, Madame, c'est que la chauffée naturelle & très-étendue qui s'éleve tout-au-tour de ce vaste reservoir, est entierement composée de déjections volcaniques. Ce systême qui me paroit très-probable, auroit sans doute quelques rapports avec le récit des merveilles qu'on attribue à ce lac, & pour lesquelles je vous l'avoue, Madame, j'ai fait d'inutiles expériences.

A un quart de lieue & au sud du lac de Paven est une profonde excavation, appelée *le Creux de Souci*. Ce creux a neuf toises de profondeur, & ne contient qu'environ une toise d'eau. On raconte dans le pays, que les eaux de ce creux communiquent au lac de Paven, & l'on aſſure que ſi l'on jette quelque corps dans le creux, on le voit au bout de quelque tems ſur la ſurface du lac de Paven.

Nous paſſâmes enſuite dans la petite ville de *Beſſe*, qui étoit autrefois du patrimoine des anciens ſeigneurs de la Tour. Cette ville eſt entierement bâtie de pierres baſaltiques, dont la noirceur en rend l'aſpect un peu triſte.

Dans la principale égliſe, qui eſt deſſervie par une nombreuſe communauté de prêtres, on conſerve pendant l'hiver ſeulement une petite image noire de la vierge, qui a autrefois opéré, à ce qu'on dit, pluſieurs miracles, & dont la réputation eſt fort étendue. En été, cette image eſt proceſſionellement tranſportée à une lieue de la ville, ſur la montagne de *Vaſſivière*, où elle a une chapelle très-bien bâtie. On nous a aſſuré, Madame, que ſi l'on négligeoit de quelques jours le tranſport de cette figure, elle feroit elle-même le voyage; ce qui est arrivé plusieurs fois, à ce qu'on croit.

Je suis, &c.

A Besse, ce 18 juin 1760.

LETTRE CDXIV.

SUITE DE L'AUVERGNE.

Après avoir parcouru tout le pays qui est entre Besse & Issoire, nous sommes revenus dans cette derniere ville, de laquelle j'ai fait diverses incursions sur les lieux circonvoisins, dont je vais, Madame, vous entretenir.

Vodable est une petite ville à deux petites lieues & au sud-ouest d'Issoire; c'est le chef-lieu ou la capitale du *Dauphiné d'Auvergne*, dont je vous ai déja parlé, Madame; elle est bâtie sur une éminence, au-dessus d'un vallon vaste & profond qui a contribué, dit-on, à former le nom de cette ville, & qui en latin est appelée *Vodabulum*, ou, suivant quelques autres, *Vallis Diaboli*, val ou vallon du Diable. Cette infernale dénomination est due sans doute à la tristesse & à l'aridité du vallon qui est semé de rochers basaltiques de couleur peu agréable.

Les

Les dauphins d'Auvergne faisoient dans ce lieu leur résidence ordinaire; ils y avoient un palais magnifique, dont on voit encore quelques restes. En 1272 les habitans acheterent de Robert II, dauphin, des priviléges & le droit de commune, qui furent confirmés par *Beraud*, dauphin en 1356, & par Louis de Bourbon, comte de Montpensier & dauphin d'Auvergne en 1427.

La maison de ces dauphins étoit une branche de l'ancienne maison d'Auvergne.

Le premier qui porta le nom de dauphin, étoit fils de Guillaume le jeune, comte d'Auvergne; il fut célebre par son courage, mais encore davantage par son esprit & son goût pour les lettres. Dans une querelle qu'il eut contre le roi d'Angleterre, *Richard-cœur-de-lion*, ce monarque lui adressa une piece de vers, qui contient plusieurs reproches. Le dauphin lui répondit par une piece beaucoup plus longue, dans laquelle il se justifie; il brave & il persifle en même-tems le monarque d'Angleterre. Cette piece que j'ai lue eſt preſque inintelligible.

Ce prince avoit à ſa cour pluſieurs poëtes & troubadours qu'il entretenoit, & avec leſquels ils ſe plaiſoit à compoſer des chanſons.

Beraud III fut le dernier dauphin de la maiſon d'Auvergne; il vécut peu de tems & ne laiſſa de ſon mariage avec *Jeanne de la Tour d'Auvergne*, fille de *Bertrand de la Tour*, qu'une fille nommée *Jeanne*, qui épouſa, le 8 décembre 1426, *Louis de Bourbon*, comte de Montpenſier, à qui elle apporta le *Dauphiné* d'Auvergne & la baronnie de *Mercœur*. *Jeanne* mourut ſans poſtérité; & ſa tante *Anne Dauphine*, fille de *Beraud II*, dauphin, lui ſuccéda. Elle avoit épouſé *Louis II*, duc de Bourbon, qui fut le chef des dauphins d'Auvergne de la maiſon de Bourbon. Depuis cette époque le dauphiné a conſtamment appartenu à la maiſon de Bourbon, & elle appartient encore aujourd'hui à monſeigneur le duc d'Orléans.

Quoique la ville de Vodable ſoit la capitale d'une ancienne principauté, elle ne contient pas d'église paroissiale ; mais seulement une église succursale, qui dépend d'une paroisse d'un village voisin.

A deux lieues environ & au sud de Vodable est la ville d'*Ardes*, qui est aussi le chef-lieu d'une seigneurie très-considérable, connue sous le nom de *duché de Mercœur*.

Cette terre a donné son nom à une maison d'Auvergne très-puissante. C'est de cette maison qu'étoit *Odilon*, célebre abbé de Cluny, fils de *Beraud* le Grand, sire de Mercœur ; il naquit en Auvergne l'an 962, & mourut à Souvigny en 1049 ; il cultiva les lettres avec un succès distingué pour son siecle. Il composa quelques vies de saints, des sermons, des lettres & même des poésies. Ses vertus & ses talens reçurent un nouveau lustre par son humilité & par la douceur de son caractère. Il refusa l'évêché de Lyon & le *Pallium* dont Jean XIX voulut l'honorer. Sa bonté extrème lui mérita le nom de *Débonnaire*; son nom est immortel dans l'église par l'institution de *la commémoration générale des trépassés*.

Environ l'an 1321 la maison de Mercœur s'éteignit en la personne de Beraud de Mercœur, connétable de Champagne. Cette terre qui n'étoit tenue en fief de personne, passa à la maison de Joigni; puis en 1339, à celle des dauphins d'Auvergne, dans laquelle elle est restée, pendant plusieurs siecles; au seizieme elle appartint à la maison de Lorraine.

Du tems des guerres civiles, le duc de Mercœur fut célebre par son courage, ses cruautés & son arrogance. Dans un procès qu'il eut au parlement en 1599, un avocat le traita de *Prince*. L'avocat général, *Servin*, interrompit l'orateur, & dit que le parlement ne reconnoissoit d'autres princes que ceux qui avoient l'honneur d'appartenir au roi & qui étoient princes du sang. Le duc de Mercœur, vivement piqué, alla trouver M. Servin, & lui demanda pourquoi il lui avoit refusé la qualité de prince, lui certifia qu'il étoit prince: & ajouta à l'avocat général: *vous en avez menti, vous êtes un maraud, je vous tuerai, je vous couperai le cou*. Pour avoir si bien soutenu ses droits de prince, le parlement le décréta d'ajournement personnel, & porta ensuite sa plainte au roi Henri IV, qui ayant plusieurs raisons pour ménager ce terrible prince, répondit aux députés de cette cour : *vous avez parlé en roi ; mais cette affaire ne doit pas avoir de suite.*

La terre de Mercœur passa ensuite à César duc de Vendôme, & au cardinal de Vendôme, son fils. En 1720 elle fut adjugée au prince de Conti, qui pour la seconde fois la fit ériger en duché-pairie.

Le château de Mercœur, dont on voit encore quelques ruines audessus de la ville d'Ardes, fut pris par les Anglois. La duchesse de Mercœur, qui alors résidoit à Ardes, le racheta moyennant cinq mille livres ; en 1634 il fut du nombre des forteresses détruites à cette époque par ordre du roi.

La principale église d'Ardes, appelée saint Disain, est desservie par une nombreuse communauté de prêtres qui formoient autrefois un chapitre. On trouve aussi dans cette ville un hôpital-général, fondé par lettres-patentes, du mois de janvier 1721, & un couvent de Récollets. Il se fait dans cette ville un commerce assez considérable, en moutons & en laine, & elle est l'entrepôt du commerce de la haute Auvergne pour les fromages.

Sur la cime d'une petite montagne que la riviere d'Allier entoure dans son cours presque de tous côtés, est la ville, avec les ruines de l'ancien château de *Nonette*. Cette ville étoit dès le neuvieme siecle, le chef-lieu d'une ancienne Viguerie. Depuis long-tems il existoit sur la cime de la montagne une forteresse, qui en 1213 fut assiégée & prise par Philippe Auguste. Long temps après, *Jean* duc d'Auvergne y fit construire un nouveau château, qui fut démoli en 1658 par ordre du roi.

Je suis monté, Madame, sur la cime de cette montagne & sur les ruines de l'ancien château de Nonette, & j'y ai joui pendant quelques momens de la vue la plus admirable. Je voyois à mes pieds une infinité de bourgs & de villages, & sur-tout la ville de *Saint-Germain-*

l'*Embron*, qui est à une demi-lieue de distance. Mais l'objet le plus brillant & le plus singulier de ce tableau étoit la riviere d'Allier, dont le cours azuré formoit de longues & gracieuses sinuosités, & dans un circuit d'environ une lieue, sembloit se plaire à baigner tout-au-tour le pied de la montagne, & à former une presqu'isle du territoire de Nonette.

Usson est un bourg avec les ruines d'une ancienne forteresse, situé sur la cime d'une montagne. C'est encore un de ces vieux châteaux, sieges épouvantables de la féodalité & de la tyrannie, dont les murs tristes & délabrés, s'élevent encore fierement dans les airs, & forment un contraste piquant avec les rians tableaux qu'offrent les fertiles campagnes des environs d'Issoire.

Ce bourg est situé à une lieue & demie, & à l'est d'Issoire; son château bâti sur une butte volcanique fort élevée, étoit du tems de la féodalité une des forteresses les plus renommées de France. Il fut souvent assiégé pendant les guerres particulieres des seigneurs; les Anglois s'en emparerent. Le célebre *Bertrand du Guesclin* vint en Auvergne en 1371, & fit le siege de la forteresse d'Usson; il ne put jamais parvenir à la prendre, & après plusieurs tentatives inutiles, il ne s'en rendit maître que par composition.

La seigneurie d'Usson étoit d'une si grande importance, que le duc de Berri pour l'acheter de Jean, comte d'Auvergne, donna *cinquante mille francs*, en argent (somme excessive alors) avec la ville de *Lunel* qui avoit titre de Baronnie, & le château de *Galliardon* dans la sénéchaussée de Beaucaire. Aussi dans un mémoire fait en 1483, on regarde le château d'Usson comme la principale place du comté d'Auvergne, & comme *une des plus fortes*, y est-il dit, *& seigneureuses places de ce royaume*.

Louis XI fit fortifier & réparer le château d'Usson, pour en faire une prison d'état. Il jugea que les prisonniers seroient plus en sureté dans cette forteresse que dans les châteaux de *Loches*, de *Vincennes* & de *Lusignan*. Le premier usage qu'en fit ce méchant roi, fût d'y faire renfermer un de ses courtisans qui vivoit avec lui dans la plus étroite intimité. C'étoit *Antoine de Chateauneuf*, seigneur *du Lau*, grand bouteiller de France, sénéchal de Guienne, & grand chambellan du roi.

Louis XI avoit ordonné à *Charles de Melun*, capitaine d'Usson, de renfermer le seigneur *du Lau* dans une cage de fer. Ce roi ne fut point obéi en ce point; le prisonnier s'évada. Charles de Melun fut pris; ainsi que deux autres complices, & il fut décapité à Loches.

Ce qui a le plus contribué à la célébrité du château d'Usson, c'est le séjour qu'y fit pendant vingt années consécutives, la reine *Marguerite de Valois*, première femme de Henri IV.

Cette princesse détestée de son frère Henri III, roi de France, contre lequel elle avoit levé des troupes & fait la guerre; méprisée de son époux, le roi de Navarre, par ses débauches, & par ce qu'elle avoit embrassé le parti de ses ennemis; en horreur aux habitans d'Agen, par sa conduite licentieuse & par ses vexations, se vit forcée, d'abandonner à la hâte cette ville, & de se refugier dans le plus grand désordre au château du *Carlat*, situé dans les montagnes de la haute Auvergne. Après dix-huit mois de séjour dans cette forteresse, elle fut obligée d'en sortir avec la même précipitation qu'elle avoit mise en fuyant d'Agen. Elle se refugia dans la basse Auvergne, & se rendit d'abord au château d'Ibois, près d'Issoire, qui appartenoit à sa mere *Catherine de Médicis*. Le roi son frere informé du lieu de sa retraite, donna ordre au marquis de *Canillac*, qui étoit dans la province, de la conduire prisonniere au château d'Usson, & de la garder avec beaucoup de soin.

La reine employa toutes les ressources de la coquetterie, qui lui étoient si familieres, & les promesses les plus flatteuses pour séduire son geôlier. Elle lui donna en apparence plusieurs terres & son hôtel à Paris; & pendant que le marquis de Canillac, dupe de ses bienfaits aussi nuls que séducteurs, fit un voyage à Paris pour entrer en possession des biens que la princesse feignoit de lui donner, elle profita de son éloignement pour faire venir dans le château des troupes à sa solde, & pour chasser la garnison qui étoit aux ordres du marquis de Canillac. Ainsi, de prisonniere qu'elle étoit, elle devint maîtresse du château d'Usson. Les troubles affreux qui régnoient alors dans le royaume, favoriserent beaucoup cette manœuvre.

Bayle, dans son dictionnaire historique, a donné un article fort long sur *Usson*, dans lequel il rapporte, d'après divers écrivains contemporains, & surtout d'après la pièce intitulée: *le Divorce satyrique*, des détails très-circonstanciés & très-curieux sur la conduite que cette princesse a menée pendant vingt ans de séjour dans ce château. Il résulte de différens rapports de ses critiques & de ses apologistes, qu'elle étoit tour-à-tour dévote & galante, & que sans scrupule elle passoit alternativement de sa chapelle dans les bras de ses amans. Elle en eut plusieurs, & même d'un rang très obscur. C'étoit pour un nommé Pominy, musicien de sa chapelle, fils, dit-on, d'un chaudronnier d'Auvergne, & un de ses amans favorisés, qu'elle composa ce quatrain :

> A ces bois, ces prés & ces antres,
> Offrons les vœux, les pleurs, les sons,
> La plume, les yeux, les chansons
> D'un poëte, d'un amant, d'un chantre.

Je ne vous parlerai point, Madame, des folies & des scènes licencieuses que l'on reproche à cette reine. Je craindrois de passer des bornes dont je me suis fait une loi de ne jamais m'écarter. Je ne vous fatiguerai pas non plus par les citations des éloges ridicules, des exclamations flagorneuses, que lui prodiguent ses apologistes. Je me bornerai à vous dire que *Marguerite*, voyant son époux affermi sur le trône de France, n'espérant plus rien des ligueurs dont elle avoit, pendant son séjour à Usson, embrassé le parti, sollicita ardemment & sur tout avec beaucoup d'humilité son retour à Paris. Et pour mériter d'une manière éclatante le pardon de ses fautes & la bienveillance de son époux, elle chercha à lui être utile ; & elle le fut eneffet, en sollicitant elle-même auprès du pape la dissolution de son mariage qu'elle obtint. Henri IV, qui, n'ayant pu avoir d'enfant de cette princesse, sentoit l'indispensable nécessité de rompre une union si mal assortie, fut très-sensible à ce trait généreux. Lorsque l'archevêque de Toulouse lui présenta le consentement de Marguerite, il ne put s'empêcher de verser des larmes: *ah! la malheureuse! s'écria-t-il, elle sait bien que je l'ai toujours aimée & honorée, & elle point moi, & que ses mauvais déportemens nous ont fait séparer il y a longtems, l'un de l'autre.*

Un autre service que Marguerite rendit à Henri IV, mit absolument fin à son exil. Elle découvrit une conspiration secrette tramée en Auvergne contre le roi, par le comte d'Auvergne, fils de la belle Touchet & de Charles IX, & en instruisit très à propos Henri IV, qui lui permit de venir à Paris. Elle partit d'Usson, au mois de juillet 1605, & elle débarqua d'abord au château de Madrid, dans le bois de Boulogne; puis elle vint à Paris occuper l'hôtel de l'archevêque de Sens. Le quatrain qu'on afficha à sa porte, quelques jours après son arrivée dans la capitale, sembleroit prouver que sa réputation n'étoit pas alors en trop bonne odeur dans le public :

> Comme reine tu devois être
> En ta royale maison,
> Comme P....: c'est bien raison
> Que tu loges au logis d'un prêtre.

Le château d'Usson entouré d'une triple enceinte, étoit encore au siecle dernier une forteresse qui donnoit des inquiétudes au cardinal de Richelieu ; il la fit démolir en 1634 : on dit même qu'en passant en Auvergne, il assista pendant quelque tems, à la démolition de cette célebre forteresse.

Aujourd'hui, Madame, on ne voit que des murs en désordre, à demi abattus, dont la couleur aussi sombre que celle des basaltes, sur lesquels ils sont fondés, imprime un sentiment d'effroi dans l'ame de celui qui les contemple. Parmi ces ruines matérielles du despotisme féodal ; il est piquant de reconnoître les traces nombreuses & évidentes d'une ancienne bouche à feu. Les belles colonnes basaltiques qu'on trouve sur les flancs de la montagne d'Usson, les scories, les laves abondantes qui couvrent tous les lieux circonvoisins; tout prouve que cette montagne a été un volcan terrible, & que même le château étoit bâti à l'endroit du cratère.

A deux petites lieues d'Usson est la ville de *Sauxillanges*, depuis long-temps connue par son prieuré, fondé par *Guillaume le Pieux*, duc d'Aquitaine, vers l'an 912. Ce prince déclare dans l'acte de fondation, qu'il a fait bâtir l'église de ce monastere en l'honneur de la Sainte-Vierge & de saint-Jean dont les reliques, dit-il, reposent dans cette église ; afin qu'après sa mort il jouisse sans trouble des béatitudes célestes. Il donne plusieurs églises & fiefs à ce prieuré ; il lui donne de plus son esclave *Eldebold*, avec sa femme & leurs enfans; puis suivant la louable coutume de ce siecle, il vomit les imprécations les plus fortes contre ceux qui oseront attenter aux biens de ce mo-

naſtere. « Qu'ils encourent, dit-il,
» la colère du Dieu tout puiſſant,
» qu'ils ayent tous les ſaints pour
» accuſateurs, les apôtres pour juges,
» & qu'avec le méchant diable, ils
» ſoient tourmentés dans les enfers
» par un feu continuel ».

Vers l'an 928 *Alfred*, duc d'Aquitaine, fonda de nouveau le prieuré de *Sauxillanges* ou plutôt confirma les donations déja faites par *Guillaume le Pieux*, & y ajouta quelques biens de plus. Il donne de nouvelles malédictions à ceux qui oſeront attenter à ſes bienfaits : « qu'ils ſoient damnés, dit-il, avec *Datan* & *Abiron*,
» qu'ils ſoient plongés dans le fond
» des enfers avec le traître *Judas*;
» que toutes les malédictions contenues
» dans le vieux & le nouveau
» teſtament s'amaſſent ſur leur tête! »

Le prieuré de Sauxillanges eſt un des quatre premiers de Cluni. Le prieur eſt ſeigneur de la ville. On conſerve dans l'égliſe du monaſtere le corps d'un religieux ancien prieur de Volvic, qui quoiqu'enterré depuis pluſieurs ſiecles, eſt conſervé entier. Les moines croyent que pour cela, il est saint & ne balancent pas à l'exposer à la vénération des croyans.

On trouve dans cette ville une église paroissiale, une autre église située dans le faubourg, sous l'invocation de *Saint Martin*, & qui est une annexe de la premiere; un hôpital fondé par *Charles Andraud*, & qui a été patenté en 1721. On fabrique dans cette ville des étamines, des camelots; il s'y fait aussi un commerce de cuivre.

A deux fortes lieues de la ville d'Issoire & à une petite lieue de la rive droite de l'Allier, est la ville de *Vic-le-Comte*, capitale du comté d'Auvergne; c'est-à-dire, du petit pays qui porta ce nom, après que Philippe-Auguste eut confisqué la plus grande partie de la province sur le comte *Gui II*. Ce comté n'a plus que cinq ou six lieues surface.

Les comtes d'Auvergne descendans du malheureux *Gui II*, y firent leur séjour ordinaire. Ils fonderent dans la chapelle du château un chapitre qui porte le nom de la *Sainte-*

Couronne; & qui eſt compoſé d'un doyen, de huit chanoines & de huit ſemi-prébendes.

Berrtrand *VI*, comte d'Auvergne, fit préſent à cette égliſe de quatre ornémens complets, d'une magnificence extraordinaire. Le cardinal de Bouillon dépenſa beaucoup d'argent pour les faire réparer, à Lyon; & *Baluze*, dans ſon *Hiſtoire de la maiſon d'Auvergne*, les a fait graver. On n'oublie jamais de les montrer aux étrangers qui viſitent cette égliſe. Mais ce ne ſont pas les ſeuls objets qui méritent l'attention des connoiſſeurs. Les figures en terre qu'on voit dans le chœur ſont d'une très-bonne main. Il ne faut pas non plus oublier d'admirer les peintures des vitres, qui peuvent en ce genre paſſer pour un des plus beaux morceaux qu'il y ait en France.

A côté de cette égliſe étoit le palais des comtes qui fut rebati, au commencement du quinzieme ſiècle, par *Jean Stuart*, duc d'*Albanie* & comte d'Auvergne. Mais cet édifice qui annonce de la magnificence, eſt aujourd'hui preſqu'entierement détruit.

Les cordeliers furent fondés, en 1473, par Bertrand VII, comte d'Auvergne, & par *Louife de la Trémouille*, fa femme. On voit dans leur églife le beau tombeau de *Jeanne de Bourbon*, princeffe du fang royal de France, fille de Jean de Bourbon II du nom, comte de Vendôme, & venve de Jean II, duc de Bourbon: fur fon tombeau on voit fa figure couchée, les mains jointes, & cette épitaphe tout autour :

Cy giſt Jehanne de Bourbon, Iſſue de Vendoſme, doyrrée (douairiere) de Bourbon, comteſſe de Boulogne & d'Auvergne; laquelle treſpaſſa le 22 jour de moys de janvier, l'an mil cinq cent & onze. Laquelle donna de beaux veſtemens d'égliſe en ce bon couvent. Priez Dieu pour ſon ame.

Au pied du tombeau, travaillé avec beaucoup de foin, on voit une petite figure de femme nue, à demi rongée de vers.

On raconte, dans le pays, que le comte fon époux étant abfent lorfqu'elle mourut, voulut à fon arrivée à Vic-le-Comte, la faire exhumer, afin de voir pour la derniere fois les restes d'une épouse chérie; il voulut même, ajoute-t-on, pour éterniser ce témoignage de sa tendresse, faire sculpter sa figure nue & rongée de vers, telle qu'elle lui parut au sortir du tombeau.

Cette même princesse avoit fait faire un tableau, très bien peint, qu'elle gardoit dans son oratoire, & qu'elle donna ensuite aux cordeliers de cette ville, qui en ont fait présent au cardinal de Bouillon.

Le sujet de ce tableau représente l'annonciation de la vierge. Les deux volets qui servent à le couvrir portent, l'un le portrait de *Jeanne de Bourbon*, avec St. Jean l'Evangeliste, derriere elle, & l'autre volet, la figure à genoux de *Jean de la Tour*, avec St. Jean-Baptiste derriere lui.

Sur la tête de la comtesse on lit cette inscription en vers, où St. Jean l'Evangeliste parle ainsi.

 Royne regnante en jubilation,
 De tous humains la consolation,
 Je présente devant toi cette dance,

Qui demande par suplication,
Faire toujours juste opération
Par ton moyen, celle où jamez n'eust blasme,
Et pour ta saincte anonciation,
Je te prie à génération.
Avoir pru∫∫e du salut de son ame.

Au-dessus de la tête du comte, on lit cette autre inscription, où l'on fait parler St. Jean-Baptiste:

Sacraire sainte Vierge, mere pucelle,
Bien te montras à ton seigneur Ancelle,
Quand son Agnel en ce monde apportas:
Dont Gabriel t'annonça la nouvelle,
Qui des humains la joye renouvelle.
Puis pour sa mort griefve douleur portas
En ton ame, dont beau te déportas.
Et ton seigneur en tous ses faits supporte
Priant celui dont souverain portas
Qu'à lui œuvrere de paradis la porte.

Ceci peut, madame, vous donner une idée du genre de dévotion & de littérature qui règnoit au commencement du quinzième siècle.

Depuis l'échange de Sedan, M. le duc de Bouillon est seigneur de cette ville & du comté d'Auvergne.

A une petite lieue de Vic-le-Comte, on voit sur la cime d'une montagne volcanique les restes du vaste château de Buron, ancienne forteresse du petit comté d'Auvergne. On prétend dans le pays que le palais de Vic-le-Comte communique à cette forteresse par un long souterrain.

A une lieue de Vic-le-Comte & près les bords de l'Allier, font des fontaines minérales chaudes, estimées & frequentées avec succès par les malades des environs.

Je suis, &c.

A Issoire, ce 30 juin 1760.

LETTRE CDXV.

Suite de l'Auvergne.

J'ai parcouru, Madame, avec le plus vif intérêt tous les lieux circonvoisins de Brioude; & avant de vous entretenir de cette ville je vous parlerai de celles qui sont les plus remarquables dans les environs.

Langeac, chef lieu du pays de *Langeadois*, est situé au-dessus de Brioude & sur la rive gauche de l'Allier.

Raimond I, comte de Rouergue & marquis de Gothie, donna par son codicile, au commencement de l'année 961, des biens considérables à plusieurs églises & monasteres de France. Dans cette espece de testament, il légua le fief de Langeac à *Adhémar*, vicomte de Toulouse, & à son fils, dans le cas qu'il en eût un, & dans le cas contraire il voulut que la seigneurie de Langeac revînt au monastere de Saint Geraud de Caïrac, en Querci. Il paroît qu'alors la seigneurie de Langeac étoit divisée en deux fiefs ou aleux; car le même Raimond legue un second fief de Langeac, désigné sous le nom de *Saint-Affre*, ou de *Saint-Aure*, à *Etienne*, son frere, comte de Gevaudan, & par suite au fils d'*Etienne*. Il veut qu'après la mort d'Etienne & de son fils, ce second fief appartienne à l'abbaye d'Aurillac. Il ne paroît pas que l'intention du testateur ait été parfaitement remplie; car ces deux fiefs ont depuis été constamment possédés par des seigneurs séculiers.

Quoi qu'il en soit, cette ville a donné son nom à une maison illustre, qui, suivant quelques généalogistes, vient d'*Etienne*, comte de Gevaudan, ou d'*Adhémar*, vicomte de Toulouse. Cette prétention n'est apuyée sur aucune preuve solide. Ce qui est certain, Madame, c'est qu'on trouve au quatorzieme & au quinzieme siecles des *Langeacs* qui jouissoient en Auvergne de la considération que donne une naissance distinguée. Un *Pons de Langeac*, suivant un mémoire, *étoit de son temps l'un des plus notables vaillans & hardis écuyers de tout le pays*,

pays, voire de ce royaume, qui étoit ferme, constant & de bonne foi. Plusieurs seigneurs de cette maison ont été & sont encore revêtus de dignités considérables dans la province.

Cette ville est située sur la rive gauche de l'Allier; cette riviere avoit autrefois un pont que les débordemens ont entraîné.

L'église de saint Gal est la seule église paroissiale de la ville; elle est aussi collégiale ; & le chapitre est composé d'un doyen & de treize chanoines.

Langeac est le siege d'une prévôté royale; elle a un corps municipal établi en 1487.

On pratiquoit autrefois dans cette ville un usage singulier qui est trop plaisant, pour que je ne doive pas vous le faire connoître.

Le duc de Mercœur avoit conservé sur cette ville le droit d'y envoyer chaque année, le jour de la fête de saint Gal, un de ses officiers, afin de célébrer la cérémonie singuliere & ridicule dont il est question. Le Châtelain de *Chillac*, village situé à deux lieues de Langeac, en étoit ordinairement chargé.

Ce Châtelain, accompagné des autres officiers de sa justice, arrivoit à Langeac monté sur un char, & faisoit une entrée pompeuse, par une ancienne porte appelée *de las Farghas*. Cet officier & ceux de sa suite étoient munis de mille ou de douze cents œufs; ils les lançoient aux habitans qu'ils rencontroient dans les rues ou qu'ils appercevoient aux fenêtres. Ce n'étoit pas la seule extravagance célébrée en cette cérémonie; on ne négligeoit aucun des accessoires qui en étoient dignes. Des paroles folles, injurieuses ou indécentes voloient de part & d'autre; il en résultoit même souvent des querelles, des violences qui terminoient tragiquement cette farce ridicule. Les ducs de Mercœur qui avoient toujours strictement exigé l'exercice de ce droit féodal, l'abolirent entièrement dans des temps un peu plus éclairés. Le fameux connétable *Charles*, duc de Bourbon, dauphin d'Auvergne & seigneur de Mercœur, donna en 1522 des lettres d'abolition, & depuis, les officiers des ducs de Mercœur ont cessé de venir cérémonialement assaillir les habitans de Langeac à coups d'œufs.

On trouve dans les environs de Langeac plusieurs productions minéralogiques qui doivent interesser les amateurs d'histoire naturelle. Près de St. Arcons, on voit une superbe chaussée de colonnes basaltiques. Le long des rives de l'Allier, outre Langeac & vieille-Brioude, on trouve des filons d'antimoine dont quelques-uns sont exploités.

En descendant les bords de l'Allier, la scene change insensiblement; le pays s'embellit; les sites deviennent plus rians, le bassin de la riviere s'élargit, montre par intervalles des plaines aussi fertiles qu'agréables, qui annoncent avantageusement le pays de la Limagne, dont je vous ai fait déjà, madame, pressentir les beautés. C'est dans une de ces plaines qu'est situé le bourg de *vieille-Brioude* & la ville de *Brioude*.

Vieille-Brioude est situé, sur la rive gauche de l'Allier à une petite lieue de la ville de Brioude. C'est une question qui a divisé plusieurs savants, que celle de savoir, si c'est dans ce bourg ou dans la ville de Brioude qu'a été martyrisé saint Julien, dont le premier historien des françois, *Grégoire de Tours*, a parlé si longuement, & qu'avant lui le célèbre Sidoine Apollinaire, nomme *Brivas*.

Je ne vous exposerai pas ici, madame, les motifs & les autorités qu'ont fait valoir les partisans de l'une ou de l'autre opinion. Je me bornerai à vous dire qu'ayant eu à cet égard une longue conférence avec une des personnes les plus instruites de Brioude, & ayant moi-même vu les pièces de ce procès, j'ai pensé que c'étoit le bourg de *vielle-Brioude* qui a existé avant la ville de Brioude; que c'est dans ce bourg qu'arriva saint Julien, qu'il y fut martyrisé, & qu'eurent lieu tous les événemens racontés par Grégoire de Tours, & que ce bourg enfin est l'ancien *Brivas*. Ce nom celtique indique un lieu situé sur le bord d'une riviere, à l'endroit d'un pont, d'un gué, ou d'un autre passage; ce qui convient mieux à *vielle-Brioude* qui est bâti sur les bords de l'Allier, qu'à *Brioude* qui en est éloigné d'un grand quart de lieue. Il est à présumer que lorsque les sarrasins eurent ravagé l'église & le tombeau de saint Julien, on rebâtit une nouvelle basilique à l'endroit où est aujourd'hui Brioude, & qu'on y transporta les reliques du saint. Les dévots se portèrent de ce côté. Vieille-Brioude dépouillé du précieux corps saint, fut abandonné par le plus grand nombre, & Brioude appelé particulièrement *Brioude-l'église*, s'enrichit des dépouilles de l'ancienne ville.

Le bourg de vieille-Brioude est remarquable par un pont célèbre & très curieux. Ce pont est sur l'Allier & n'a qu'une seule arche qui embrasse toute la largeur de la rivière. Cette arche est à plein cintre ; sa hauteur depuis le niveau de l'eau, jusqu'au milieu de la voute, est de quatrevingt-quatre pieds ; la distance d'une culée à l'autre, est de cent quatrevingt quinze pieds.

L'arche est fondée sur deux rochers qui s'élevent sur les deux rives. La route du pont n'est point pavée : on marche sur le nud de la voute; les gens à pied & les chevaux peuvent seuls y passer. Cette construction est une des plus curieuses qui existent en Europe; malgré la dégradation de plusieurs parties de ce pont, il est très-solide & peut durer encore plusieurs siècles.

Si l'on se place au bord de l'eau, ce pont présente un tableau aussi singulier qu'agréable; son vaste cintre forme un cadre, qui renferme la perspective de la rivière, de ses bords & de plusieurs sites riants & pittoresques.

De vielle-Brioude, on arrive à la ville de *Brioude*: la grande route de Clermont y passe. Le tombeau de saint Julien que l'on ne voit plus, donna une grande célébrité à la ville de Brioude. Grégoire de Tours raconte que ce saint, étant arrivé en Auvergne pour y prêcher l'évangile, trouva les habitans de la ville de Brioude adonnés à des superstitions monstrueuses, & entièrement imbus des erreurs de la magie. Les habitans se saisirent du saint, & lui tranchèrent la tête; on dit qu'à l'endroit de cette exécution, une fontaine auſſi-tôt jaillit miraculeuſement. La tête fut tranſportée à Vienne, & le corps fut recueilli & enſeveli par des vieillards qui en récompenſe de cette pieuſe action furent auſſi-tôt rajeunis. Si nous étions encore, madame, dans le ſiecle des miracles, & ſi une ſemblable action avoit toujours cette même récompenſe, que l'on verroit de gens enterrer les morts!

On éleva une chapelle ſépulcrale ſur le tombeau du ſaint martyr. Les miracles nombreux qui s'y opèrerent, contribuèrent beaucoup à enrichir la chapelle, & à étendre la réputation de ſes reliques.

Ces richeſſes & cette célébrité devinrent funeſtes à la tranquillité des habitans. Vers la fin du cinquième ſiècle, les Bourguignons ravagèrent la ville & pillèrent le tréſor de la chapelle de ſaint Julien. En 523 Thiéri roi de Metz, vint ſoumettre l'Auvergne, & ravagea toute l'Auvergne. Une partie de ſon armée, attirée par les richeſſes de l'égliſe de ſaint Julien, s'approcha de Brioude. Des ſoldats entrèrent dans l'égliſe par les fenêtres, & pillèrent les tréfors & les meubles que les habitans y avoient dépofés. Thierri, qui avoit grande foi aux reliques de faint Julien, craignit que le ciel ne le punit de la violence de fes foldats ; il leur fit reftituer tous les objets volés, & leur ordonna de ne commetre aucune violence, à une diftance de fept milles de l'églife de faint Julien. Au neuvieme fiècle, les farrafins ne montrèrent pas le même refpect pour l'églife de ce faint ; ils la pillèrent & ravagèrent entiérement la ville & les environs.

Ce fut après ce défaftre qu'un feigneur très religieux, nommé *Bérenger*, fit vers l'an 820, reconftruire l'églife de Brioude, dans l'endroit où elle exifte aujourd'hui. Il y fonda cinquante quatre chanoines. Louis *le débonnaire* confirma cette fondation, & accorda au fondateur le comté de Brioude, aux chanoines, à leur abbé des biens confidérables, & le privilège de ne relever que du roi. Au dixieme fiècle un comte d'Auvergne, pour préferver l'églife de faint Julien des ravages des Normands, y inftitua vingt-cinq chevaliers. On a remarqué que cette institution a été le premier ordre de chevalerie, destiné à la défense de la religion chrétienne, & qu'il a servi de modèle aux autres ordres de chevalerie, institués en Europe. Voilà, du moins à ce que l'on croit, l'origine des chanoines-comtes de Brioude.

Je reviens, Madame, à l'histoire de la ville de Brioude : après avoir été dévastée à plusieurs reprises par des brigands étrangers, elle le fut ensuite par les seigneurs du pays. Plusieurs seigneurs Auvergnats, parmi lesquels étoient les vicomtes de *Polignac*, ravagerent la ville, les environs, & pillerent l'église de Brioude. Le pape Alexandre III, qui en 1162 passa en Auvergne, suspendit les exploits cruels de ces seigneurs, en les menaçant d'excommunication. Ce pontife étant parti, ils reprirent les armes, & vinrent de nouveau ravager la ville de Brioude. Le clergé d'Auvergne vint alors auprès du pape lui faire le tableau des maux innombrables, que l'avarice & la cruelle avidité de ces guerriers causoient dans cette province. Ces plaintes furent écoutées ; le pape excommunia le comte d'Auvergne & le vicomte de Polignac. Le comte d'Auvergne accablé par ce foudre spirituel, vint se jetter aux pieds du pape & implorer sa miséricorde ; il obtint son absolution ; mais son repentir n'étoit pas sincere. Aussi-tot qu'il se vit absous, il renouvella ses brigandages, & exerça tant de violence dans le pays, que le clergé d'Auvergne reconnoissant l'impuissance des forces spirituelles, eut recours au roi, & envoya auprès de lui une députation pour lui demander un secours contre ces illustres brigands.

Le roi marcha en Auvergne à la tête d'une forte armée, battit à plusieurs reprises les seigneurs ligués, les fit prisonniers, & ne leur rendit la liberté que lorsqu'ils eurent solemnellement promis & juré de respecter les biens ecclésiastiques.

Ces seigneurs garderent mal leur promesse. En 1179 *Éracle*, vicomte de Polignac, vint porter le fer & la flamme dans la ville de Brioude & dans les lieux voisins. Mais bientôt la crainte de l'excommunication ou des flammes de l'enfer, arrêta les ravages de ce seigneur; il se jetta dans les bras du clergé; après-avoir manifesté toute la sincérité de son repentir, il vint en 1181 dans l'église de Brioude recevoir le châtiment de ses crimes. Les chanoines triomphans de voir sa soumission, le fouetterent avec des verges à la porte de l'église, lui firent demander pardon, & l'obligerent à leur céder une partie de ses biens.

Pons, fils d'Eracle, vicomte de Polignac, indigné sans doute de la pénitence honteuse & chere à laquelle son pere s'étoit assujetti, voulut recommencer la guerre contre les chanoines de Brioude; mais le dauphin d'Auvergne s'étant entremis dans cette querelle, parvint bientôt à la faire cesser.

Voilà, Madame, quels furent les guerres que le chapitre de Brioude eut à soutenir contre les seigneurs du pays; elles furent longues & sanglantes; les chanoines y perdirent; mais ils furent amplement dédommagés; les peuples y perdirent bien davantage,

& ils ne reçurent aucun espèce de dédommagement.

Cette ville fut prise par les Anglois ; elle le fut ensuite par les troupes du parti protestant ; les habitans eurent beaucoup à se plaindre de la vanité & de la domination des chanoines, qui refuserent constâment de leur accorder les privilèges que tous les seigneurs séculiers du royaume avoient accordés aux villes qui leur étoient soumises. Jusqu'à-présent les habitans n'ont jamais pu obtenir une municipalité complette, & les chanoines par leur intrigues ont toujours éludé ou fait casser les arrêts du conseil du roi de France, qui établissoient un corps de ville à Brioude. C'est une vérité reconnue dans notre histoire, que le joug des seigneurs laïcs a toujours moins pesé sur les peuples que celui des seigneurs prêtres.

La ville de Brioude est située dans un canton fertile & agréable ; elle est assez bien bâtie sans être bien percée. On y trouve une place vaste au-milieu, des promenades sur les remparts, plusieurs églises dont celle de Saint Julien, desservie par les chanoines-comtes, est la principale.

On ne peut fixer l'époque à laquelle le chapitre de Saint Julien devint noble, ni celle où les chanoines prirent le titre de *comtes*, & arrêterent de n'admettre parmi eux que des nobles. On sait seulement que la noblesse de ces chanoines fut reconnue pour la premiere fois d'une maniere authentique, par un jugement du Bailly d'Auvergne de 1369. Je n'entrerai point, Madame, dans des discussions sur les droits où prétentions féodales de ce chapitre ; elles seroient plutôt la matiere d'un mémoire litigieux, que d'une lettre. Je vous dirai seulement que ce chapitre est divisé en trois ordres ; le premier est composé de vingt-deux chanoines-comtes, dont les dignitaires sont un prévôt & un doyen. Ils doivent tous faire preuve d'une noblesse de quatre générations paternelle & maternelle, sans compter le dégré de l'aspirant. Leur décoration consiste en une croix d'or à huit pointes émaillée, surmontée d'une couronne de comte ; d'un côté est l'image de saint Julien, avec cette legende : *ecclesia comitum brivatensium* ; de l'autre côté est la figure de saint Louis avec ces mots : *Ludovicus decimus instituit.* Cette croix est suspendue à un ruban bleu, avec un liséré couleur de feu. Ces chanoines ont de plus le droit d'officier avec la crosse & la mitre, & de porter l'habit violet.

Le second ordre de chanoines est désigné sous le nom *de chanoines sacerdotaux*, ou *hebdomadaires* ; ils sont au nombre de douze. Le troisieme ordre sont des chanoines *semi-prébendés* au nombre de dix.

L'église est d'une belle construction gothique ; on y voit quelques tableaux assez bien peints, & une horloge curieuse, dont le méchanisme peutêtre comparé à celui des horloges fameuses de Lyon & de Strasbourg.

On conserve dans le trésor le manteau & le chapeau garni de perles & de fleurs de lis du dauphin, fils du roi Charles VI. Ce prince pendant sa jeunesse étant fort malade, le roi son pere fit pour sa santé un vœu à

Saint Julien de Brioude; il chargea l'évêque de Clermont d'accomplir ce vœu & d'offrir ces présents à l'église.

Ce prince étant devenu roi, se transporta lui-même à Brioude, afin d'y ratifier ce vœu. Le chapitre le reçut comme son premier chanoine, le revêtit des habits sacerdotaux & le fit officier au chœur.

Les Cordeliers de cette ville ont été fondés dès l'origine de l'ordre de Saint François. Dans le chœur de leur église on voit le magnifique tombeau de *Robert Dauphin*, évêque de Chartres & d'Alby. Cette ville contient aussi plusieurs maisons religieuses, un hôpital & un collège occupé par des prêtres de la congrégation du Saint-Sacrement.

L'Allier coule à une petite demi-lieue de Brioude. On avoit construit à l'endroit de la grande route un pont que les débordemens ont entraîné pour la seconde fois; on s'occupe aujourd'hui à le rétablir, & les travaux seront bientôt achevés.

Pour aller de Brioude à la *Chaise-Dieu*, le chemin n'est pas toujours fort agréable; il faut grimper plusieurs montagnes, descendre dans de profonds vallons, parcourir pendant cinq ou six heures une étendue de quatre lieues du pays dont la mesure est forte.

L'abbaye de la Chaise-Dieu est une des plus riches & des plus célebres de l'ordre de saint Benoit. Il s'y est formé une petite ville dont l'abbé est seigneur.

Cette abbaye fut fondée vers le milieu du onzieme siecle, par *Robert*, qui quoique chanoine & trésorier du noble chapitre de Brioude, renonça à des dignités si contraires à l'esprit de l'évangile, & se retira dans un lieu désert pour y vivre saintement. Il y fit construire une église & un monastere, dont la sainteté de ceux qui vinrent s'y rendre lui mérita le nom de *Casadeu*, maison de Dieu. En 1051 le roi érigea ce monastere en abbaye, & lui donna de grands biens. Cette érection & ces donations furent confirmées par le pape Léon IX. Le fondateur Robert mourut en 1067, & fut universellement reconnu pour un saint. Il se fit un grand nombre de miracles sur son tombeau, & l'on vit alors plusieurs princes & seigneurs s'empresser de combler de biens l'abbaye de la Chaise-Dieu.

Raimond de Saint Gilles, craignant de ne pouvoir succéder à son frere *Guillaume*, comte de Toulouse, & de trouver dans les Toulousains des obstacles difficiles à surmonter, dans la cruelle incertitude de son sort, vint accompagné d'un seul domestique, à l'abbaye de la *Chaise-Dieu*. Il se mit en prieres sur le tombeau de saint Robert, lui exposa ses craintes & ses espérances, & implora avec confiance son intercession auprès de Dieu, afin d'obtenir le succès de son entreprise. Le lendemain il renouvella sa priere, fit célébrer une messe, puis prenant son épée de dessus l'autel, il protesta qu'il ne vouloit tenir le comté de Toulouse que de saint Robert. Depuis ces prieres & ces protestations, il revint à Toulouse, où les peuples sans difficulté le reconnurent pour leur comte.

C'est, Madame, ce même comte de Toulouse, si célebre dans l'histoire des croisades, & dont le Tasse, dans sa Jérusalem délivrée, a fait un des principaux héros de son poëme. Ce comte conservant toujours une grande vénération pour saint Robert, se rendit, avant son départ pour la Palestine, à la Chaise-Dieu, visita le tombeau du saint fondateur, & demanda aux moines la faveur d'emporter avec lui dans son voyage la tasse dans laquelle le saint abbé avoit accoutumé de boire. Un moine de ce monastere l'accompagna, & après la mort du comte, il rapporta la précieuse tasse que l'on conserve encore dans ce monastere.

L'église de cette abbaye est une des plus vastes & des plus belles qu'il y ait en France. Elle fut bâtie au commencement du quatorzieme siecle par *Pierre Roger*, docteur de Paris, religieux de la Chaise-Dieu, puis archevêque de Rouen, enfin élu pape en 1342, sous le nom de *Clément VI*.

Le chœur a cent pieds de longueur depuis l'entrée jusqu'à la balustrade du sanctuaire ; il est bordé de cent-cinquante six stalles ; & décoré de tapisseries précieuses, qui furent données en 1518 par Jacques de

Seneéterre, dernier abbé titulaire de cette abbaye.

Au-milieu du chœur est le tombeau du pape Clément VI, qui fit bâtir cette église. Ce tombeau est de marbre noir.

Ce pape fut celui qui acheta à Jeanne de Naples, la ville d'Avignon & son territoire pour la somme de quatre-vingt mille florins d'or, somme extrêmement modique, & qui même ne fut, dit-on, jamais délivrée. Ce fut lui qui lança contre l'empereur Louis de Baviere, une bulle d'excommunication où se lisoient ces anathêmes : *que la colere de Dieu, celle de Saint Pierre & de Saint Paul, tombent sur lui dans le monde & dans l'autre ! Que la terre l'engloutisse tout vivant ! Que sa mémoire périsse ! Que tous les élémens lui soient contraires ! Que ses enfans tombent entre les mains de leurs ennemis & aux yeux de leur pere !* On publia contre ce saint-pere une satyre en forme de lettre, qui lui étoit adressée au nom du diable, dans laquelle on lui reproche son avarice, sa luxure, son emportement. Cette lettre se termine par les complimens que lui font les sept péchés mortels. *Votre mere la fuperbe vous falue, y eſt-il dit, avec vos fœurs l'avarice & l'impureté, & les autres qui fe vantent que par votre fecours, elles font très-bien dans leurs affaires. Donné au centre des enfers en préfence d'une troupe de démons, &c.*

Quelques hiſtoriens ont écrit que la ville de la Chaife-Dieu ayant été prife par les proteſtans, les foldats religionnaires violerent le tombeau de Clément VI ; que le marquis de *Curton*, qui les commandoit, prit la tête de ce pape & fit boire fes gens dans fon crâne, afin qu'ils puſſent fe vanter d'avoir bu dans la tête d'un pape. On ajoute que les auteurs de cette efpèce de profanation devinrent enragés. Toutes ces inculpations font abfolument fauſſes, & ont fans doute été inventées par quelques écrivains catholiques, que leur zèle a emportés fort au-delà de la vérité.

La ville de la Chaife-Dieu fut en effet prife en 1562 par *Blacons*, lieutenant du fameux baron des Adrets & non pas par le marquis de Curton. Le tombeau de Clément VI ne fut point violé, & sa tête ne fut point enlevée, puisqu'en 1709, on fit l'ouverture solemnelle de cet ombeau & que l'on y trouva les ossemens entiers de ce pape avec sa tête.

Le climat de la Chaise-Dieu est plus froid que chaud, l'air y est vif & très-pur; c'est un séjour très-agréable pendant les mois les plus chauds de la belle saison.

De la Chaise-Dieu, je suis arrivé à *Arlant*. Ce lieu est divisé en deux parties; la ville & le bourg. C'est dans le bourg qu'est située la seule église paroissiale de ce lieu.

Arlant, où je n'ai fait que peu de séjour, est dans une agréable situation sur la rive droite de la Dore. Il s'y fabrique beaucoup de rubans de fil, de dentelles, de lacets & autres objets de mercerie.

En suivant toujours les bords de la Dore on trouve *Marsac*, bourg où sont aussi des fabriques du même genre.

Depuis au-dessous d'Arlant jusqu'au-delà d'Ambert, le terrain fertile qui forme, dans une longueur d'environ quatre lieues, le bassin de la Dore, a été autrefois entierément inondé; au moins c'eſt une tradition conſtante, ſuivant laquelle les habitans aſſurent que ce pays eſt nommé *Livradois*, en mémoire de l'époque où il fut délivré des eaux. On raconte qu'un énorme rocher détaché de la montagne, ſituée près de la Tour-Goyon, combla entierement le vallon, fit l'effet d'une digue fort élevée qui retint les eaux de la Dore, les forca de s'étendre, & forma un lac fort vaſte. On chercha à détruire cette déſaſtreuſe ſubmerſion; le rocher fatal fut coupé, les eaux s'écoulerent & le pays fut deſſéché. La tradition orale & le nom de *Livradois*, qui ſemble y avoir rapport, ſont les ſeuls garants de cet événement.

Depuis le douzieme ſiecle, ce pays eſt appelé *Livradois*, & forme ſous ce nom un fief conſidérable qui comprend pluſieurs villes & bourgs dont *Ambert* eſt le chef-lieu. Le Livradois fut vendu à *Morinot de Tourzel*, par Jean II, comte d'Auvergne, ſurnommé le *Mauvais ménager*, à cauſe de la foibleſſe de ſon caractère & de la dissipation dans laquelle la plupart des grands seigneurs d'Auvergne l'entretenoient. Morinot de Tourzel profita de l'ascendant qu'il avoit pris sur le jeune comte d'Auvergne, & par des moyens très-frauduleux, il détermina ce prince à lui vendre cette terre considérable pour la somme modique de ving-cinq mille livres ; il fut cependant convenu, pour éviter les réclamations des parents du vendeur, que l'on spécifieroit dans le contrat trente-cinq mille livres ; cette vente fut déclarée nulle en 1489.

Le Livradois & la ville d'Ambert passerent successivement dans les maisons de Chalençon de Rochebaron, de la Rochefoucaud Langeac, de Moras, & enfin dans celle du comte de Merle qui la possede à cause de son mariage avec Mademoiselle de Moras.

La ville d'Ambert fut assiégée en 1577, par le capitaine *Merle*, protestant, qui parvint à s'en rendre maître par le moyen du pétard. M. le comte de Montmorin, gouverneur de la province, & quelques autres seigneurs du parti catholique s'assemblerent & marcherent pour donner la chasse à Merle. Les places des environs, dont ce capitaine s'étoit emparées, furent reprises par les troupes catholiques; mais le comte de Martinenge qui assiégeoit Ambert, ne put jamais le prendre. Merle s'y défendit avec beaucoup de courage, & força les assiégeans à se retirer en désordre.

Merle ayant appris que le duc d'Alençon, frere du roi, marchoit en Auvergne à la tête d'une armée formidable, abandonna cette ville qui n'étoit pas assez bien fortifiée pour résister aux forces de l'armée royale, & se retira à Usez, après avoir porté des munitions dans la ville d'Issoire.

Cette ville est mal percée, mais solidement bâtie. Les pierres qu'on emploie aux constructions sont du granit. L'église de *saint Jean* est l'édifice le plus remarquable de la ville; elle est paroissiale & desservie par une nombreuse communauté de prêtres. Le clocher est remarquable par sa construction; dans la partie la plus élevée est l'horloge de la ville. Il y a plusieurs communautés religieuses dans Ambert, & un hôpital fondé en 1554.

Cette ville est très-commerçante; elle renferme plusieurs fabriques de rubans de fil, de laine & de coton, de lacets, de jarretières, d'étamines pour passer les farines & de camelots. Le principal commerce consiste en papiers dont les fabriques existent dans les environs d'Ambert. Le genre de papier qui en sort est destiné à l'impression en taille douce; on y fabrique aussi du *papier serpente* : il s'en fait beaucoup d'envois à Lyon, à Genève, à Paris & en Angleterre.

Je suis, &c.

A Ambert, ce 24 juillet 1760.

LETTRE CDXVI.

Suite de l'Auvergne.

Je vous ai parlé, Madame, dans mes dernieres lettres du sol & des villes de la basse Auvergne : je vais dans celle-ci vous faire connoître dans le détail la partie haute de cette province.

Cette partie n'est pas aussi montagneuse qu'on se le figure généralement ; on y trouve des plaines fertiles en bleds, des vallons fort agréables, & abondants en pâturages. Cette derniere production forme la principale richesse de ce pays. Les montagnes les plus considérables qu'il renferme, sont le groupe du *Cantal*, la chaîne de la *Margeride* & celle du *Cezallier*. Ces montagnes pendant la belle saison sont couvertes d'une infinité de bestiaux que l'on y envoie ; ils y paissent des herbes odoriférantes & salubres, qui procurent au lait des vaches une qualité particuliere ; les fromages qu'on en fait sont très-estimés, & forment une branche considérable du commerce de ce pays.

Les principales villes de la haute Auvergne sont : *Saint-Flour, Aurillac, Mauriac, Salers, Chaudes-aigues*, &c.

Saint-Flour dispute à la ville d'Aurillac le titre de capitale de la haute Auvergne. Je crois que ce titre insignifiant, puisque Clermont est la capitale de toute la province, pourroit être partagé avec assez d'égalité par ces deux villes contendantes. Saint-Flour étant le siege du seul évêché de la haute Auvergne, peut au spirituel être regardée comme capitale de cette partie de la province ; & Aurillac étant le chef lieu d'un présidial & la plus considérable ville de la haute Auvergne, peut en être aussi regardée au temporel, comme la capitale. Je pense que c'est la seule maniere de terminer d'une maniere satisfaisante les disputes élevées à cet égard.

Florus ou *Saint-Flour* qui, suivant quelques légendaires, étoit du nombre des soixante-douze disciples de Jésus-Christ, & qui, suivant des autorités plus respectables, fut le premier évêque de Lodeve, & vivoit au cinquieme siecle, a donné son nom à cette ville. Ce saint vint mourir dans la haute Auvergne, & fut enterré dans l'endroit où est bâtie la ville de Saint-Flour, dont l'emplacement étoit alors appelé *Mons-indiacus.* On construisit sur son tombeau une petite chapelle qui lui fut consacrée, & qui attiroit de toutes parts un grand nombre de dévots.

Au commencement du onzieme siecle, un seigneur Auvergnat, nommé *Amblard de Brezons,* s'étoit rendu coupable de plusieurs crimes atroces; redoutant sur la fin de sa vie, le châtiment dont-il étoit menacé dans l'autre monde, il fit un voyage à Rome, vint se jetter aux pieds du saint-pere, & implorer l'absolution de ses péchés. Le pape la lui accorda, en lui ordonnant pour pénitence de fonder un monastere. De retour dans son pays, le seigneur de Brezons, fonda dans le lieu où étoient honorées les reliques de Saint Flour, un monastere de l'ordre de saint Benoît. *Saint Odilon*, Auvergnat & abbé de Cluni, fit, dit on, bâtir à ses frais l'église du monastere, & fit pour la premiere fois entourer de murs le bourg de Saint-Flour. L'église fut consacrée le 7 septembre 1095, par le pape *Urbain II*, qui revenoit de présider le concile de Clermont, où ce souverain pontife avoit excommunié le roi de France & déterminé la premiere croisade.

Le monastère de Saint Flour enrichi par les libéralités de plusieurs seigneurs, devint très-considérable. Le pape Jean XXII, y établit en 1317 un siege épiscopal, démembra une partie du diocèse de Clermont pour former celui de Saint-Flour, & nomma pour premier évêque son chapelain appellé *Raimond de Monstuejouls*, abbé de Saint-Tybéri, au diocèse d'Agde en Languedoc.

Cette érection donna de la consistance à la ville de Saint-Flour, & contribua beaucoup à accroître sa population.

Envain, Madame, j'épuiserois

toutes les ressources de l'art descriptif, pour vous donner une idée avantageuse de la ville de Saint-Flour ; je ne pourrois jamais, si je veux être exact, vous la présenter sous un jour favorable. Cette ville est généralement mal bâtie ; les rues en sont étroites, tortueuses, & l'on ne peut guere les parcourir sans monter ou descendre.

La cathédrale domine une grande partie de la ville ; elle fut construite à plusieurs reprises. On remarque encore quelques parties de sa construction primitive qu'on attribue à *Saint Odilon*. Jacques le Loup, quatorzieme évêque de ce siege, fit en 1450 construire le chœur & élever les deux clochers.

Quoique l'église du monastere de Saint Flour eût été érigée en cathédrale, les moines Bénédictins qui la desservoient, continuerent d'être réguliers jusqu'en 1476, qu'ils furent sécularisés, & formerent un chapitre composé de dix sept chanoines & de trois dignitaires.

On trouve encore dans cette ville un autre chapitre sous le nom & l'invocation de *Notre-Dame*, qui fût fondé par *Archambaud*, troisieme évêque de Saint Flour, & qui est composé d'un prévôt & de dix-huit chanoines.

Le palais épiscopal fut bâti dans le siècle dernier par *Charles de Noailles*, évêque de cette ville. Jérôme *de la Motte-Houdancourt*, l'un de ses successeurs, l'augmenta d'une galerie & d'un jardin.

Cette ville contient plusieurs maisons d'éducation ; telle qu'un collège, fondé en 1590 par *Amet de Fontanges*, & qui a reçu de grands bienfaits de Madame *de Ronsieres*, religieuse du couvent de la visitation de Brioude; & un séminaire dirigé par des Lazaristes.

Le couvent des Dominicains a été fondé par *Jean de France*, duc de Berry & d'Auvergne. Les Ursulines & les filles de la Visitation ont des couvens dans cette ville. Celui de ces dernieres est beau, & un des plus anciens de l'ordre. Son revenu a été considérablement augmenté par les pieuses libéralités de la dame de *Ronsieres*, dont je viens de parler.

Le couvent des Cordeliers, qui est dans le fauxbourg, est aussi très-ancien. L'hôpital-général a été fort enrichi par les bienfaits de *M. Paul de Ribeyre*, actuellement évêque de cette ville.

L'évêque de Saint Flour est devenu, par l'établissement de son évêché, seigneur spirituel & temporel de cette ville; & la justice séculiere lui appartient en premiere instance. Il y a un bailliage roy. qui est du ressort d'Aurillac; & une élection de la généralité de Riom.

Pendant les foires qui se tiennent à Saint Flour, on y vend une grande quantité de mules & mulets pour le Languedoc, l'Espagne & autres pays. On y fait aussi un grand commerce de blé, cette ville étant comme le grenier d'un petit pays voisin qu'on nomme *la Plancize*, & qui est très-fertile en seigle.

Au reste, comme c'est à *Amblard de Brezons*, que la ville de Saint-Flour doit, pour ainsi dire, son existence; puisqu'elle s'est formée à l'occasion du monastere que ce seigneur y fonda, je crois devoir,

Madame, remarquer ici que cette maison de *Brezous* étoit illustre & puissante dans la haute Auvergne. Tous les gentils hommes de cette famille ont porté la qualité de *hauts & puissans seigneurs*. La postérité légitime a fini en la personne de *François de Brezous*, mort sans enfans en 1622. Il avoit une si grande estime pour Marie de *Berton-Crillon*, sa femme, que par son testament, il l'institua son heritiere universelle. Voici, à l'occasion de cette dame, pour quelles raisons, & à quel titre, la maison de *Brancas*, & celle de *Lorraine-Harcourt*, possedent plusieurs belles terres en Auvergne. *Marie de Berton-Crillon* étoit fille de *Claude de Berton*, & de *Catherine de Joyeuse*, qui avoit épousé en premieres nôces *Eremon de Brancas*. Marie de Berton-Crillon n'ayant point d'enfans, donna tous ses biens à Georges, duc de Brancas, son frere Uterin, & au comte de Brancas son fils Puiné. Celui-ci mariant Françoise de Brancas sa fille avec Alphonse de Lorraine, prince d'Harcourt, lui donna en dot la plus grande partie des terres & seigneuries que la maison de Brezons avoit possédées en Auvergne.

Chaudes-aigues est située à quatre fortes lieues de Saint-Flour, dans le fond d'une vallée. Ce lieu étoit connu des Romains, sous le nom d'*Aquæ calentes*. Sidoine Apollinaire l'appelle *Aquæ bayæ*, pour faire allusion aux fameux bains de ce nom, situés dans la Campanie.

Le nom de *Chaudes-aigues*, qui est une traduction Auvergnate d'*Aquæ calentes*, signifie en François *eaux chaudes*.

Cette source est très extraordinaire, en ce qu'elle est d'une chaleur excessive qu'elle n'est presque point minérale, & n'a absolument aucune saveur. Elle fait monter le thermomètre à soixante dégrés, & ne contient en dissolution qu'un peu d'alkali minéral & de sel marin. Les habitans emploient cette eau à tous les usages de la vie, sans en éprouver aucun inconvénient. Plusieurs même, pendant l'hiver, l'introduisent, par de petits canaux, dans leurs maisons, afin qu'elle en échauffe l'intérieur. Ce moyen singulier épargne bien du bois à des particuliers peu fortunés.

Carlat est un bourg célebre par son ancien château qui a long-tems été regardé comme une des plus fortes places de l'Aquitaine ; on croit qu'il existoit du tems des Romains. Louis *le debonnaire* parvint à s'en rendre maitre, non par assaut, mais par composition. Les historiens qui parlent de ce siege, font la description de cette forteresse imprenable, qui étoit bâtie sur un rocher fort élevé & escarpé de trois côtés ; le quatrieme côté communiquoit aux montagnes voisines par une langue de terre fort étroite, qui dans la suite fut coupée ; de sorte qu'on ne pouvoit y monter que par un chemin pratiqué dans le rocher, & qui tournoit tout au tour en ligne spirale.

Ce château a soutenu plusieurs sieges : mais il n'a jamais été pris que par composition. Louis de Beaujeu, par ordre de Louis XI, y vint assiéger *Jacques d'Armagnac*, qui, complice de plusieurs trahisons & fuyant l'autorité qui le poursuivoit, crut trouver dans la forteresse du

Carat, un asyle impénétrable. Le siege fut long; les vivres commençant à manquer, Jacques d'Armagnac se rendit & fut conduit à Lyon, au château de Pierre-Encise, puis transféré à Paris, dans la prison de la Bastille, où il fut enfermé dans une cage de fer, d'où il ne sortit que pour aller au supplice.

Vous savez, Madame, que ce monarque cruel fit placer les deux jeunes enfans du duc d'Armagnac, les mains liées, la tête nue, sous l'échafaud, afin que le sang de leur pere rejaillit sur eux.

Mais tirons le rideau sur des cruautés qui doivent, Madame, affecter vivement votre sensibilité ; passons à des objets moins révoltans.

Marguerite de Valois, reine de Navarre & femme d'Henri IV, fuiant les poursuites de son frere, roi de France, & celles des habitans d'Agen, que ses déportemens avoient soulevés contre elle, crut aussi trouver un refuge assuré dans le château du Carlat ; elle y arriva dans le plus grand désordre, sous la conduite de Lignerac, dont le frere nommé *Marcé*, gouverneur de ce château, reçut des ordres du roi pour la retenir prisonniere. Ne pouvant supporter la contrainte où elle se trouvoit assujettie, elle fit, dit-on, empoisonner le gouverneur, & envoya en Gascogne le frere d'un de ses amans, avec charge de lever des troupes, & de venir en force chasser & remplacer la garnison du Carlat. Ce dernier projet ne fut point mis à exécution ; mais la princesse par ses attentats & sa conduite scandaleuse, devenue odieuse aux habitans, fut chassée du château ; elle se sauva en grande hâte, & se refugia au château d'Ybois, situé dans la basse Auvergne, & de-là à celui d'Usson, où elle demeura pendant vingt années. En vous parlant de ce dernier lieu, je vous ai rapporté plusieurs détails interessants sur le séjour qu'y fit cette princesse.

Aurillac est la seconde ou la premiere ville de la haute Auvergne ; cela n'est pas bien décidé, comme je vous l'ai remarqué, Madame, à l'article *Saint-Flour*.

Quelques savans de cette ville ont eu la foiblesse de croire & de débiter, qu'*Aurillac* avoit été fondé par l'empereur *Aurelien* ; ils ont seulement appuyé leurs opinions sur la ressemblance qui existe entre ces deux noms. Je ne m'arrêterai pas, Madame, à combattre ce système généalogique qui peut avoir quelque chose de flateur pour l'amour propre de quelques habitans ; mais sachant que vous aimez par-dessus tout la vérité, je me bornerai à vous dire ce que j'ai trouvé de certain sur l'origine de cette ville.

Clotaire, suivant quelques historiens, pour éviter la bataille que lui offroient Childebert & Théodebert, se retira dans un lieu appelé *Conros*, situé dans le territoire d'*Aurillac* : on ne dit pas que la ville existât alors, mais seulement qu'il y avoit un territoire qui portoit ce nom. Vers la fin du neuvieme siecle, *saint Geraud* fonda dans ce territoire, un monastere dans lequel il fut enterré, & ce monastere, célebre par les reliques miraculeuses du fondateur, pourroit bien avoir été la premiere souche de la ville.

Quelle que soit son origine, il est certain, Madame, qu'Aurillac est la plus jolie & la plus considérable ville de la haute Auvergne; elle est bâtie dans un vallon agréable, & sur les bords de la petite riviere de Sordanne qui descend du groupe des montagnes du Cantal.

Cette riviere roule des sables d'or, & autrefois plusieurs orpailleurs étoient occupés à extraire du limon ce métal précieux; mais le profit qui en résulte aujourd'hui, ne dédommage pas de la peine.

Parmi les promenades d'Aurillac on distingue celle du *Gravier*, qui est plantée dans une isle de la riviere.

L'abbaye de *saint Geraud* est l'établissement le plus ancien & le plus considérable de la ville. Elle fut sécularisée le 13 mai 1561, & c'est aujourd'hui une collégiale, composée d'un doyen, d'un aumônier, d'un sacristain, d'un chantre de douze chanoines & six semi-prébendes. L'abbé releve immédiatement du saint-siége. Il avoit autrefois la haute justice sur la ville & sur les faubourgs. Dans le faubourg de saint-Estephe est le manoir seigneurial de cette abbaye.

L'église de saint Geraud étoit d'une

construction magnifique ; mais en 1567, elle fut en proie à la fureur des protestans, qui prirent la ville & détruisirent une partie de cette basilique ; ils enleverent en même tems une châsse d'argent qui contenoit les reliques de saint Geraud.

L'église de Notre-Dame est la seule paroissiale de cette ville ; elle est desservie par un curé & par soixante prêtres communalistes.

Le couvent des cordeliers est un des plus anciens ; on dit qu'il existoit du tems de saint François ; & que ce seraphique y envoya saint Antoine de Padoue pour y enseigner la théologie.

Le couvent des carmes ayant été dévasté par les protestans, fut rebâti avec beaucoup de magnificence. L'église est belle & surmontée d'un dôme fort élevé ; le maître-autel est revêtu en marbre & enrichi d'ornemens dorés. Le réfectoire est une des curiosités de la ville ; c'est un beau vaisseau qui a soixante-dix-huit pieds de long, quarante deux de large & trente sept de hauteur ; le plafond est orné de peintures.

Le college d'Aurillac a été fondé par les habitans. C'est un bâtiment très vaste, mais qui est bien plus apparent que vraiment solide & vraiment beau.

L'ancienne école du monastere de saint Geraud d'Aurillac, étoit autrefois fort célebre; elle a produit plusieurs savans distingués; on doit remarquer *Gerbert* qui fut le premier homme de son siecle; on dit qu'il est natif d'Aurillac, au moins il est certain qu'il étoit d'Auvergne. Il fut l'instituteur de l'empereur Othon III & du roi Robert; il fut nommé archevêque de Reims, puis de Ravenne; enfin il fut élevé au souverain pontificat en 999. Ses talens étonnerent tellement ses contemporains, que plusieurs l'accuserent d'être sorcier. Le cardinal *Bennon* assura qu'il n'étoit parvenu à la papauté que par des moyens que le diable lui avoit indiqués; il composa quelques foibles élémens de mathématiques, & inventa le premier le méchanisme d'un horloge à roue. Toutes ces découvertes furent encore attribuées au diable: tel a été le sort des premiers progrès du savoir. Dans les temps & dans les pays où l'ignorance aveugle tous les esprits, on a toujours tort de se montrer savant.

François Maynard, de l'académie Françoise, poëte, secrétaire de la reine Marguerite, & président au présidial d'Aurillac, étoit natif de cette ville. Sur la fin de ses jours lassé du métier de courtisan, il adressa à son fils ces stances où l'on trouve de l'abandon & de la philosophie:

>Toutes les pompeuses maisons
>Des princes les plus adorables,
>Ne sont que de belles prisons,
>Pleines d'illustres misérables.

>Heureux qui vit obscurément
>Dans quelque petit coin de terre,
>Et qui s'approche rarement
>De ceux qui portent le tonnerre.

>Puisses-tu connoître le prix
>Des maximes que te débite
>Un courtisan à cheveux gris
>Que la raison a fait Hermite.

Je vous citerai encore, Madame, ce quatrain que vous lirez sans doute avec plaisir, & que le poëte avoit écrit sur la porte de son cabinet :

> Las d'esperer & de me plaindre
> Des muses, des grands & du fort ;
> C'est ici que j'attends la mort,
> Sans la désirer ni la craindre.

Aurillac a encore produit *Piganiol de la Force* ; ses descriptions de Paris, de Versailles & de Marly, sa description de la France ont eu dans le tems un grand succès ; c'est lui qui le premier a fait aimer en France ce genre de littérature.

Mauriac est une petite ville, chef-lieu d'une des quatre prévôtés principales de la haute Auvergne. On a écrit que Mauriac étoit le lieu près duquel se donna la fameuse bataille entre *Attila*, roi des Huns & le général romain *Aetius* ; mais c'est une erreur causée par la ressemblance de nom & qui a été démontrée par d'habiles critiques. *Saint Marius* ou *Saint Mari*, un des apôtres de la haute Auvergne, est le patron de Mauriac ; & il paroît que le nom de cette ville a été formé du sien.

Théodéchilde, fille de Clovis, conjointement avec un comte d'Auvergne, fonda un monastere dans cet endroit qui étoit déja illustré par les reliques de saint Mari. C'est sans doute à ces reliques & à ce monastere qu'il faut attribuer l'origine de Mauriac.

Le college de Mauriac fut un des premiers établissemens des Jésuites en France. Guillaume du Prat, à son retour du concile de Trente, introduisit pour la premiere fois ces religieux, & fonda en leur faveur les colleges de Mauriac, de Billom en Auvergne & de Paris.

Cette ville n'a rien de bien remarquable. La petite église de *Notre Dame des miracles* est curieuse par son architecture gothique & par les ornemens qui l'accompagnent.

Il se fait dans Mauriac un commerce de poulains & de chevaux, qui passent pour les meilleurs du royaume.

Dans les montagnes des environs, étoit un ancien hermitage que saint Mari avoit choisi pour retraite. Il y mourut entre les bras de saint Austremoine, qui prit soin de ses funérailles, & fit même élever une chapelle sur son tombeau. Le corps de saint Mari fut ensuite transporté au lieu ou l'on bâtit la ville de Mauriac.

Il est certain que d'après nos vieux historiens, on ne peut parcourir la France, sans trouver presque à chaque pas quelque trace de l'antique dévotion de nos peres. Mais après-tout, cette dévotion n'a pas toujours été nuisible, ni même inutile à la culture & à la population de nos provinces. Elle a donné lieu à la formation de plusieurs établissemens civils, politiques & religieux. En enrichissant les moines, elle a enrichi le pays, encouragé l'industrie, excité les peuples à la vertu, & les Tyrans au repentir de leurs fautes.

A une lieue & au sud de Mauriac est le château d'*Escorailles*, où du tems de la premiere race, il existoit une forteresse célebre. En 767 Pepin s'en rendit maître sur Waiffre, duc d'Aquitaine.

La maison d'Escorailles, est, dit-on, fort ancienne ; si elle ne s'est pas rendue célebre dans les fastes de la monarchie, elle l'a été dans ceux de la galanterie.

Vous connoissez, Madame, la fortune brillante & la mort prématurée de Marie-Angélique d'*Escorailles* duchesse de *Fontanges*, qui, à dix-sept ans, descendue des montagnes d'Auvergne, & élevée par protection au grade de *fille d'honneur* chez *Madame*, épouse de Monsieur, frere du roi, parvint, par l'éclat de sa beauté, au rang de favorite de Louis XIV. Ce roi prodigua ses finances pour Mademoiselle de Fontanges, qui, suivant l'expression de Madame de Montespan, *étoit belle comme un ange, mais sotte comme un panier*; il lui donna le titre de duchesse, & lui payoit chaque mois cent mille écus, & presque autant en bijoux, meubles & ajustemens.

Les suites d'une grossesse altérèrent sa beauté qui étoit le seul mérite qui la faisoit fleurir à la cour. Elle se retira dans un cloître & mourut à vingt ans. Ainsi passa, comme un éclair, la fortune de cette favorite, à qui la France doit cet ornement de tête appelé *fontange*, du nom de cette belle.

Salers est une petite ville située dans un pays fort montagneux, & au bas du groupe énorme des monts du Cantal : on y fabrique beaucoup de fromages ; c'est la patrie de *Pierre Lifet*, qui d'avocat, parvint au grade d'avocat général, & à celui de premier président au parlement de Paris ; fut ferme dans ses principes, & poussa cette fermeté jusqu'à l'entêtement. Ayant faire taire à l'audience un avocat qui donnoit aux cadets de la maison de Lorraine le titre de *Princes*, le cardinal de Lorraine qui étoit alors tout-puissant, le força de quitter sa charge. Il parut dans sa disgrace aussi petit qu'il s'étoit montré dédaigneux dans la prospérité ; il vint se jetter aux pieds du cardinal de Lorraine, le suppliant d'avoir pitié de sa vieillesse ; cette action basse fit dire à M. de Thou, qu'il se conduisoit en femme après avoir agi en homme. Il mourut en 1554, abbé de saint Victor, bénéfice que lui accorda Henri II Pendant qu'il étoit président au parlement de Paris, il s'étoit montré le plus ardent persécuteur des protestans & en avoit envoyé un grand nombre au bucher. Le même zèle l'animoit encore, étant abbé de saint Victor ; mais il ne pouvoit pas le manifester d'une manière aussi sanglante. Il se contenta d'écrire, contre eux, des livres de controverse. Ce fut à l'occasion d'un de ses ouvrages que Théodore de Beze, sous le nom de *Passavant*, repondit à l'abbé Liset, par une satyre aussi ingénieuse que piquante.

Vic-en-Carladès est un bourg situé au pied des monts du Cantal, dans un vallon assés agréable, formé par la petite rivière de Cère; c'est le chef-lieu du pays de *Carladès*, dont le château de Carlat étoit autrefois la place principale.

A un quart de lieue de ce bourg & sur la colline opposée du vallon, où il est bâti, est une source minérale qui jouit de quelque célébrité. Il paroit qu'elle a été connue du tems des romains. Lorsqu'en 1590 on découvrit cette source, que les éboulemens de la montagne avoient absolument fait disparoitre, on trouva quelques fragmens de constructions antiques & plusieurs médailles impériales.

Vic est la patrie d'un célèbre Troubadour du treizieme siècle, nommé Pierre-

Pierre d'Auvergne ou le *Moine de Montaudon*; il avoit été réligieux du monastère d'Aurillac. Il paroit que l'art de la poësie lui avoit valu de grands biens; car, quoique moine, il posseda long-tems une seigneurie considérable.

Ce lieu a encore donné naissance à *Louis Boissi*, poëte dramatique, de l'académie françoise. Ses pièces qui sont restées au théâtre consistent dans l'*Impatient*, le *François à Londres*, les *Dehors trompeurs*, le *Babillard*, &c.

Je vous ai souvent parlé, madame, du groupe du *Cantal*, sans vous en donner aucun détail. Vous ne serez pas fâchée d'en retrouver ici sur les principales asperités qui le composent.

Ce groupe étoit nommé par les romains *Mons Celtorum*, *montagnes des Celtes*; ce pays étoit en effet compris dans la Gaule Celtique. Le Groupe renferme une étendue d'environ trois lieues en tout sens; il est accompagné de montagnes inférieures, séparées entre elles par de larges & profonds ravins. Une des plus hautes montagnes est nommée *le plomb du Cantal.* Son sommet s'élève au-dessus du niveau de la mer, à neuf cents quatre-vingt treize toises. De cette montagne partent en divergeant, comme d'un centre commun, une douzaine de rivieres ou de torrents, dont les plus considérables sont, l'Allagnon, la Truyère & la Cère. Le Puy de *Griou*, situé au nord-ouest du plomb du Cantal, & au-delà du vallon profond qui sépare ces deux montagnes, est presque absolument de forme conique ; son sommet présente un plateau qui n'a que six pieds de largeur sur environ cinquante de longueur.

Le Puy-Mari s'élève à dix neuf cent cinquante six toises au-dessus du niveau de la mer. A ses pieds la riviere de Jordanne prend sa source. *Le mont Violent* domine la ville de Salers ; & sa hauteur au-dessus du niveau de la mer est de neuf cent soixante toises.

Ces montagnes, & plusieurs autres moins considérables qui dépendent du même groupe, sont réellement des montagnes volcaniques, quoiqu'on n'y rencontre ni cratères ni coulées de laves bien caractérisées.

La roche qui les compose est la même que celle du Mont-d'or & du Puy de Dome, qui sont des roches volcaniques reconnues. D'ailleurs dans les environs on trouve des amas de lave, des chaussées, des colonnes basaltiques & plusieurs autres productions de volcans.

Pendant six ou sept mois de l'année ces énormes montagnes se couvrent de neiges. Lorsque la belle saison ramène la verdure, des troupeaux innombrables de bêtes à cornes, gravissent ces hauteurs, s'y nourrissent de thym & d'autres herbes odoriférantes que le sol produit en abondance, & restent pendant la belle saison sans abri & gardés seulement par des bergers, espèces de nomades, qui chaque année, se bâtissent une hutte grossière où ils couchent, où ils recelent le lait qu'ils tirent des vaches, & dont ils font du beurre & du fromage. Ces habitations rustiques sont nommées *Buron*, & les fromages qu'on y fabrique connus sous le nom de *fromages du Cantal*, forment une branche considérable du commerce du pays.

Il faut vous parler, madame, de la petite ville de *Saint-Paulien* qui est située sur les limites de l'Auvergne. Elle étoit autrefois ville épiscopale & capitale du Vélai. Vers la fin du neuvième siècle, le siege épiscopal fut transféré en la ville du Puy. On a découvert dans Saint-Paulien plusieurs antiquités. Je ne vous citerai que cette inscription, bien conservée, gravée en deux lignes.

HERMA.
DIONIS.

Elle appartenoit sans doute à un autel, ou à un temple consacré à une divinité qui réunissoit les deux sexes; car, le mot *Herma Dionis*, signifie la réunion, en une seule personne, des divinités de Mercure & de Vénus, & se rapporte à ce que les Grecs nommoient *Hermaphrodites*.

Après avoir parcouru tous ces divers lieux, dont je viens de vous tracer l'histoire & la description, je suis revenu à Saint-Flour, d'où je ne tarderai pas à partir, pour entrer dans le Languedoc. Je suis, &c.

A Saint-Flour, ce 10 Août 1760.

LETTRE CDXVII.
LE LANGUEDOC.

OH! le charmant pays, Madame, que le Languedoc! c'est presque partout un lieu de délices : c'est un enchantement presque continuel pour le voyageur. Je ne crois pas que la nature se montre dans aucune autre province de France, plus riante, plus libérale & plus féconde. Un beau ciel, un air pur & salubre, un climat doux & benigne, d'agréables paysages, des sites pittoresques, la mer Méditerranée, deux fleuves, un canal, chéf-d'œuvre du génie & de l'art; plusieurs rivieres considérables & divers autres canaux; une étonnante variété dans les productions intérieures & extérieures de la terre; mille curiosités naturelles dans tous les genres; des grains & des vins excellents de toutes les especes, des pâturages & de très-bons fruits, des forêts d'oliviers, & une quantité prodigieuse de muriers; par-tout un sol fertile qui comble les espérances de l'infatigable cultivateur ; de grandes & belles routes ; des villes peuplées & bien bâties ; des habitans aimables dans la société, amateurs des arts & des sciences qu'ils cultivent, & du commerce qu'ils font fleurir ; en un mot, tout ce qui peut procurer une existence tranquille & délicieuse, je l'ai trouvé dans le Languedoc. Il n'est point de lieu bien considérable, où je n'aie fait quelque séjour, & d'où je ne vous aie écrit, ainsi que vous le verrez par la date de mes lettres. J'ai différé jusqu'à ce jour à vous en envoyer le recueil, parce que je voulois les faire précéder de quelques notions générales, que je ne pouvois vous donner qu'après avoir entièrement parcouru cette belle province. Je crois qu'elles auront quelque droit de vous plaire & de vous intéresser. Elles feront la matière de plusieurs lettres : mais je les abrégerai autant qu'il me sera possible.

Il faut se rappeller ici que la France, comme je l'ai dit ailleurs, avoit été autrefois divisée en deux parties distinguées par les deux langues qu'on y parloit. Dans la partie du nord, c'étoit la langue d'*Oui*, c'est-à-dire, la langue Française, & dans celle du midi, la langue d'*Oc*, parce que l'on y disoit, comme l'on fait encore, *Oc* pour *Oui*, (quelquefois pour adoucir la prononciation, on dit ô). c'est de-là que le nom de *Languedoc* tire son origine.

Cette province, la plus grande peut-être de tout le royaume, est bornée au nord par le Querci, le Rouergue, l'Auvergne & le Lyonnois; à l'orient par le Rhône, qui la sépare du Dauphiné, du comtat Venaissin & de la Provence; au midi par la Méditerranée; le Roussillon & le comté de Foix; à l'occident par la Garonne qui la sépare de la Gascogne. Elle est d'une longueur & d'une largeur fort inégales en certains endroits. Dans sa plus grande longueur, elle a plus de soixante-dix lieues, & dans sa plus grande largeur, plus de trente.

On la divise en trois parties: le haut Languedoc vers l'occident; le bas vers l'orient, & les Cévennes au nord-est. Le haut contient sept diocèses; *Toulouse* & partie de celui de Montauban à l'occident; *Albi* au nord; *Lavaur* & *Castres* dans le milieu; *Rieux* au sud-ouest; *Mirepoix* & *Saint-Papoul* au midi; une partie de celui de Comminges au nord. Le bas Languedoc a onze évêchés; *Aleth* & *Carcassonne* au midi, *Narbonne*, *Beziers*, *Agde* & *Montpellier* à l'orient & près de la Méditerranée; *Saint-Pons* & *Lodeve* au nord-ouest des précédens; *Nismes*, *Alais* & *Uzès* au nord-est. Les Cevennes sont proprement des montagnes qui renferment trois pays; le *Gévaudan* à l'occident; le *Vivarais* à l'orient, & le *Vélai* au nord.

Avant que les Romains eussent porté leurs armes dans la Gaule, le Languedoc étoit habité par différens peuples; la partie occidentale qui avoit pour capitale Toulouse, par les *Volces-Tectosages*; & la partie orientale, dont Nismes étoit le chef-lieu, par les *volces-arécomiques*. Mais la ville d'Albi & ses environs étoient au pouvoir des *Albigeois*: dans les Cevennes, le Vivarais appartenoit aux *Helviens*, le Vélai aux *Vélannes*, & le Gévaudan aux *Gabales*. Les Romains s'en étant rendus les maîtres, ainsi que de la Provence & d'une partie du Dauphiné & du Lyonnois, nommerent toute cette contrée *Gaule Narbonnoise* ou *province des Romains*, à cause de Narbonne sa capitale. Ils la partagerent dans la suite en deux provinces, la *Narbonnoise* & la *Viennoise*. Peu de temps après, ils démembrerent quelques cités de la Viennoise, & ils en formerent une seconde Narbonnoise. Cependant Narbonne fut toujours la métropole de la premiere. Le Languedoc, tel qu'il est aujourd'hui, contient celle-ci, avec le Vivarais qui dépendoit de la Viennoise, le Vélai, le Gévaudan & l'Albigeois, qui lors de la formation de plusieurs autres provinces, firent partie de la Gaule Aquitanique.

La beauté du climat, la fertilité du terroir, & la proximité de Rome, qui faisoit regarder cette province comme l'Italie même, y attirerent un grand nombre d'anciennes familles romaines qui s'y établirent. Les écoles de Narbonne & de Toulouse avoient des profeſſeurs d'un mérite diſtingué, & des étudians des premieres familles de l'empire. Auſſi, la Narbonnoiſe devint-elle bientôt célebre par les hommes illuſtres qu'elle donna à l'Etat, & par un grand nombre de ſavans qu'elle fournit à la république des lettres. Le commerce y étoit des plus étendus & des plus floriſſans, parce que les ports de la Méditerranée étoient alors plus fréquentés que ceux de l'Océan. L'uſage des loix Romaines fut d'abord plus commun dans cette province que par-tout ailleurs, tant à cauſe du grand nombre de colonies romaines, que des villes municipales & des peuples entiers, à qui les Romains avoient accordé l'uſage du droit latin. Mais on croit qu'elle ſe maintint dans le privilége de tenir tous les ans ſes aſſemblées provinciales.

Un écrivain très-eſtimé penſe que le nom de *Septimanie* fut donné à cette province à cauſe des *Septimaniens*, ou ſoldats de la ſeptieme légion établie à Beziers. Mais le sentiment le plus général est que ce nom vient des sept cités qui étoient soumises à la métropole de Narbonne. Ces villes étoient Toulouse, Beziers, Nismes, Agde, Maguelonne, (autrefois située à deux lieues de Montpellier & qui n'existe plus), Lodeve & Uzés.

Les habitans de la Narbonnoise se voyoient dans une situation des plus heureuses & des plus brillantes, lorsque la face de leur province fut entierement changée par une irruption des Barbares. Ce furent les Visigoths, qui paroissoient s'être fixés en Italie, mais qui, l'an 412, sous la conduite d'Ataulphe, leur roi, vinrent porter ici la désolation avec la barbarie & le mauvais goût. Quand même tout l'Océan, dit un auteur contemporain, auroit inondé les Gaules, il n'y auroit pas fait de si horribles ravages. Ataulphe établit son séjour à l'embouchure du Rhône, dans le lieu qu'on appelle aujourd'hui *Saint Gilles*, & qu'on nommoit autrefois *le palais des Goths*.

Cependant ces peuples furent forcés au bout de deux ans, d'abandonner cette contrée, & de se retirer en Espagne. Mais en 419, ils repassèrent les Pyrenées, sous la conduite de Vallia, leur roi, en vertu d'un traité fait avec l'empereur Honorius, & fonderent dans cette belle partie de la Gaule, un royaume dont Toulouse devint la capitale. Cette province, ou plutôt ce royaume fut alors nommé indifféremment *Septimanie* & *Gothie*. En ce même temps, les Bourguignons, déja possesseurs de la province qui porte encore leur nom, s'étendirent jusques dans le Vivarais.

Ce fut alors (pour répéter ici en passant ce que j'ai dit ailleurs), que du mélange de la langue *celtique* ou des Gaulois, & de la langue *latine* ou des Romains, avec la langue *tudesque*, qui étoit celle des Visigoths venus de l'Allemagne, se forma insensiblement une nouvelle langue, qu'on appella *Romance* ou *Romaine*, & qui est la même qu'on parle encore aujourd'hui dans le pays. On peut y ajouter celle d'un grand nombre de Grecs ou Syriens, que le commerce attiroit dans cette province.

Le royaume des Viſigoths s'étendit conſidérablement avant le commencement du ſixieme ſiecle, puiſqu'il comprenoit tout le pays renfermé entre la Loire, les Pyrenées, la Méditerranée & l'Océan. Clovis, qui, à la tête des Francs, venoit de jetter les fondemens de notre monarchie, déclara la guerre à Alaric, leur roi, le tua de ſa propre main à la bataille de Vouillé, près de Poitiers, & s'empara en 507, d'une grande partie de la Septimanie. Mais ce nom ſubſiſta encore auſſi bien que celui de Gothie ; & les deſcendans de Clovis ne purent même l'éteindre entierement.

Les Viſigoths vaincus ſe retirerent dans la Catalogne, où ils transférerent le ſiege de leur royaume, & aux pieds des Pyrenées, ou il leur reſta la plus grande partie de la Narbonnoiſe premiere, ou du Languedoc. Nos rois de la premiere race leur firent vainement une guerre preſque continuelle. Ces barbares ſoutenus de leurs compatriotes, qui regnoient en Eſpagne, ſe maintinrent dans leur royaume juſqu'au commencement du huitieme ſiecle.

Les Sarrasins s'étant rendus maîtres de presque toute l'Espagne, après avoir vaincu & tué dans une bataille Rodéric, le dernier roi des Visigoths, franchirent en 719 les Pyrénées du côté du Roussillon, soumirent ce pays, qui faisoit partie de la Septimanie, & s'avancèrent dans l'intérieur de la France, pour tenter de s'y établir. Charles Martel, maire du palais, les battit dans plusieurs combats, en fit un horrible carnage entre Poitiers & Tours, & les poursuivit jusqu'en Languedoc, où il s'empara des villes de Nîmes, de Maguélonne & de Béziers. Mais il ne put que repousser ces Mahométans vers les Pyrénées. Son fils Pépin eut la gloire de les chasser entièrement du royaume.

Tout le Languedoc n'étoit cependant pas encore soumis. La ville de Toulouse étoit alors la capitale du duché d'Aquitaine (aujourd'hui Guienne.) possédé sans interruption par les descendans de Caribert, frere de Dagobert I, roi de France; & l'Albigeois, ainsi que le Gévaudan, faisoient partie de ce duché. *Vaifre*

LE LANGUEDOC.
qui en étoit le possesseur, vouloit
se rendre indépendant. Pepin lui
déclara la guerre, le défit & conquit
tous ses états en 768. C'est depuis
cette époque que le Languedoc fut
véritablement sous la domination de
nos rois.

Cependant Charlemagne rétablit,
l'an 778, en faveur de Louis, son
fils, l'ancien duché ou royaume
d'Aquitaine, qu'on appella aussi
royaume de Gothie ou *Septimanie*. Toulouse en devint encore la capitale ;
& tout le pays compris aujourd'hui
dans le Languedoc, à la réserve du
Vivarais, qui dépendoit du royaume
de Bourgogne, en firent partie.
Charlemagne donna les comtés ou
gouvernemens des villes & des diocèses de ce nouveau royaume à des
seigneurs, dont les principales fonctions étoient d'administrer la justice
dans leur département, d'avoir soin
des finances, de faire lever le tribut
& les deniers publics par leurs ministres subalternes, d'avoir inspection
sur les forêts royales, enfin de convoquer & de commander la milice.

Le nombre des comtés égala bien

tôt dans cette province le nombre des diocèses. Ces comtés étoient ceux d'Albigeois, de Vélai, de Gevaudan, de Narbonne, de Carcassonne, de Beziers, d'Agde, de Lodève, de Maguelonne, de Nîsmes, de Toulouse, d'Uzès, & celui du Vivarais dépendant du royaume de Bourgogne. Dans la suite même quelques grands diocèses furent partagés en plusieurs comtés ou gouvernemens. Nous voyons en effet un comté de Minerbe dans le diocèse de Narbonne, de Gimoës dans le diocèse de Toulouse, de Lautrec dans le diocèse d'Albi.

Il arriva souvent que Charlemagne & Louis le *Débonnaire*, son fils, accorderent aux enfans les dignités de leurs peres. Charles *le Chauve* suivit cet usage. Les troubles qui agiterent le royaume sous son regne, l'engagerent à ménager extrêmement les seigneurs dont il avoit besoin pour se maintenir sur le trône. De leur côté, ceux-ci saisirent cette occasion pour perpétuer leurs dignités dans leurs familles ; & lorsqu'ils virent que c'étoit un usage autorisé que les fils succédassent à leurs peres dans les duchés & les comtés, ils regarderent dès-lors ces dignités comme leur patrimoine. Non-contents de les transmettre à leurs descendants, ils profiterent de la foiblesse du souverain, pour s'emparer du domaine & des droits régaliens dans leurs comtés. C'est ainsi que les divers comtes & seigneurs des villes de la Septimanie ou Gothie s'étoient rendus par degrés entierement indépendans, à la fin de la seconde race de nos rois.

Je me jetterois ici dans un dédale que vous trouveriez, madame, bien obscur ou bien long à parcourir, si je voulois vous tracer quelques détails de l'histoire de chacun de ces comtes, & vous indiquer seulement, soit les différentes époques, soit les diverses causes de la grandeur des uns & de la décadence des autres. Il me suffira de m'attacher à un très-petit nombre de faits principaux, pour vous apprendre comment cette belle province a été réunie à la couronne.

Chorzon ou *Thorsin* avoit été créé

par Charlemagne en 778, comte de Toulouse. Louis *le débonnaire* son fils établit un gouverneur dans la ville de Narbonne, avec la qualité de duc de Septimanie ou marquis de Gothie, pour qu'il jouît dans le bas Languedoc de la même autorité que les comtes de Toulouse exerçoient dans le haut. Ces ducs ou marquis avoient en effet sous eux les vicomtes de Beziers, d'Agde, de Lodève &c.

Charles *le Chauve* donna le comté de Toulouse, en 849, à Frédelon, dont les descendans se rendirent par la suite très-puissans. Pons-Raimond IV, l'un d'entr'eux, contribua le plus à l'agrandissement de cette maison. Après la mort du dernier duc de Narbonne, arrivée vers le milieu du dixieme siecle, Raimond, soit qu'il fût son parent, ou le comte le plus redouté de la province, s'empara du marquisat de Gothie, qui, par ce moyen, fut réuni au comté de Toulouse. Il acquit de plus de très vastes domaines par droit de succession, posséda le marquisat de Provence qu'une héritiere lui avoit donné en mariage, & réunit sous sa domination médiate ou immédiate ce que nous appellons aujourd'hui le Languedoc, & qu'il nomma *province de Saint Gilles*, à cause d'une dévotion particuliere qu'il avoit à ce saint. C'est depuis Raimond, que les comtes de Toulouse s'intitulèrent tantôt ducs de Septimanie, tantôt princes ou marquis de Gothie, & tantôt ducs de Narbonne. A la fin du douzieme siècle, ils étoient parvenus à un si haut point de grandeur, qu'ils pouvoient le disputer aux premiers vassaux de la couronne, & au roi lui même, dont le domaine étoit bien moins étendu.

Cette maison si florissante & si redoutable, fut éteinte au milieu du treizième siècle. Raimond VI, dit *le vieux*, étoit, à cette époque, comte de Toulouse. Il n'y avoit nulle puissance sur la terre, disent plusieurs historiens du Languedoc, qui fût capable de déposseder ce prince de ses domaines, si l'église ne s'en fût mêlée.

Les Albigeois, ainsi nommés de la ville d'Albi où leur secte avoit pris naissance, répandoient alors leurs erreurs dans les provinces méridionales. Le Pape Innocent III y envoya deux moines de Citeaux, pour instruire & pour éclairer ces hérétiques. Mais ce fut envain : l'entêtement de ceux-ci à vouloir ramener tous les chrétiens à leur secte, alluma la guerre. Raimond ne craignit point de favoriser ouvertement les Albigeois. Le Pape, après lui avoir donné plusieurs avertissemens, l'excommunia comme fauteur d'hérésie. Pierre-de-Castelnau, un des légats de ce pontife, ayant été assassiné, on imputa ce meurtre à Raimond. Alors Innocent III déliant les sujets du comte du serment de fidélité, fit prêcher une croisade contre les Albigeois & leur protecteur. Simon, comte de Montfort, petite ville dans l'île de France, en fut déclaré le chef, & s'empara de plusieurs villes de Languedoc.

Raimond pour éviter sa ruine se soumit, demanda l'absolution, fit amende honorable en chemise, & reçut des coups de verges. Mais ce prince jouant toujours un personnage fort équivoque ; protestant toujours de sa foi, & protégeant toujours les hérétiques ; faisant toujours des promesses & les violant toujours, rompit enfin tous ses engagemens, & retourna à ses erreurs. Après avoir repris les armes, il eut la cruauté de faire mourir Bauduin, son frere, qui étoit dans le parti des Croisés.

La famille de Trincavel, qui, depuis plusieurs siecles, possédoit la vicomté de Beziers, avoit hérité par un mariage, au commencement du onzieme, du comté de Carcassonne, & avoit ensuite réuni celui de Nismes. Raimond Roger, le dernier comte de cette maison, se joignit au comte de Toulouse, en faveur des hérétiques. Cette guerre fut des plus vives & des plus sanglantes. On ne peut lire sans horreur, dit un historien exact & impartial, la sévérité ou plutôt la cruauté dont on usa envers les Albigeois. Cette sévérité n'étoit point inspirée par l'esprit de Jésus-Christ. Le massacre de Beziers, (où suivant quelques historiens, soixante mille hommes furent passés au fil de l'épée); le pillage de Carcaſſonne, la priſe de Lavaur font horreur. Mais cette horreur, continue-t-il, ſemble diminuer, quand on penſe aux révoltes affreuſes, & aux maſſacres dont les Albigeois s'étoient rendus eux-mêmes coupables.

Il faut avouer que Simon de Montfort traita pour le moins auſſi cruellement ces hérétiques, qu'ils avoient traité les catholiques. Il conquit tous les états de Raimond, qui ſe ſauva en Eſpagne. Un concile aſſemblé à Montpellier, donna au vainqueur le comté de Touloufe & la propriété des autres villes conquiſes. Cette donation fut confirmée en 1215, par le pape Innocent III. Mais comme ces domaines ne pouvoient être inféodés que par nos rois, Montfort en demanda l'inveſtiture à Philippe Auguſte qui la lui donna l'année ſuivante. Ce général des Croiſés n'en jouit pas long-temps. Les peuples ſe ſoulevèrent contre lui, & rappellerent Raimond. Montfort fit de nouveau le ſiege de Touloufe, où il fut tué. Le comte recouvra une partie de ſes états, & mourut peu de temps après ſubitement.

Cependant cette guerre meurtriere n'avoit point diſcontinué. Amauri de Montfort, fils de Simon, lui avoit ſuccédé dans le commandement de l'armée des Croiſés ; & Raimond VII, dit *le Jeune*, n'eut garde, à la mort de ſon pere, de poſer les armes. Mais Amauri n'étant pas aſſez en forces pour réſiſter à Raimond, céda, en 1223, à Louis VIII, roi de France, les droits qu'il avoit ſur le comté de Toulouſe, & ſur les autres terres ſituées en Languedoc. Ce monarque ſoumit preſque toute cette province, & mourut en revenant de cette expédition.

Saint Louis lui ſuccéda, & le comte Raimond voulant profiter de la minorité de ce prince, recommença la guerre. Mais il ſe vit bientôt ſi preſſé par les troupes du roi, qu'il écouta les propoſitions que lui fit le Pape Grégoire IX, ſe réconcilia avec l'égliſe, & conclut la paix avec ſaint Louis. Il lui céda, par un traité fait en 1229, le duché de Narbonne avec une partie de ſes autres états, ſe réſervant ſeulement le diocèse de Toulouse, & promit de donner en mariage Jeanne, sa fille unique & son héritiere, à Alphonse, comte de Poitiers, frere du roi. Ce mariage se fit en effet quelques années après du vivant de Raimond, qui mourut en 1249. Ainsi finit la postérité masculine des comtes de Toulouse, après avoir joui de ce comté pendant quatre siècles complets, depuis Frédelon, créé comte de Toulouse en 849.

Alphonse & Jeanne étant morts en 1270, sans enfans, Philippe *le Hardi*, successeur de saint Louis, hérita de leurs domaines, qu'il réunit à la couronne. C'est sous son regne que se fit la division du royaume en pays de *langue-d'Oui*, & en pays de *langue-d'Oc*, nom qui est resté depuis à cette province.

Le dernier comté du Languedoc, qui revint à nos rois, fut celui de Montpellier. Il n'avoit commencé qu'en 1100, en la personne de Guillaume, l'un des chevaliers, à ce qu'on prétend, de la cour du comte de Maguelonne. Cent ans après, sa postérité mâle finit avec Guillaume IV, dont

dont la fille unique épousa un roi d'Arragon. Pendant cent cinquante ans, ces rois & ceux de Majorque qui en descendoient, furent comtes de Montpellier. Enfin, en 1350, Jacques IV vendit ce comté à notre Philippe de Valois; & tout le Languedoc se trouva sous la domination de nos souverains, qui en avoient perdu la propriété, lorsque les fiefs devinrent héréditaires.

Depuis ce temps, cette belle province a suivi le sort général de la monarchie. Après la funeste bataille de Poitiers, où le roi Jean fut fait prisonnier, les Anglois firent en France bien des maux, dont le Languedoc ne fut point exempt. Cependant les rois d'Angleterre ne possèderent jamais cette province à aucun titre particulier. Elle demeura toujours inviolablement soumise à ses maîtres légitimes; & leur témoigna souvent son zèle, en accordant des subsides considérables, principalement lorsque le roi Jean étoit prisonnier à Londres. Elle suivit constamment le parti de Charles VII, encore dauphin, & régent du royaume pendant la maladie de l'infortuné Charles VI, son pere. Aussi, dès que Charles VII, vainqueur des Anglois qu'il chassa de France, se vit paisible possesseur de son royaume, il s'occupa sérieusement des intérêts du Languedoc, & régla toutes les branches de l'administration, soit ecclésiastique, soit civile, soit militaire, soit commerçante.

Tous les malheurs qu'entraînent les guerres civiles, les dissentions particulieres & la diversité d'opinions en matiere de religion, le Languedoc les essuya au seizieme siecle. Les troubles s'y perpétuerent même plus long-temps que dans toutes les autres, à cause du grand nombre des protestans qui l'habitoient; & y durerent pendant tout le cours du siecle dernier. Ces guerres fatales & d'autres crises fâcheuses n'ont cependant pas empêché que cette province n'ait été toujours florissante en tous les genres, parce qu'elle peut se suffire à elle-même, & qu'elle trouve dans son sein tout ce qu'il faut pour se procurer tous les avantages possibles.

C'est ce dont vous ne douterez pas, Madame, lorsque vous la connoîtrez en détail.

Le Languedoc, tel qu'il est aujourd'hui, est la province du royaume la plus peuplée, même en proportion. Elle a une étendue de quinze cent lieues carrées; & l'on trouve qu'il y a près de deux villes, bourgs, villages ou paroisses; & plus de mille personnes pour chaque lieue. On peut donc compter dans cette province au moins seize cent mille âmes. Si tout le royaume étoit peuplé de même, il contiendroit plus de cinquante mille paroisses, & plus de trente millions d'habitans.

Vous jugez sans doute, Madame, que le caractere, les mœurs & le génie des habitans d'une aussi grande province, ne doivent pas être partout les mêmes. Mais les nuances ne sont pas bien marquées. Les Languedociens sont en général affables, polis, prévenans & pétillent de gaîté. Leur caractere est très-vif, par conséquent incapable de dissimulation. Francs, extrêmement sensibles, bien souvent trop sinceres,

& trop courageux peut-être à dire hautement la vérité, quelque dure qu'elle puisse être, ils sont également empressés à témoigner leur estime & leur amitié, leur haine & leur mépris aux personnes qui les méritent. Mais je puis dire, sans craindre d'être démenti, qu'il savent plus aimer que haïr : en amour & en amitié, ils ont un cœur de flamme. L'humanité, la bienfaisance, la générosité, l'empressement à rendre tous les services possibles, sont des vertus très-communes chez eux. Mais dispensez-vous de leur donner des leçons, ils en sont ennemis; gardez-vous de leur disputer leurs honneurs, ils en sont très-jaloux. Leur bravoure & leur goût pour l'état militaire sont généralement connus. Les Languedociens sont d'ailleurs pleins d'esprit, d'activité, d'industrie, & tout-à-la-fois amateurs passionnés des plaisirs; ardens à suivre leurs projets de fortune, & rigides observateurs des loix de la probité; très-propres au commerce qu'ils entendent fort-bien, aux arts, aux sciences & surtout à la littérature qu'ils cultivent avec succès. Nulle province ne renferme autant d'académies qu'il y en a dans celle-ci, ni n'a produit autant de poëtes & de chansonniers agréables. C'est bien dommage que la langue qu'ils parlent, ne soit pas familiere à tous les Français & même aux étrangers. En un mot, en parcourant le Languedoc, en observant avec attention ses habitans, j'y ai vu des hommes, pour la plupart, vraiment bons, officieux, spirituels & d'agréable société; des cultivateurs actifs & intelligens, des négocians éclairés & judicieux, des militaires pleins de zèle & de talens, des magistrats vigilans & d'une sagesse consommée; des littérateurs & des savans très-estimables en tous les genres.

Je ferois une injustice aux Languedociens, si je n'ajoutois pas ici qu'ils peuvent bien être comptés au nombre des sujets les plus fidèles, & les plus recommandables par leur amour pour leur roi, & par leur zèle pour la gloire de leur nation. Les preuves qu'ils en ont données dans tous les temps, ne peuvent point être révoquées en doute. Après la bataille de Poitiers, ils ne se bornerent pas à prendre le deuil, à lever des gens d'armes & à imposer des subsides, pour la défense du royaume. Ils envoyerent au roi Jean, prisonnier à Londres, des députés, avec ordre de lui offrir les corps, les biens & les familles de tous les habitans de la province pour sa délivrance. Ces offres furent réalisées; le Languedoc seul paya près de la moitié de la rançon de ce monarque: A la premiere nouvelle de la prison de François I, ils prirent aussi le deuil, & firent bientôt les plus grands efforts en faveur de ce prince, & de l'état. Sous les regnes suivans, & principalement sous celui de Louis le Grand, ils contribuerent en mille manieres à la défense, à la gloire & à la prospérité du royaume.

J'ignore ce qui a pu échauffer la bile d'un historien géographe très-moderne contre les Languedociens, dont il fait le portrait le plus desavantageux & le moins ressemblant. Mais sa haine paroît bien envenimée & bien basse : je serois porté à dire qu'elle tient de la rage & de la fureur. Il étoit sans doute dans les plus violens accès de son humeur noire, lorsqu'après les avoir traités d'hommes grossiers, peu industrieux & ingrats, il ne craint point de dire : *de tous les pays du monde, aucun ne produit des hommes aussi vifs, & aussi âpres sur l'article de l'intérêt que celui-ci. Il est ordinaire qu'on y manque aux devoirs les plus essentiels pour le moindre profit.* Une calomnie aussi atroce contre seize cent mille hommes en général, ne mérite pas que je la réfute par un très-grand nombre de faits, dont j'ai été moi-même le témoin. Assurément, si j'avois trouvé les Languedociens tels que les peint cet auteur si peu juste & si peu poli, (1) je déclarerois ici que le Languedoc est un pays habité par de vrais monstres, que les autres hommes réunis doivent se hâter d'exterminer. Mais, s'il faut en croire le même écrivain, il y en

---

(1) Trouve-t-on en effet dans ces expressions de *Piganiol de la Force*, toute la politesse d'un courtisan, que les auteurs du nouveau dictionnaire historique ont bien voulu lui donner?

auroit peu & bien peu qui feroient en droit de le faire. Car il dit en finiſſant : *les Languedociens feront bleſſés à quelques traits de ce portrait. Mais après tout, je ne dis rien d'eux qu'on ne puiſſe dire de tous les hommes en général.* En vérité, ſi l'on avoit dit à ce cenſeur ſi acariâtre.

Vous voulez un grand mal à la nature humaine;

Je ſuis perſuadé qu'il n'auroit pas balancé à répondre :

Oui, j'ai conçu pour elle une effroyable haine.

Je ſuis, &c.

En Languedoc, ce 1760.

LETTRE CDXVIII.

Suite du Languedoc.

Il n'y a pas de province en France, Madame, où le clergé soit plus nombreux & plus riche que dans le Languedoc. Depuis le quatorzième siecle, il y a toujours eu vingt-un diocèses, outre une grande partie de ceux de Comminges & de Montauban. Mais on n'y comptoit auparavant qu'un archévêché, qui étoit celui de Narbonne. Le Pape Jean XXII érigea celui de Toulouse en 1316. L'évêché d'Albi fut démembré de Bourges, & érigé en archevêché en 1676. Les revenus ecclésiastiques se montent à plusieurs millions. L'ordre de Malte possede aussi dans cette province des biens considérables, qui dépendent des deux grands prieurés de Saint-Gilles & de Toulouse. Le premier comprend près de soixante commanderies, & le second plus de trente.

Chaque ville principale du Languedoc a un hôpital, & presque toutes les villes épiscopales ont un séminaire. Les ressources pour l'instruction de la jeunesse ne manquent pas dans ce pays. Il y a quatorze colléges, & deux universités célèbres; l'une à Toulouse, & l'autre à Montpellier. J'en parlerai dans l'article de ces villes.

L'administration économique du Languedoc est entre les mains des états de cette province. Les historiens en rapportent l'origine aux assemblées de notables, qui étoient en usage dans la Gaule Narbonnoise, avant même qu'elle fût sous la domination des Romains. Quoique ces assemblées paroissent avoir été interrompues par le changement qu'apportèrent dans le gouvernement l'établissement des babares, & ensuite l'usurpation des comtes & des seigneurs, on prouve cependant qu'elles eurent lieu dans plusieurs occasions, pour des affaires importantes ou communes de la province, jusqu'au règne de Saint Louis, qui maintint les peuples dans l'ancien usage de ses assemblées provinciales.

Raimond VII, dernier comte de Toulouse, Alphonse frere de Saint Louis, Philippe *le Hardi*, & même Charles VII reconnurent qu'ils ne devoient exiger des subsides des Languedociens que de leur consentement. Il falloit donc bien les assembler pour les y faire consentir. Charles VI, il est vrai, dans une imposition qu'il mit sur tout le royaume, nomma des commissaires, pour recevoir celles du Languedoc. Cette province reclama ses priviléges, suivant lesquels elle avoit coutume d'assembler les états, pour qu'ils donnassent leur consentement aux subsides; & malgré cette réclamation, les subsides furent payés par l'ordre du roi. Mais ce même monarque fit écrire par le dauphin que c'étoit *pour cette fois seulement, sans préjudice de leurs priviléges.*

On ne sait pas bien quelle étoit la composition de ces états sous les anciens comtes de Toulouse. Leur constitution actuelle, leur forme & leurs droits ont été fixés & reglés par nos rois en différents temps. Au seizième siècle, tout s'y passoit à peu près comme aujourd'hui. On n'y a ajouté depuis que quelques dégrés de perfection, & l'on y a toujours distingué les trois ordres, du clergé, de la noblesse & du tiers-état. Ils s'assembloient avant le dix septième siécle, tantôt dans une ville, tantôt dans une autre. Ils se sont tenus en 1346 à Toulouse; en 1364 à Beziers; en 1366 à Nismes. François I. ordonna même qu'ils se tiendroient alternativement dans les trois grandes sénéchaussées de la province, qui étoient alors Toulouse, Carcassonne & Nismes. En 1635, on les a vus assemblés à Pezenas. Mais enfin la règle établie à présent, est qu'ils se tiennent toujours à Montpellier.

L'archevêque de Narbonne est, depuis 1630, en pleine & incontestable jouissance de la présidence du clergé, & par conséquent des états entiers. Cette présidence lui avoit été auparavant plusieurs fois contestée par l'évêque diocésain du lieu où ils s'assembloient. Tous nos anciens historiens disent même qu'en 1441, le roi Charles VII ayant convoqué les états de Languedoc à

Montauban, quoique cette ville soit dans le Querci, & que l'archevêque de Narbonne prétendant y présider, au préjudice de l'évêque de Montauban, le roi adjugea à celui-ci par des lettres patentes la présidence des états, sur ce qui avoit été pratiqué en pareille circonstance à Toulouse, quelque temps auparavant.

Ces états ne duroient autrefois que quinze jours. Il fut ensuite décidé qu'ils dureroient un mois entier, & que le mois suivant, on arrêteroit les *assiettes particulieres*, c'est-à-dire, la distribution des impositions dans chaque diocèse. Aujourd'hui, ils commencent ordinairement le 29 novembre, & finissent le 3 janvier; espace de temps que l'on compte pour trois mois.

Voulez vous savoir, Madame, à combien se montoient au seizieme siècle, les frais du voyage payés par la province à chaque député aux états ? je vais vous l'apprendre ; & puis vous ferez vous-même des comparaisons. Dans l'assemblée tenue en 1517, on taxa, pour le courant de cette année, les frais des voyageurs dans toutes les hotelleries du Languedoc, à huit fous par journée d'homme & de cheval; & l'on ordonna aux juges ordinaires de faire, à la fin de l'année, une semblable taxe de trois en trois mois, les consuls des lieux étant appellés. En 1545 la taxe des hotelleries fut fixée à douze fous par jour pour un homme à cheval, & à six fous par jour pour un homme à pied. En 1563, les états prièrent M. de Damville, alors gouverneur du Languedoc, d'ordonner la taxe des hotelleries de cette province à sept fous la dînée, & à neuf la couchée pour un homme à cheval, & à trois fous par repas pour un homme à pied. Nous n'avons sur cet objet aucune connoissance des taxes qui peuvent avoir été faites depuis ce temps-là.

Mais ceci me rappelle un grand repas que la ville d'Harfleur donna en 1520 au roi François I. On y servit en abondance des perdrix, des canards, des videcoqs, des pluviers, des lapins, des chapons, & autres sauvagins, & le repas ne couta que trente cinq livres seize fous, y compris même le prix du pain & du vin.

Depuis que les états de Languedoc ont acquis la confiſtance & la forme qu'ils conſervent actuellement, l'ordre des ſéances eſt réglé de la manière ſuivante. L'archevêque de Narbonne, préſident, occupe la première place ſous un dais. Il a à ſa droite l'archevêque de Toulouſe & l'Archevêque d'Albi. Viennent enſuite ſur le même côté les dix-huit évêques de la province, & ceux de Comminges & de Montauban, qui, quoique réſidens hors du Languedoc, ont entrée aux états, parce que la partie de leur diocèſe qui eſt dans la province, eſt regardée comme un entier. Tous les prélats, placés ſuivant l'ancienneté de leur ſacre, ſont ſur des ſieges ſupérieurs, où l'on arrive par des gradins. Ceux qui ne peuvent y aſſiſter, ont le droit d'y envoyer un vicaire général qui ne prend place qu'après tous les évêques.

L'ordre de la nobleſſe ſe place à la gauche du préſident, par conſéquent du côté oppoſé aux évêques, sur des sièges élevés, à la même hauteur. La première place est occupée par un comte, qui est celui d'Alais, la seconde par un vicomte qui est celui de Polignac (belle & ancienne terre située dans le Vélai); la troisième par un baron de tour pour le Vivarais, & la quatrieme par un baron de Tour pour le Gevaudan. Après eux se placent, sans observer aucun ordre, dix neuf autres barons, dont les terres sont situées dans la province. Ces représentans de la noblesse ayant séance en vertu de leurs terres, n'étoient obligés, au seizieme siecle, que de prouver qu'ils en étoient possesseurs. Mais depuis le dix-septieme siecle, on exige qu'ils fassent des preuves de noblesse de quatre générations, pour qu'ils aient entrée aux états. Quelles que soient les raisons qui les empêchent d'y assister, ils peuvent charger de leur procuration un autre gentil-homme.

Le tiers-état est composé des maires, consuls & députés des villes & des dioceses. Ils sont au nombre de soixante-sept, & prennent place sur des sieges au-dessous du clergé &

de la noblesse. Devant le président, mais à quelques marches plus bas & au niveau de la salle, est une table où prennent place les trois syndics, les deux secrétaires & greffiers des états, avec le trésorier de la bourse. L'huissier est placé au pied des marches par où l'on arrive aux sieges des évêques.

Pour ce qui concerne les suffrages, on observe qu'après la proposition faite par le président, un prélat commence l'opinion. Ensuite un baron opine, après lui deux députés du tiers-état, qui sont appellés par les noms de leurs villes, & ainsi consécutivement, parce que le tiers-état seul a autant de voix que le clergé & la noblesse en ont ensemble. Pour les villes, on commence par Toulouse, & l'on finit par Alais.

Le roi convoque les états par des lettres adressées à tous les évêques, aux barons & aux villes, y envoie toujours des commissaires, dont le premier est le gouverneur, ou en son absence, un des lieutenans généraux de la province, ou enfin le commandant en chef, toujours officier général de la premiere distinction. Les commissaires font de la part du roi la demande d'un don gratuit, & suivant les circonstances, des demandes extraordinaires plus ou moins fortes. Les états délibèrent sur ces demandes; & après avoir fixé les impositions conformément à leurs délibérations, après avoir mis ordre à différentes demandes particulieres & arrangemens que le président fait examiner dans différens bureaux, les états dressent des cahiers des représentations qu'ils croient devoir faire au roi, à qui ils les envoient par des députés, chargés de rendre compte aux états suivans, de l'égard que le roi veut bien y avoir.

Les commissaires du roi assistent à l'ouverture & à la clôture des états. Mais pendant le cours de leurs délibérations, ils ne doivent point les gêner par leur présence. C'est ce que les états surent bien remontrer au grand connétable de Montmorenci & à son fils, quoique ces seigneurs, gouverneurs de la province, y jouissent alors de la plus grande considération. Cependant ces commissaires du roi entrent aux états, lorsqu'ils ont quelque chose d'important à leur représenter ou à leur communiquer. Ils sont alors reçus à la porte de la rue par les trois syndics-généraux ; dans la cour de l'hôtel de ville par les consuls des cinq premieres villes, au nombre de dix députés ; au bas du dégré par les vingt-trois députés de la noblesse, & au haut par six évêques. On les reconduit avec le même cérémonial.

Le Vélai, le Vivarais & le Gevaudan ont de petits états qui observent en raccourci les mêmes formes que les grands états de cette province ; j'en parlerai ailleurs.

Au reste, les impositions & charges du Languedoc se distinguent en deux classes. Il y en a de fixes, que les états ne sont chargés que de repartir avec égalité, mais qu'il ne dépend point d'eux de refuser ou d'accorder ; d'autres incertaines, ou variables qui résultent du don gratuit, ainsi que des dettes de la province & des différentes communautés. Il seroit trop long de détailler ces différentes espèces d'impositions, & la façon dont elles se repartissent & se perçoivent.

Indépendamment de l'administration des états de Languedoc, il y a dans cette province des cours & des bureaux chargés de veiller à la direction du domaine & des finances, & à l'exactitude de la comptabilité. La principale de ces cours est la chambre des comptes, aides & finances de Montpellier. Dès l'établissement du parlement de Toulouse, dont je ne tarderai pas à parler, on joignit à cette compagnie des généraux des aides, qui en furent ensuite séparés & fixés à Montpellier en 1520 sous le regne de François I. Ce n'est qu'en 1552, que l'on y joignit la chambre des comptes, qui avoit été établie par Louis XI en 1437.

Il y a de plus en Languedoc deux bureaux de trésoriers de France, ou généralités, dont l'un est à Montpellier, & l'autre à Toulouse; l'un & l'autre furent établis en 1551 par Henri II. Ils ont les mêmes attributions, fonctions & prérogatives que ceux du reste du royaume, & dans certains cas, la même dépendance de la chambre des comptes & cour des aides de Montpellier. Chacune de ces deux villes a un hôtel des Monnoies.

La justice civile du Languedoc a pour tribunal supérieur le parlement de Toulouse, dont le ressort s'étend sur toute la province, & sur quelques autres voisines, telles que le Querci, le Rouergue, le comté de Foix, une partie de l'Armagnac & de la Gascogne. Ce parlement a la prétention d'être aussi ancien que celui de Paris, qui fut rendu sédentaire en 1308, par Philippe *le Bel*. On pourroit former à ce sujet bien des doutes, élever bien des questions, & faire bien des dissertations, qui vraisemblablement ne vous paroîtroient pas fort intéressantes. Ce qui paroît néanmoins certain, c'est que Philippe *le Hardi* établit à Toulouse en 1279, un tribunal supérieur, pour juger les affaires sur les lieux, mais qui ne dura que la quinzaine de Pâques. Il reste à savoir si ce tribunal doit ou ne doit pas être regardé comme un parlement.

Quoi qu'il en soit, au commencement du quatorzieme siecle, c'est-à-dire, à la même époque où le parlement de Paris fut rendu sédentaire, Philippe le Bel institua à Toulouse en 1302 ou 1303, un parlement qu'il supprima en 1312, & qui ne fut rétabli qu'en 1419 sous Charles VI. En 1425, il fut transféré à la ville de Beziers, qui venoit d'être prise & dépeuplée dans cette guerre civile qui déchiroit alors la France; & en 1443, il fut véritablement fixé à Toulouse par le roi Charles VII. C'est d'une partie de ce parlement qu'en 1462 fut formé celui de Bordeaux. Mais ni ce dernier ni aucun autre ne peut enlever au Languedoc l'honneur de posséder le second parlement de France.

Ce tribunal est composé comme celui de Paris. On y distingue également la grand-chambre, la tournelle, trois chambres des enquêtes & une des requêtes. En 1579, on y avoit établi une septieme chambre : c'étoit celle de l'édit mi-partie de catholiques & de huguenots, pour juger les affaires des protestans. En 1595 cette chambre fut transférée à Castres ; un peu plus tard, elle le fut à Castelnaudarry. Enfin elle a été tout-à-fait supprimée lors de la révocation de l'édit de Nantes. Le nombre des officiers de cette cour est de cent quarante-un.

Les juges d'appel du parlement de Toulouse sont les sénéchaussées auxquelles ressortissent les vigueries. Il n'y avoit anciennement dans le Languedoc que les trois grandes sénéchaussées que j'ai déja nommées, Toulouse, Carcassonne & Beaucaire. Au seizieme siecle elles furent multipliées jusqu'à huit auxquelles on joignit autant de présidiaux, & qui sont celles de Toulouse, de Castelnaudarry, de Carcassonne, de Limoux, de Beziers, de Nismes, où fut transférée la sénéchaussée de Beaucaire, Montpellier & le Puy.

La jurisprudence suivie dans ces tribunaux & dans le parlement de Toulouse, est ce qu'on appelle communément en France *le droit écrit*. Il est ainsi nommé, non-seulement parcequ'il est fondé sur les loix romaines écrites dès le temps de la république & des empereurs; mais encore par opposition au droit coutumier ou françois, qui n'a pour base que des coutumes & des usages rédigés fort-tard sur des ordonnances de nos rois, écrites bien postérieurement aux loix romaines.

Il y a des auteurs qui ont dit que c'étoit un privilège du Languedoc, de se gouverner suivant ces loix romaines. Mais ce n'est qu'un usage constant qui a été confirmé par nos rois, même long-temps avant l'établissement du parlement de Toulouse. Il est certain que la Gaule narbonnoise se gouvernoit suivant les loix romaines, & que lorsque les Barbares s'en furent emparés, elle fut soumise aux loix gothiques. Le droit romain fut même alors perdu, pour ainsi dire, pendant plusieurs siecles. Mais le corps de ces loix, dressé par ordre de l'empereur Justinien au sixieme siecle, ayant été retrouvé au douzieme, & enseigné dans l'université de Toulouse au treizieme, les sénéchaux jugerent à propos d'oublier les loix barbares,

pour

pour ne s'attacher qu'à celles-là. Le parlement, dans les cas d'appel, adopta les mêmes principes; ainsi il n'a été rédigé aucune coutume générale pour le Languedoc. On n'y suit le droit commun de la France, que dans les cas que le droit romain n'a pas prévus, au lieu que dans le reste du royaume, le droit romain ne s'applique qu'aux cas qui n'ont pas été prévûs par les coutumes. On compte néanmoins dans cette province un petit nombre de coutumes locales, particulieres à quelques sénéchaussées & à quelques vigueries : mais elles portent sur un petit nombre d'objets.

Il y a, par rapport aux fiefs en Languedoc, un principe opposé à l'axiôme établi dans tout le reste du Royaume, *nulle terre sans seigneur*, c'est-à-dire, que toute terre doit dépendre d'un autre fief, ou du moins de la couronne, s'il n'y a un titre positif qui l'en exempte. Mais au contraire, on regarde ici comme franche toute terre dont aucun seigneur ne peut prouver la sujétion à son fief; d'après cela, il devroit y avoir en

Languedoc beaucoup de francs-aleux nobles. Cependant il n'y en a gueres de cette espece, tant parce qu'on trouve dans les archives de la province des titres contre presque toutes les terres, que parce que celles qui ne sont assujetties à aucune féodalité, sont regardées comme roturières, & ne jouissent d'aucun droit de justice, ni d'aucun titre de dignité, qu'on ne peut tenir que du roi, & qui entraînent l'hommage. D'ailleurs les impositions de la province étant réparties par les états dans chaque diocese, il est aisé d'obliger les possesseurs des terres en franc aleu à y contribuer comme les autres.

Je crois pouvoir me dispenser d'entrer ici dans les détails qui concernent le gouvernement militaire du Languedoc. Il me suffira de dire qu'il comprend toute la province, & qu'il est un des plus grands du Royaume, peut être même le plus étendu. L'état militaire de cette province est composé de plus de dix mille cinq cents hommes, qui sont le gouverneur général, le commandant, trois lieutenans généraux pour le roi, huit lieutenans de roi de la province, neuf lieutenans des maréchaux de France, huit grands sénéchaux, trois grands baillis d'épée, les gouverneurs particuliers, les lieutenans-de-roi des villes &c., la milice de terre, la milice garde côte, les matelots & la maréchaussée. Dans ce nombre ne sont point compris les directeurs du génie, les ingénieurs en chef, les ingénieurs ordinaires, les garnisons des places, non plus que bien d'autres personnes employées par le roi dans le service militaire de cette province. J'ajouterai ici qu'elle fournit l'*étape*, c'est-à-dire, des vivres & des fourrages aux troupes qui vont à leurs quartiers d'hiver, ou qui en reviennent. Aussi se trouvent-elles très-bien traitées, quand elles sont en route.

Le Languedoc est pays de gabelles, quoique l'on ait fait, presque de toute ancienneté, du sel dans cette province même. Les principales sont à *Peccais*, diocèse de Nîmes, & à *Sigean*, diocèse de Narbonne. On y fait remonter l'établissement de la gabelle, jusqu'au regne de Philippe *de Valois*. On est du moins bien sûr qu'elle y étoit établie fous le règne de Charles V, puifque l'on a des lettres patentes de Jean de France, duc de Berri, fils de ce monarque & gouverneur du Languedoc, qui ordonnent l'exécution de ce qui avoit été réglé par le roi à cet égard. Depuis ce temps-là la fabrique du fel dans le Languedoc fe fait pour le compte du roi, & ce font fes fermiers, qui le vendent à fes fujets.

Je fuis, &c.

En Languedoc, ce 1760.

LETTRE CDXIX.
Suite du Languedoc.

Avant de vous faire connoître, Madame, ce que j'ai vu de plus curieux & de plus intéressant dans les divers cantons du Languedoc, il est à propos que je vous trace une description générale de cette province. Je ne pourrai point vous donner ici une idée bien précise du climat de cette vaste contrée, parce qu'il n'y est pas par-tout exactement le même. Mais il est en général très-sain & très-agréable. Dans certains cantons, l'air est plus doux & plus tempéré à cause des pluies fréquentes qui y tombent. Dans d'autres, il est très-chaud ; & l'on y supporteroit avec peine les ardeurs de l'été, sans un petit vent rafraîchissant qui souffle vers le milieu du jour jusques vers l'heure du coucher du soleil. Les hivers ne laissent pas d'être souvent très-froids dans les lieux voisins des montagnes, quand elles sont couvertes de neige. Le vent qui vient de ce côté-là, jette dans la plaine un froid très-vif & très-piquant. Mais l'air n'est pas moins pur, ni le ciel moins serein. Aussi-tôt que les neiges ont disparu au souffle d'un certain vent qui les fait fondre, la chaleur succède presqu'immédiatement au froid; de maniere, qu'ordinairement le passage de l'hiver en été est peu sensible. Lorsque les neiges n'ont pas été abondantes dans les pays montagneux, on ne ressent presque pas dans cette province les rigueurs de l'hiver; & il n'est pas rare qu'au mois de janvier on y jouisse des beaux jours qu'on désireroit vainement ailleurs au retour du printemps. Les vents y sont des plus fougueux, sur-tout à l'équinoxe de mars, & les orages très-fréquens en été. Le tonnerre y éclate avec un horrible fracas; & bien-souvent les éclairs se succèdent si rapidement, que je serois presque tenté de dire que c'est un seul éclair qui dure pendant toute la tempête.

Il y a beaucoup de montagnes en Languedoc; & ces montagnes paroissent être également une continuation des Alpes & des Pyrénées. On peut regarder en effet celles qui s'appellent en général du nom de Cévennes, comme une suite naturelle des Alpes, parce qu'elles n'en sont séparées que par le Rhône & la petite partie du Dauphiné qui borde ce fleuve. Du Vivarais, ces montagnes se répandent dans le Gévaudan, le Rouergue, les diocèses d'Albi & de Castres, où elles forment la *montagne Noire*. De-là, par des côteaux & des vallons peu considérables, elles vont se joindre à la grande chaîne des Pyrénées, à travers le comté de Foix : c'est ce qui leur a fait donner le nom de Basses-Pyrénées. Le reste du Languedoc est mêlé de côteaux, de plaines & de vallons, non-moins fertiles qu'agréables à la vue.

Dans ces montagnes & sur les confins du diocèse d'Aleth, il y a de belles forêts de sapins pour l'usage de la marine, & qui peuvent surtout fournir de très-beaux mâts de navire. On ne les exploite pas, parce que, dit-on, les dépenses se monteroient à des sommes très-considérables. C'est de ces forêts que la ville d'Avignon tire par eau sa provision de bois. Les forêts de chênes sont en assez grand nombre dans les Cevennes, sur-tout, & dans quelques parties du bas Languedoc. Il y a aussi quelques forêts de pins au-dessus d'Aigues-Mortes, diocèse de Nismes, & dans les Basses-Pyrénées à l'ouest des montagnes. Mais les arbres n'y donnent point de goudron, parce que le terrain des Pyrénées est trop sec & trop froid, & celui des environs d'Aigues-Mortes, trop humide.

Le Languedoc a plus de vingt-cinq lieues de côtes sur la Méditerranée; & cependant c'est la province maritime du royaume, la moins fournie de ports. La côte y est partout mal-aisée. Nul gros vaisseau ne peut en approcher, sans se mettre en péril d'échouer dans les sables & les vases que la mer y apporte continuellement. A peine les moindres bâtimens peuvent y aborder: encore ne le font-ils que par certaines ouvertures que l'on appelle dans le pays, *Graus*, & qui ont été formées naturellement par l'embouchure des rivieres, ou par art au moyen de certains canaux.

On a cherché dans tous les temps les moyens d'établir sur cette côte quelque port où les vaisseaux fussent en sureté. Le roi saint Louis forma celui d'*Aigues-Mortes*; mais aujourd'hui, il est tout à-fait comblé des sables qu'y ont jetté en abondance la mer & le vent du midi; de sorte que la ville est éloignée de la mer de plus de quatre mille toises.

Le cardinal de Richelieu entreprit de faire un autre port au cap d'*Agde* près du fort de Brescou. On construisit à cet effet un môle qui couta beaucoup, & par le moyen duquel on prétendit défendre le port des sables que la mer charie tout le long de la côte. Mais outre que cet endroit n'eut jamais assez de fond, les sables surmonterent bientôt le travail & le comblerent entierement. On y a fait depuis de nouveaux ouvrages, au moyen desquels les bâtimens d'une certaine grandeur y trouvent un asyle.

La nécessité d'une retraite fit enfin

jetter les yeux sur la petite ville de *Cette*, comme le lieu de la côte de meilleure tenue, & où la hauteur d'une grosse montagne forme un abri naturel aux vaisseaux. D'ailleurs sa situation au fond & au milieu du golfe de Lyon parut des plus avantageuses. Vous savez, Madame, que ce golfe est un enfoncement de la mer Méditerranée, fait en forme d'arc ou de croissant, & formé par toute la côte qui règne depuis les îles d'Hieres en Provence, jusqu'au cap de Quiers à la frontiere d'Espagne.

Le projet de ce port fut exécuté sous Louis XIV. On prolongea le cap de *Cette* par une jettée qui a environ cinq cents toises de long, & à la tête de laquelle est un fort arrondi couronné d'embrâsure, qui non-seulement sert de fanal, mais qui défend l'entrée du port. De l'autre côté est une autre jettée de deux cents toises de long, qui, comme la premiere, à trois toises de haut au-dessus de la superficie de la mer, & huit de large au couronnement. Elles sont construites l'une & l'autre d'un marbre rouge & cendré, veiné de blanc, & tiré de la montagne même qui sert de cap à *Cette*. Ces jettées ont été construites, malgré les vagues de la mer, dans un fond de plus de trente pieds d'eau. On leur a donné un grand talus intérieur, & un extérieur, encore plus étendu, qui avançant considérablement dans la mer, essuie le premier choc des vagues, & qui en les brisant, empêche qu'elles n'agissent avec toutes leurs forces contre le môle. Ce port a environ cent mille toises carrées de superficie; & à son entrée il a plus de trente pieds d'eau; en dedans jamais plus de vingt-huit, & jamais moins de douze. Il n'est que pour les galères & les petits bâtimens; mais il seroit bientôt comblé par les sables que la mer y jette, si la province n'avoit établi un fonds pour le curer. Il y a pour cela un entreprenneur qui y fait travailler toute l'année; de sorte que ce port est aujourd'hui le meilleur du Languedoc, & celui où se fait le plus grand commerce d'exportation & d'importation de marchandises & denrées de toute espèce.

La plus grande partie de la côte est du reste défendue par des étangs, qui mettent le pays à l'abri des incursions étrangères; j'en nommerai par la suite les principaux. Ces étangs ont quelques inconvéniens pour la salubrité de l'air, & d'un autre côté, quelques avantages, puisqu'il y en a qui abondent en poissons, & d'autres qui forment des marais salans. Mais les salines, comme je l'ai déja dit, sont presque réduites aujourd'hui à celles de Peccais & de Sigean.

On pêche sur les côtes de la Méditerranée à-peu-près les mêmes espèces de poissons qu'on trouve dans les autres mers, & de plus, du thon, de l'esturgeon, & bien-d'autres qui ne paroissent point dans l'Océan, ou qui du moins y sont extrêmement rares. Mais ici les huitres, les sardines & quelques autres poissons sont moins communs & moins bons.

La pêche de mer est curieuse & agréable à voir dans la belle saison; elle se fait à l'aube du jour. Plusieurs hommes, dont le nombre se monte quelquefois à des centaines, répartis sur des barques, s'avancent dans la mer aussi loin qu'il leur est possible, & y tendent de très-longs filets appellés *bouliechs*, qui entourent un grand espace. Les pêcheurs les ramassent ensuite par les deux bouts sur le rivage, & les retirent avec tout le poisson qui s'y est pris. Le partage se fait aussi-tôt dans des espèces de seaux de bois, qu'apporte chaque pêcheur, & qui sont tous de grandeur égale. Mais la premiere part est destinée au repas commun, qui est bientôt préparé : tandis que les uns font cuire dans un grand chaudron, sans autre assaisonnement que l'eau de la mer, le poisson qui frétille encore, les autres coupent des joncs qu'ils nettoient & qu'ils étendent sur l'herbe. Le poisson presqu'aussi-tôt cuit que tiré de son élément, est servi sur cette grande nappe verte ; & l'on mange tout gaîment la *payrolade :* c'est le nom qu'en langage du pays on donne à ce repas du mot *payrol* qui signifie *chaudron*.

Il n'est pas rare que les habitans des lieux voisins aillent dans les beaux jours d'été s'amuser à voir cette pêche. Mais indépendamment de ce qu'elle peut avoir d'agréable, quel plaisir d'être assis à la pointe du jour sur le bord de la mer ! Sans doute le passage des ténèbres à la lumière, & le lever du soleil sont, en quelque lieu qu'on se trouve, le plus beau spectacle que l'homme puisse admirer. Mais ce spectacle est pour nous plus ou moins ravissant, suivant les objets qui nous entourent, & qui excitent en nous des sensations plus ou moins vives. Sur le bord de la mer, avant les premieres lueurs de l'aurore, l'air est plus pur & plus frais : là, plus que par-tout ailleurs, il porte une nouvelle vie dans les sens, & régénère toutes les facultés de l'âme. Le bruissement des flots mollement agités, qui seul trouble en ce moment le calme profond de la nature, n'aura peut-être rien d'extrêmement doux & flatteur pour nous, qui aurons entendu le bruit d'une riviere tranquille, ou le murmure d'un ruisseau qui serpente dans un bocage. Mais la vue d'une immensité d'eau, dont les bornes paroissent être celles de l'univers, qui rembrunie sous les ombres de la nuit, reprend infensiblement fon azur, à la clarté graduelle du jour naiffant; de longs traits de lumiere qui paroiffent jaillir du fein des eaux pour dorer l'horifon; un tourbillon de feux & d'éclairs étincelans, qui femblent embrâfer cette furface liquide pour annoncer le flambeau de la terre & des cieux; enfin ce grand aftre, dont le globe refplendiffant paroît fortir du milieu des ondes, réalifant, en quelque forte, les fictions des anciens poëtes! Quoi de plus majeftueux de plus impofant que ce fpectacle! Ah! qu'il eft propre à élever l'âme jufqu'à l'être des êtres! J'en ai joui plufieurs fois; & je ne fuis forti de mon enchantement, que pour m'écrier : heureux les habitans de cette délicieufe contrée! Heureux de pouvoir à leur gré contempler tous les jours ce que la nature a de plus admirable, & ce qui peut le plus faire fentir à l'homme fa nobleffe & fa dignité!

La pêche des marais a quelque chofe de fingulier. Les pêcheurs y pratiquent des efpeces de labyrinthes, qu'ils nomment *bourdigues*, dans lefquels le poisson se rend insensiblement, passant de réservoir en réservoir jusqu'au dernier qui est au milieu de tous les autres, & d'où il ne peut plus sortir. C'est là qu'on pêche avec la plus grande facilité quand on a besoin. Ces bourdigues ne sont autre-chose, que des clôtures de roseaux pressés les uns contre les autres.

Deux fleuves navigables & d'une fort grande utilité pour le commerce bordent le Languedoc; le *Rhône* à l'orient & la *Garonne* à l'occident. J'ai décrit ailleurs le cours du Rhône. La *Garonne* sort de la vallée d'Aran, dans les Pyrenées, forme une espece d'arc de cercle à la frontiere occidentale du Languedoc, traverse la Guienne, se joint avec la Dordogne, au Bec-d'Ambez, à trois lieues de Bordeaux, & va se perdre dans l'Océan, à vingt lieues de cette ville. Depuis le bourg du Bec d'Ambez, jusqu'à son embouchure, on lui donne quelquefois le nom de *Gironde*. La *Loire* prend sa source dans le Languedoc; mais elle a presque tout son cours dans d'autres provinces.

Je pourrois compter plus de trente rivieres, grandes ou petites, qui arrosent le Languedoc; je me bornerai à nommer celles-ci. Le *Tarn* borde cette province au septentrion; cette riviere commence à la montagne de l'Osere, une des plus hautes des Cevennes, traverse le Rouergue, rentre dans le Languedoc, passe à Albi, reçoit l'*Agout* à Saint-Sulpice, diocèse de Toulouse, baigne les murs de Montauban, & se jette dans la Garonne au-dessous de Moissac, dans le Querci. Elle est très-considérable, sur tout depuis sa jonction avec l'Agout, qui sort de la montagne Noire, & qui reçoit dans son cours quatre grands ruisseaux.

L'*Ariege* qui prend sa source dans les Pyrenées se jette dans la Garonne, près de Toulouse, & roule beaucoup de paillettes d'or. Le *Gardon* a le même avantage, il vient des Cevennes & se perd dans le Rhône: on y voit un fort beau pont, ouvrage des Romains, dont je vous parlerai en son lieu. L'*Orbe* ou l'*Orb* prend naissance dans les montagnes voisines du Rouergue, traverse le diocèse de

Beziers, & à une lieue de cette ville se jette dans la mer au *Grau* de Serignan. L'*Eraut* venant des Cevennes, divise les diocèses d'Alais, de Montpellier, de Beziers & d'Agde, & se décharge dans la Méditerranée au *Grau* de cette derniere ville. L'*Aude* se jette aussi dans la même mer au *Grau* de Vendres, diocèse de Beziers.

Ces rivieres & plusieurs autres, en fertilisant les campagnes, contribuent beaucoup au commerce de cette province. Mais ce qui l'a considérablement augmenté, c'est ce *canal royal* qui joint la Méditerranée à l'Océan; ouvrage admirable qui efface les monumens les plus vantés qui nous restent de l'antiquité. Quelques historiens rapportent que les Romains avoient eu plusieurs fois le dessein de cette jonction des deux mers. Ce qu'il y a de plus certain, c'est qu'on y pensa du temps de Charlemagne & de François I; on s'en occupa sérieusement sous le regne de Henri IV en 1598; mais l'honneur en étoit réservé au beau siecle de Louis XIV.

Pierre-Paul de *Riquet* ou *Riquety*,

baron de Bonrepos, né à Beziers, forma l'utile projet de ce canal, & eut la gloire de l'exécuter avec succès. Il y fit travailler depuis l'an 1666 jusqu'en 1680, qu'il fut conduit à son entiere perfection. Mais il mourut cette même année, & l'essai ne s'en fit qu'au mois de mai de l'année suivante, par les soins de ses deux fils, Jean-Martin de Riquet, mort président-à-mortier au parlement de Toulouse, & Pierre-Paul de Riquet, comte de Caraman, mort lieutenant-général des armées du roi. Par le moyen de ce canal les barques marchandes ...ivent sans danger dans l'espace de o... jours de l'Océan à la Méditerranée, c'est-à-dire, qu'elles font cent soixante-quatre lieues de chemin.

Tout est merveilleux dans cet ouvrage; les seules difficultés vaincues étonnent le génie. On avoit reconnu, en prenant les niveaux, que le côteau de *Naurouze*, près de Castelnaudary, étoit élevé de plus de cent toises au-dessus de la mer Océane, & au-dessus de la mer Méditerranée: on en fit le point de partage des eaux qui vont partie à l'Océan & partie à la Méditerranée. Pour établir la communication des mers par ce canal, on se servit de la Garonne depuis la tour de Cordouan (fameux phare à l'embouchure de ce fleuve, dans l'Océan) jusqu'à Toulouse. De là on monte par le canal & par des écluses les trente-deux toises d'élevation, qui sont entre la Garonne & Naurouze, dans un espace de vingt-huit mille deux cent soixante-dix-neuf toises : ensuite l'on descend par un autre canal, & par plusieurs écluses, plus de cent toises de pente qu'il y a depuis Naurouze jusqu'à la Méditerranée, pendant l'espace de cent treize mille neuf cent quatre-vingt-sept toises ; ce qui fait en tout cent quarante deux mille deux cent soixante-six toises, & revient à plus de soixante-dix lieues de France.

Les principales difficultés qui se rencontrerent dans l'exécution de ce magnifique ouvrage, furent qu'il n'y avoit à Naurouze qu'une petite fontaine, & qu'il falloit cependant trouver cinq ou six mille pouces d'eaux coulantes, les conduire par une rigole à Naurouze, trouver ensuite une route pour le canal depuis Naurouze jusqu'à Toulouse, & une autre depuis Naurouze jusqu'à la mer Méditerranée. Il fallut remédier à l'inégalité du terrain par un grand nombre d'éclufes; efcarper, abattre ou percer des rochers ou des montagnes; éviter des torrens & des rivieres, ou les traverfer par des ponts, ou les recevoir avec tout ce que leurs eaux entraînent : enfin il fallut faire un port au bout du canal dans la mer Méditerranée. Ainfi, on fut contraint d'excaver plus de deux millions de toifes cubes de terre ou de tap, & plus de cinq cent mille de rochers; de conftruire cent quatre éclufes, feize chauffées, vingt-quatre épanchoirs & beaucoup de ponts; ce qui confomma une quantité infinie de pierres & de bois, fur tout fi l'on y comprend plus de quarante mille toifes cubes de bâtimens; fans néanmoins comprendre dans tous ces ouvrages les môles & les quais du port de *Cette*, qui font par eux-mêmes des ouvrages immenfes. Il fallut encore trouver les moyens d'avoir en tout temps dans ce canal, plus d'un million de toises cubes d'eau ; & plus de six cent mille de réserve dans le bassin de *Saint-Ferréol*, pour servir dans les sécheresses, & pouvoir nourrir le point de partage.

Ce canal, une des merveilles de la France, & peut-être du monde entier, coûta plus de treize millions ; Louis XIV en donna sept, la province fournit le reste. Je l'ai parcouru depuis le port de *Cette*, jusqu'à Toulouse, qui en sont les deux extrémités ; & j'avois toujours sous les yeux la description qu'en a laissée un habile ingénieur qui en fit la visite en 1723. Je ne pourrois assurément choisir de meilleur guide pour vous faire connoître en détail cet ouvrage de génie. Mais pour ne pas fatiguer votre attention, je me borne à la description de ce qu'il offre de plus étonnant.

Le port de *Cette* situé sur la Méditerranée, est joint par un canal à l'étang de *Thau*, où le canal royal a son embouchure, & où, à proprement parler, il commence. A huit lieues ou environ de cet endroit, on arrive sous les murs de la ville de Beziers ; & l'on voit en perspective huit écluses accollées ensemble, que l'on nomme de *Fonseraignes* ou de *Beziers* : elles servent pour s'élever à soixante-six pieds de hauteur, laquelle élévation est divisée proportionnellement entre ces huit écluses. Ce bâtiment a cent cinquante-six toises de long, & treize de haut; il est construit sur une ligne droite, & revêtu de pierre de taille, comme le sont toutes les autres écluses, jusqu'auprès de Toulouse. Quand toutes les portes de ces huit écluses sont ouvertes, la chûte des eaux y forme la plus belle cascade que l'on puisse imaginer.

A une bonne lieue de ces écluses, on trouve le *Malpas*, où l'on croit voguer sous la terre, & qui mérite d'être exactement observé. C'est une montagne de tap aussi dur que le roc, de treize ou quatorze toises de haut, sur trois cent sept de large, & située à l'endroit où il falloit nécessairement que le canal passât. Après que M. de Riquet eut fait excaver cette montagne de chaque côté, de quarante-cinq ou cinquante pieds de profondeur, dans l'étendue de cent quarante toises, il reconnut qu'elle étoit *tout d'un coup*, comme parlent les ouvriers, & fort solide. C'est ce qui le détermina à faire percer les quatre-vingt toises qui restoient ; & comptant sur la solidité du tap, il forma son canal, & laissa la voûte se soutenir par elle-même. Dans la suite, comme il se détachoit de la voûte, de temps en temps, des morceaux qui auroient pu causer des accidens fâcheux, on fit sur cette voûte un ceintre de charpente. Cependant on observa que les bois se pourrissant, devenoient insuffisans pour empêcher la chûte des morceaux de tap : d'ailleurs, on craignit avec raison que les bois se trouvant en cet état, ne se détachassent d'eux-mêmes & ne nuisissent aux passans. Cette considération fit prendre le parti de voûter en pierre de taille cette ouverture : on commença d'abord par son entrée du côté de Beziers ; & peu-à-peu on poussa l'ouvrage aussi-avant qu'on le jugea nécessaire.

Cette voûte est perfectionnée dans l'étendue de soixante-neuf toises ; & dans

dans cet espace il y a, de milieu en milieu, des chaînes de douze pieds, qui sont faites de plus grosses pierres de tailles que le reste de la voûte. Sur ces chaînes sont élevées des murailles, jusqu'au déblai qui avoit été fait de la montagne. Dans chacun de ces murs de refend, on a pratiqué des portes pour pouvoir, en cas de besoin, aller par-dessus la voûte. Il reste vingt-six toises de souterrain qui ne sont point voûtées; mais dans cette partie le tap se soutenant aussi bien qu'une voûte, on n'a pas jugé à propos d'y ajouter aucun nouvel ouvrage. Cette voûte porte au-dessus environ huit toises & demie de rocher, couvert d'un peu de terre cultivée & plantée d'oliviers. Pour éviter les éboulemens, on a donné un grand talus sur les entrées. Celle qui est du côté de Beziers, a la forme d'un toit pavé de gros moëlons. On doit croire qu'on prendra la même précaution pour la sortie, lorsqu'on achevera cette voûte. Quelques personnes intelligentes prétendent qu'en construisant cet ouvrage, on auroit mieux fait de percer entierement la montagne. Les parties qui ont été excavées, étant fort profondes, & ayant été coupées presque à plomb, il s'y fait souvent des éboulemens qui remplissent le canal & qui sont très-difficiles à enlever.

Dans la partie qui traverse la montagne, on a fait à la droite du canal, en venant de Beziers, une banquette de maçonnerie de quatre pieds de large pour le tirage.

Au travers du Malpas, dans l'endroit où passe le canal, six toises au-dessous de sa base, est un autre canal qui coupe obliquement le premier, & qui a cinq ou six pieds de large sur sept, huit & quelquefois dix pieds de hauteur. Il est revêtu de maçonnerie jusqu'à la naissance de sa voûte, qui n'est faite que de grosses pierres, lesquelles de bout-en-bout s'arcboutent l'une à l'autre. Pour tirer avantage de ce petit canal, on a fait un puits dans celui de la navigation; ce puits est fermé d'une porte, qui étant ouverte, donne un écoulement de ses eaux dans le canal inférieur, & facilite ainsi les moyens de le nettoyer. On trouve dans la montagne du Malpas plusieurs autres puits qui descendent dans ce second canal, & qui sans doute ont été de quelque usage au temps de sa construction. Au reste, ce canal inférieur a été fait par les Romains, dit-on, pour dessécher l'*étang de Montadis*, qui est aujourd'hui une plaine très fertile.

A une petite distance de la paroisse de *Polhes*, le canal est coupé dans le rocher sur la longueur de sept à huit cents toises. Il l'est encore de même en beaucoup d'autres endroits, sur-tout dans la plaine d'*Argillers*, qui est toute de roc plus dur que le marbre, & qu'il a fallu cependant excaver de plus de dix-huit pieds de profondeur, sur la longueur de plus de deux mille toises. Ces excavations ont été absolument nécessaires pour qu'on trouvât le niveau du canal.

Ce niveau se soutient; & l'on arrive à la riviere de *Cesse*, sur laquelle le canal est porté au moyen d'un pont de trois arcades. Cet ouvrage également hardi & bien entendu, n'est pas le seul en ce genre qu'on ait

H 2

été obligé de faire dans l'étendue du canal, tant pour donner des écoulemens aux eaux des rivieres & des ruisseaux dont le cours couperoit le canal, que pour empêcher que dans des temps d'orages, ces rivieres enflées & chargées de terre ne dégradent ou n'ensablent le canal.

En continuant la visite du canal, à cinq mille deux cent cinq toises du pont de Cesse, on trouve le pont de *Repudre*, sur lequel le canal est porté. Le *Repudre* est un torrent fort dangéreux dans le temps des innondations; il descend des montagnes du diocèse de Saint-Pons, & se jette dans la riviere d'Aude, à quelque distance au-dessous du pont dont je viens de parler. Ce pont avec ses épaulemens a soixante-huit toises de long sur treize de large, y compris les mêmes épaulemens, huit & demie sur la voûte & sept de haut depuis le ferme. L'arche sous laquelle passe le Répudre, a cinq toises de large & deux d'élévation, & soutient partout sept à huit pieds d'eau au-dessus. Cet édifice fait avec beaucoup de goût & d'intelligence, est tout de pierre de taille très dure.

Près de Castelnaudary, diocèse de Saint-Papoul, est le côteau de *Naurouse*, qui comme je l'ai déja dit, est le point de partage des eaux qui vont partie à l'Océan & partie à la Méditerranée. Lors de la construction du canal, on y excava dans le roc, un bassin de figure octogone & oblongue, de deux cents toises de long sur cent cinquante de large, de soixante-huit toises à chaque côté, & de cinq cent quarante-quatre de pourtour. On enleva pour former ce bassin, plus de vingt-sept mille toises cubes de rocher; & il fallut plus de mille toises cubes de maçonnerie, pour faire le quai qui est à l'entour, & qui étoit tout revêtu de pierre de taille. Mais comme les vents agitoient trop violemment les barques dans ce bassin, & que cet ouvrage fut d'ailleurs regardé comme peu utile, on le laissa atterrer.

Près de ce même bassin on a coupé un canal, dont les eaux sont soutenues par deux écluses, dont l'une descend à l'Océan, & l'autre à la Méditerranée. Quant au bassin on y a conservé seulement un canal pour le paffage des eaux des rigoles, dont je donnerai inceffamment le détail.

Pour nourrir ce point de partage on a fait une recherche exacte des eaux qui font dans la montagne noire, où plufieurs petites rivieres prennent leur fource. Au moyen d'un travail des mieux entendus, on a raffemblé la plus grande partie de ces eaux dans un réfervoir à *Saint-Fériol*. Ce qui refte de ces mêmes eaux eft conduit à la riviere de *Sor*. Enfuite, par deux rigoles qui bientôt fe réuniffent en une feule, à une lieue au-deffus de Revel, toutes ces eaux font conduites au point de partage qu'elles viennent nourrir.

La rigole de la montagne a neuf mille cinq cent dix-neuf toifes de long. Cette rigole qui eft prefque toute excavée dans des rochers efcarpés, reçoit, au moyen de plufieurs chauffées bien bâties, les rivieres d'*Alzau*, de *Coudieres*, de *Cantmerlé*, de *Bernaffonne*, de *Lampy*, de *Lampillon* & de *Rieutort*. Les eaux de ces rivieres ainfi foutenues, fourniffent par une gorge les eaux qui font nécessaires pour l'entretien de la rigole de la plaine; & ces dernieres eaux se réunissent à la riviere de *Sor*. Le surplus passe par la voute d'*Escamaze*, qui fut percée au travers de la montagne de ce nom en 1687, & qui va se renfermer dans le réservoir de Saint-Fériol, formé dans le lit de la riviere de *Landot*.

Quant à la rigole de la plaine, elle a vingt-deux mille huit cent soixante-deux toises de large sur une base de deux toises; & quand cette rigole est bien entretenue, elle a quatre toises & demie de superficie. Elle est navigable par de petits bateaux depuis le bassin de Revel jusqu'à Naurouze; ce qui est d'un grand avantage pour la petite ville de Revel & ses environs qui sont très-fertiles. Ces deux rigoles, c'est-à-dire, celle de la montagne & celle de la plaine, se joignent au-dessous de Revel.

Les eaux du réservoir de Saint-Fériol sont arrêtées & soutenues entre deux montagnes, par une chaussée de vingt-deux toises de hauteur & de quatre cents toises de long;

Cette chaussée est composée de trois grandes murailles, & de deux voûtes de maçonnerie ; & outre cela d'un terrassement entre ces trois murailles espacées de l'une à l'autre, de cinquante pieds. Sur le terrassement depuis le mur qui est du côté du réservoir jusqu'au second mur, on a fait un pavé de gros moëlon capable de résister à l'agitation des vagues qui viennent y flotter, lorsque le réservoir est plein. Depuis, on a exhaussé le premier mur; ce qui empêche les eaux de flotter sur ce terrassement.

Ce fameux canal finit à une lieue de Toulouse, & se jette dans la Garonne qui va se perdre dans l'Océan ; monument qui suffiroit seul pour immortaliser notre nation & le regne de Louis le Grand. Il existe sous nos yeux, pour faire l'admiration des étrangers & des siecles à venir. Je veux vous procurer ici, Madame, le plaisir de relire les beaux vers que notre grand Corneille a faits sur cette jonction des deux mers.

La Garonne & le Tarn en leurs grottes
  profondes,
Soupiroient dès long-temps pour marier leurs
  ondes,
Et faire ainsi couler par un heureux penchant,
Les tréfors de l'aurore aux rives du couchant.

Mais à des vœux si doux, à des flammes si
  belles,
La nature attachée à des loix éternelles,
Pour obstacle invincible opposoit fierement
Des monts & des rochers l'affreux enchaîne-
  ment.

France, ton grand roi parle ; & ces rochers
  se fendent ;
La terre ouvre son sein ; les plus hauts monts
  descendent :
Tout cède ; & l'eau qui suit ces passages
  ouverts,
Le fait voir tout-puissant sur la terre & les
  mers.

Outre ce canal royal, il y en a
en Languedoc plusieurs autres qui
communiquent aux villes voisines
de la mer. Celui de *Grave* est navigable jusqu'à Montpellier, & communique aux étangs & à la mer par
la riviere de *Lez*. Celui de *Lunel*
aboutit pareillement aux étangs & à
la mer. Ceux de *la Radelle*, de *Bour-
digou* & de *Silveréal* communiquent

H 5

d'Aigues-Mortes au Rhône, aux étangs & à la mer, pour le transport des sels & de toutes sortes de marchandises. Le canal de *la Nouvelle & Robine* de Narbonne, traverse les étangs de Salces, de la Palme & de Sigéan, depuis le voisinage de Perpignan jusqu'à Narbonne, d'où il est continué par la riviere d'Aude jusqu'à une lieue du grand canal royal. Ainsi ces différens canaux communiquent aisément de l'embouchure du Rhône jusqu'à Perpignan & à l'Océan, sans que les marchandises courent les périls de la mer.

Le maréchal de Vauban qui connoissoit peut-être mieux que personne, la grandeur du projet & l'importance du canal royal de Languedoc, conçut le dessein de faire un second réservoir d'eau encore plus grand que celui de Saint-Fériol, & en marqua même le terrain. Il pensa de plus à élargir ce canal, & a en agrandir toutes les écluses, afin que les galeres pussent y passer d'une mer à l'autre. Pourquoi un projet si beau, si avantageux & si glorieux à la nation n'a-t-il point été exécuté ?

On a projetté d'autres canaux à faire dans cette province, & nommément celui de *Beaucaire*, qui commenceroit au Rhône, à une petite distance de la ville de ce nom, passeroit au-dessous de Saint-Gilles, & se termineroit à la mer, on par Aigues-Mortes, ou par l'étang de Mauguio qui communique avec celui de Thau où commence le canal royal. Ce canal de Beaucaire étant exécuté, on pourroit faire descendre de la Franche-Comté, de la Bourgogne, de Lyon & du Dauphiné, toutes sortes de marchandises, de munitions, & des armées entieres en état d'agir, qui iroient par eau jusqu'à Perpignan, par une navigation continuelle & paisible, dont on pourroit savoir l'arrivée à temps préfix. Ce canal d'ailleurs serviroit à dessecher plus de quarante mille arpens de marais, qui engraissés par le limon du Rhône, seroient des terres très-fertiles, ou de belles prairies, dans lesquelles on pourroit élever des haras, dont les chevaux feroient très-propres pour les armées.

Je suis, &c.

En Languedoc, ce 1760.

LETTRE CDXX.

SUITE DU LANGUEDOC.

Nous ne parcourrons pas encore, Madame, les différens diocèses du Languedoc. Il me reste quelques objets intéressans à vous décrire.

Il en est de la fertilité du sol de cette province, comme du climat : elle n'est pas par-tout égale. Mais il n'y a aucun canton qui n'ait son objet de culture & de commerce particulier, capable d'occuper ses habitans & même de les enrichir, lorsque les troubles n'agitent point cette province, & que le transport des marchandises ne rencontre point d'obstacles. Presque par-tout les montagnes sont abondantes en paturages : elles nourrissent des bestiaux & quantité de bêtes-à-laine. Les plaines sont couvertes de toutes sortes de grains, & produisent beaucoup de fruits excellens. Les meilleurs bleds viennent dans le diocèse de Narbonne. Le peuple se nourrit de millet dans les diocèses de Toulouse, de Saint-Papoul, & de Saint-Pons. C'eſt ſans doute à cauſe des vents qui règnent preſque continuellement dans cette province & dans les provinces voiſines, qu'on fait fouler les grains, excepté les ſeigles, par des bœufs, des chevaux, ou des mulets. On le ſouleve enſuite avec des fourches de bois à trois pointes ; & le vent ſépare le grain de la paille. Enfin, pour rendre le grain plus net, on le vanne dans de grands cribles, pour en ôter les débris de paille, la pouſſiere & les autres immondices qui avoient échappé à la premiere opération.

On recueille en Languedoc des vins de toutes les eſpeces & de différentes qualités. Il y en a de foibles qui ſe conſomment dans le pays, & d'autres qui ont plus de corps. Ceux-ci ſe tranſportent par le Tarn & la Garonne juſqu'à Bordeaux, où on les vend pour des vins de Bordeaux même. D'autres de la même eſpèce paſſent, partie par eau, partie par charroi, juſques dans la Bourgogne, où l'on prétend qu'ils ſervent à donner de la couleur & de la force au vin de cette province. On en transporte aussi par mer, & en descendant le Rhône, à Gênes & à Livourne. Les meilleurs vins blancs du Languedoc sont ceux de *Tavel*, dans le diocèse d'Uzès, & ceux de *Limoux*. Les vins muscats de *Beziers* sont délicieux, ainsi que ceux de *Frontignan* & de *Lunel*, dans le diocèse de Montpellier. Il y a des raisins que l'on fait sécher, & que l'on transporte en cet état dans des caisses: on les appelle *raisins picardans*. Enfin, il y a quelques vins que l'on convertit avec profit en eau-de-vie; on les vend dans les pays étrangers, soit sans autre apprêt, soit après en avoir composé des ratafias, en les mêlant avec des fruits, des fleurs & des plantes aromatiques. Comme le climat du Languedoc produit beaucoup de ces plantes odoriférantes, il y a long-temps que l'on compose à Montpellier des eaux de senteur de toute espece, aussi bien que des liqueurs.

La récolte des olives est très considérable dans le bas Languedoc. Elle ne se fait qu'au mois de décembre, & il y a par conséquent de certains cantons où elle est quelquefois prévenue & détruite par les gelées. Les figues sont excellentes dans cette province ; & l'on en transporte de séchées comme les raisins, aussi bien que des prunes & des amandes.

Le Languedoc a été la premiere province du royaume, où l'on ait cultivé des mûriers. On dit que ces établissemens furent formés & encouragés sous la régence de Catherine de Médicis. Ce qu'il y a de vrai, c'est qu'un historien de Henri IV rapporte que ce prince assigna une pension à un bourgeois de Nîmes, nommé *Crozat*, avec une permission générale de planter des mûriers dans tous les endroits du royaume qu'il jugeroit à-propos. Ainsi l'art de faire de la soie est connu & pratiqué en France depuis environ cent quatre-vingts ans; & il n'y a gueres que cent vingt qu'on en fabrique des étoffes en Languedoc.

La soie ne vient pas aussi aisément qu'on pourroit le penser. Indépendamment des soins qu'exigent les mûriers pour porter des feuilles en abondance, il faut faire éclore les vers-à-soie, & pour cela on porte sur soi, ou plus ordinairement, on met pendant la nuit entre les matelas, la boîte qui renferme la graine. La chaleur par un progrès successif, fait sortir de la graine les vers qui éclosent au huitieme jour, & qui sont alors parfaitement noirs. *Vida* rapporte qu'en Italie plusieurs personnes les faisoient éclore au soleil, & que d'autres se fioient à la chaleur du printemps. Si on laisse agir celle de l'atmosphere, la couvée est trop retardée. Quant à la chaleur du soleil, elle peut être trop grande, & les chenilles naissent avec une couleur rougeâtre qui ne laisse rien de bon à espérer.

La graine étant éclose, on prend de jeunes feuilles de murier, auxquelles les petits vers s'attachent ; on les met ensuite dans des couvercles de boîtes, ou sur du papier ; & deux fois le jour on leur donne de nouvelles feuilles à manger. Dix ou douze jours après qu'ils sont éclos, ils ont leur premiere maladie ; car ils en ont quatre, pendant lesquelles ils sont dans la langueur & ne mangent presque point. Ces maladies ou *mues* ne sont que des dépouillemens ou des changemens de peau. Logés trop à l'étroit ils quittent leur robe ; leur industrie & leurs efforts pour se dépouiller sont admirables. Vous pouvez voir, Madame, des observations curieuses à ce sujet dans les mémoires de M. de Réaumur (*hist. des insectes* IVe. *mém*.). Il remarque que chaque mue produit un accroissement subit très-considérable.

Après chaque maladie il faut avoir soin de les changer d'habitation, & pour cela leur présenter des feuilles nouvelles. La feuille du mûrier blanc est celle qui leur convient le mieux ; celle du mûrier noir est forte & grossière ; elle fait périr les vers délicats ; & s'ils peuvent s'en accommoder, ce n'est qu'après toutes leurs mues. Mais il faut sur-tout se garder de leur donner des feuilles mouillées ; elles causent les maladies des vers qui deviennent enflés, roides & luisans ; de ceux qui se rappetissent & qui se remplissent d'eau, ainsi que de ceux qui, dans le temps destiné à filer, se couvrent de taches d'un jaune doré, s'enflent & crèvent. On croit aussi que les feuilles brulées sont le principe de la maladie qui, après la quatrième mue, les fait rappetisser & s'accrocher à tout ce qu'ils trouvent.

Les vers-à-soie deviennent en fraise, après avoir essuyé leurs quatre maladies, & mangent alors en un jour plus qu'ils n'ont mangé depuis qu'ils sont éclos. Au septieme & au huitieme jour ils commencent à monter sur de petits rameaux disposés à cet effet ; & quand ils sont placés, ils travaillent à leur coque, qu'ils achevent en deux ou trois jours. Il arrive quelquefois que deux vers réunis font une coque double. La structure de ces coques est curieuse ; mais la soie qu'elles donnent, n'est pas bien estimée.

Quand on veut tirer la soie, on met ces cocons dans une espece de chaudiere pleine d'eau chaude, & l'on y met plus ou moins de cocons, selon la grosseur dont on veut faire la soie. Cette soie étant tirée, on la dévide ; puis on la monte au moulin, & ensuite on la met en teinture, d'où elle passe aux ouvriers qui l'emploient.

Les plantes curieuses ou médicinales qu'on trouve en Languedoc, sont au nombre de cent quatre-vingt; elles croissent pour la plûpart dans les Pyrenées ou dans les Cevennes ou sur le bord de la mer. Dans les diocèses d'Agde, de Beziers & de Narbonne, on recueille du *Salicot*. C'est un petit arbrisseau ou plante, dont le nom est formé de *sel*, parce qu'elle est remplie d'un suc salé & mordant. Elle vient au moyen d'une graine qu'on seme comme les autres grains ; elle est d'abord dure & d'un verd un peu transparent; & quand elle est mûre, elle est rouge. Après l'avoir arrachée, on en fait un gerbier qu'on laisse confire pendant quelque temps. Ensuite on la brule dans un trou qu'on fait dans la terre en forme de puits, grand à proportion de la quantité qu'on en a. On pétrit cette plante avec des masses, & à mesure qu'on la pétrit, elle paroît toute en feu, liquide comme de la soude, & quand elle est toute brulée & toute refroidie, c'est un rocher des plus durs, que l'on vend six ou sept livres le quintal : elle sert à faire le savon & le verre.

On voit dans le diocèse de Toulouse & dans plusieurs autres le *Pastel* ou *Guede*, herbe qui sert à la teinture bleue. Il s'en faisoit autrefois un commerce très-considérable; mais la culture en a été négligée depuis que l'indigo a obtenu la préférence. Aussi-tôt qu'on a cueilli les feuilles du pastel, on les écrase sous une meule de moulin, & on les réduit en pâte fine, de laquelle on fait ensuite de petits pains ou pelottes rondes, qu'on appelle *Coquaignes*. C'est de-là qu'est venu l'usage de dire *pays de Coquaigne*, pour désigner un pays riche, parce qu'autrefois le pays où croît le pastel, s'enrichissoit par le commerce de cette drogue.

Le petit arbrisseau sur lequel on recueille la *graine d'écarlate* ou *kermés* se trouve dans les bruyeres du bas Languedoc. Il sert à faire une très-belle teinture, & une drogue médicinale très estimée que l'on appelle *confection d'alkermés*, & dont on envoie une grande quantité en Hollande. Vous pouvez voir ce que j'ai dit de cet arbrisseau dans la description de la provence. Une plante encore très-utile pour la teinture que produit cette province, est le *tournesol* ou *maurelle*.

Il faut ajouter à ces plantes une espèce de manufacture très-anciennement usitée en Languedoc, celle du *verdet* ou *verd de-gris*. C'est une chose remarquable que ce verd-de-gris ne réussit que dans les caves de Montpellier, & dans celles de quelques villages des environs. Les tentatives qu'on a fait à Nîmes, qui n'en est éloigné que de huit lieues, & dans plusieurs autres villes, ont toujours été inutiles; ce qui paroît démontrer que la qualité des caves contribue principalement à le former. Le verd-de-gris est un poison dangéreux, & peut être employé à des usages fort utiles. On s'en sert pour peindre les murs, les portes & les fenêtres; Il fournit aux peintres un très-beau verd : les Allemands & les Hollandois en enlevent une très-grande quantité. On assure que ces derniers mêlent du verd-de-gris aux matières resineuses dont ils enduisent leurs digues & leurs pilotis. L'âcreté de ce poison peut-même contribuer à faire mourir les insectes apportés de l'Amérique, qui en dévorant le bois faisoient craindre aux Hollandois la chûte & la ruine de leurs villes.

Il y a une autre espece de manufacture de *crême de tartre*. C'est un sel qui s'attache & se durcit autour des tonneaux qui ont renfermé du vin ou des liqueurs. Il entre dans la composition de la thériaque, & de l'émétique, & sert à beaucoup d'autres usages. Le tartre de Montpellier est le plus recherché. Ces dernieres petites branches de commerce sont une preuve de l'industrie des habitans du bas Languedoc.

Il n'est point en France de province qui soit mieux fournie d'eaux minérales que le Languedoc ; les unes se boivent, les autres se prennent en bains. Dans le Vivarais près de *Vals*, petit bourg muré, il y a cinq fontaines minérales, dont les eaux sont principalement bonnes contre la pierre & les fievres intermittentes ; elles sont très-fréquentées dans les mois de juin, de juillet & d'août. Les eaux minérales de *Saint-Laurent*, village du même canton, ont beaucoup de propriétés très salutaires : elles guérissent toutes les maladies cutanées ou de la peau, toutes celles qui viennent de l'âcreté & de l'épaississement des humeurs, comme rhumatismes, sciatiques, &c. Ces eaux ont sur-tout une vertu qui ne doit pas être oubliée ; c'est de guérir l'asthme & les maladies de poitrine, ainsi que les paralysies qui viennent d'un vice de certaines parties. Il y a encore dans ce même diocèse les eaux minérales de *Saint-Georges*, qui sont en grande réputation depuis quelques années.

Près du village de *Peirols*, diocèse de Montpellier, il y a un fossé qu'en langage du pays, on appelle le *Boulidou*, parce que l'eau qui s'y ramasse quand il pleut, bouillonne continuellement ; elle conserve néanmoins sa froideur ordinaire. En été ce fossé se dessèche, & si l'on y met de l'eau de fontaine, cette eau bout dans l'instant. Ce qui est fort singulier, c'est que quand il pleut on voit à trente pas à droite & à gauche de ce fossé, dans les ornières du chemin, bouillir l'eau qui y croupit. Ces eaux sont

sont fort recommandées pour les douleurs de goutte & de rhumatisme. Les habitans de ce pays affligés de ces incommodités, s'y baignent en été, & s'en trouvent fort bien.

Le diocèse d'Alais offre diverses sources dignes de remarque. Il y en a de savoneuses comme celles de Plombieres. On en trouve d'autres dans lesquelles certains insectes font habilement l'anatomie des plantes & des oiseaux qu'on y jette, n'en laissant que le squelette très-curieux à voir. A *Servas* il y a une source d'eau claire, d'une odeur bitumineuse, du fond & des bords de laquelle sort une naphte ou poix liquide, qui s'épaissit & se durcit à l'air, qu'on fait aisément fondre ou ramollir à la moindre chaleur, & qui durant l'été bouillonne à sa source même, quoique fraiche. Les paysans de ce lieu se purgent avec ces eaux, & se servent de la poix pour poisser ou marquer leurs troupeaux & leur bétail. On dit même que plusieurs personnes se sont servies de cette poix comme de la cire à cacheter, & qu'elles l'ont trouvée noire, luisante, plus belle &

plus adhérante que la cire ordinaire. On appelle vulgairement cette source la fontaine de *la Pegue*.

A deux grandes lieues d'Alais, est la *fontaine Puante*, ainsi nommée à cause de l'odeur sulphureuse qu'elle répand au loin; l'eau en est transparente & fraiche; elle coule d'un grand & large bassin. Il s'éleve tous les matins au-dessus une espece d'écume blanchâtre, qui s'épaissit & se durcit comme du soufre ordinaire; aussi en est ce un véritable. On s'en sert à Auzon, village qui n'en est pas éloigné, pour les mêmes usages que l'on feroit du soufre, pour allumer le feu, pour guérir les maladies cutanées des troupeaux. Depuis un certain nombre d'années, les habitans du lieu ont commencé de boire de ces eaux dans l'été. Elles ont à peu-près les mêmes propriétés que celles d'*Euzet* ou *Youset* dans le diocèse d'Uzès; c'est-à-dire, qu'elles sont bonnes pour les maux de poitrine, l'asthme, l'extinction de voix & la phtisie, sur-tout quand ces maladies n'ont pas encore fait des progrès considérables. Elles purgent aussi par les urines, & font fondre quelquefois aux malades de gros graviers & de petites pierres. Je dirai ailleurs un mot des eaux de *Balaruc* & de la fontaine de *Gabian* qui fournit de l'huile Petrole.

On exploite dans plusieurs diocèses du Languedoc des mines de fer, quelques unes de cuivre & de plomb, & sur tout celles de soufre natif & de vitriol, d'antimoine, de cobalt & d'alun. Il y en a aussi d'étain, d'argent & d'or; mais elles sont si peu abondantes, qu'on a cru devoir les négliger entierement. Cependant une personne éclairée a été chargée dans ces derniers temps d'une commission particuliere, pour faire la recherche des mines de ce précieux métal, qu'on soupçonne avec raison plus abondantes dans les montagnes des Cevénnes, que dans nul autre canton de la province. Apparemment que c'est la connoissance qu'on a des paillettes d'or que roulent les eaux de la Ceze, qui a donné lieu à ce projet. On trouve dans le Velai & dans le diocèse de Castres des mines de turquoises & même des saphirs.

Les carrieres de marbre font très abondantes dans le Bas-Languedoc, & d'une utilité reconnue. Le plus commun est d'un rouge pâle, mêlé de blanc ; les plus beaux font les *breches* ou *cervelas*, quelquefois mêlés de couleurs très-brillantes ; le plus recherché est celui que l'on appelle *Portor* ; il est communément noir avec quelques veines ou filets brillans de couleur d'or. Quant aux carrieres de pierre & de plâtre, elles font fort communes dans presque toute l'étendue de la province, & principalement dans le Bas-Languedoc.

On trouve d'ailleurs dans toutes les grottes & montagnes de cette province, beaucoup de pétrifications, congélations & cristallisations, & dans la partie basse une quantité prodigieuse de coquillages fossiles, qui donnent lieu de croire que la mer s'est autrefois étendue jusques sur ces plaines. En un mot, nulle province du royaume n'est aussi abondamment fournie que celle-ci de curiosités d'histoire naturelle.

Le Languedoc est pays de gabelles, quoique l'on ait fait presque de toute ancienneté du sel dans cette province même. Les principales salines sont, comme je l'ai déjà dit, à Peccais & à Sigean. On fait remonter l'établissement de la gabelle dans le Languedoc, jusqu'au règne de Philippe de Valois. Il est du moins bien certain qu'elle y étoit établie sous le regne de Charles V, puis que l'on a des lettres patentes de Jean de France, duc de Berri, fils de ce monarque, & gouverneur du Languedoc, qui ordonnent l'exécution de ce qui avoit été réglé par le roi à cet égard. Depuis ce temps, la fabrique du sel en Languedoc se fait pour le compte du roi, & ce sont ses fermiers qui le vendent à ses sujets.

Si les productions, soit intérieures, soit extérieures du sol du Languedoc ont toujours enrichi cette belle province dans les temps même les plus malheureux, il n'en est pas de même des manufactures. L'établissement & les progrès n'en étoient pas compatibles avec les troubles & les révoltes. Aussi n'ont elles commencé à être florissantes qu'au dix-septieme siecle, après que Louis XIII eut forcé les huguenots à la soumission & au repos. Depuis cette époque le Languedoc est dans une heureuse situation ; & les manufactures de draps qui y sont établies, lui procurent aujourd'hui de très-grandes richesses.

Les plus belles de ces manufactures sont à Carcassonne & à Lodève; les draps qui s'y fabriquent ont un débit considérable dans le Levant. On en envoie d'autres plus grossiers en Allemagne, en Flandres, en Sicile & même à Malthe. Il se fait aussi dans l'intérieur du royaume un très-grand commerce de draps de Lodève, de Saint-Chignan, de Carcassonne & de Limoux : ceux de Lodève, dont on habille les troupes, ont beaucoup de réputation pour leur bonne qualité. Les marchands de Lyon en font faire une grande partie, & les débitent en une infinité d'endroits. Les laines du pays ne sont pas celles qu'on emploie pour fabriquer les draps les plus fins; ceux-là se font avec les laines d'Espagne. On fabrique aussi en Languedoc des futaines, des serges, des crépons & quelques étoffes de soie, indépendamment de la grande quantité de la soie en nature qui passe à Lyon.

Le commerce du Languedoc se fait principalement aux foires. Il y en a dans toutes les grandes villes de la province : celles de Pézénas & de Montagnac sont très considérables. Outre les commissions & l'achat des marchandises, il s'y fait un grand commerce d'argent & de lettres de change. Mais la plus fameuse & la plus importante de la province, & peut-être de tout le royaume est celle de Beaucaire. Elle fut établie l'an 1217, par Raymond VI, comte de Toulouse; & ses privilèges ont été confirmés par tous nos rois depuis le treizieme siecle jusqu'au dix-septieme. Elle doit durer trois jours sans compter les fêtes; mais elle en dure toujours six, parce qu'elle commence le jour de sainte Madeleine, & que les fêtes de saint Jacques & de sainte Anne arrivent avant la clôture. Dès le seizieme siecle on y voyoit accourir des marchands de toutes les nations. Au dix-septieme on comptoit qu'il s'y faisoit pendant les six jours pour six millions d'affaires. Je parlerai ailleurs du local.

On élève dans les montagnes du Gevaudan d'assez bons chevaux, & il y a des haras dans les diocèses de Toulouse & de Montauban, le long du Tarn & de la Garonne. Mais il n'y a point de belles jumens. La province devroit en faire acheter dans le Poitou; & moyennant les étalons nécessaires, elle auroit de très-bons chevaux.

Le recueil des lettres que je joins à celle ci, va vous offrir, Madame, la description particuliere de chaque diocèse du Languedoc. Je les ai mises dans un ordre conforme à la marche que j'ai suivie en parcourant cette province.

Je suis, &c.

En Languedoc, ce   1760.

LETTRE CDXXI.

Suite du Languedoc.

Je n'ai pas fait une bien longue course, Madame, pour arriver de la ville de Saint-Flour dans cette partie du Languedoc qu'on appelle les *Cevennes*. Ces montagnes, dont la plûpart portent toutes les marques de volcans éteints, étoient nommées par les Latins *Cebennæ*, & par les Grecs *Cemmeni*; elles font une continuation de celles du Forez & de l'Auvergne. Vous savez que pendant ces funestes guerres de religion, dont la France n'a été que trop long temps déchirée, elles ont servi de retraite aux huguenots, connus dans ce pays sous le nom de *Camisars*. Ils y causerent bien des désordres jusqu'en 1703, époque à laquelle le maréchal de Villars, après plusieurs combats meurtriers vint à bout de les réduire.

Ces montagnes dominent principalement dans le *Velai*, au nord, compris sous le nom de diocèse du Puy; dans le *Vivarais*, à l'orient, compris sous celui de diocèse de Viviers, & dans le *Gevaudan*, à l'occident, compris sous le nom de diocèse de Mende.

Le *Velai* est borné au nord par le Forez, à l'ouest par l'Auvergne, au sud par le Gevaudan, & à l'est par le Vivarais. Ce pays n'est pas fort étendu; mais le sol y est assez fertile, quoique les montagnes soient très-hautes, très-froides, & couvertes de neige quelquefois pendant la moitié de l'année. On y recueille communément plus de bled que n'en consomment les habitans, mais presque pas de vin. Il y a beaucoup de bestiaux, & c'est en quoi consiste la plus grande richesse du pays. Le commerce qui s'y fait, consiste en dentelles fabriquées au Puy, & qui quoique communes ont un grand débit. On y vend aux foires des mulets fort estimés. La tannerie y a une si grande réputation, que l'on y porte des cuirs de tous les pays voisins.

Les anciens habitans du Velai, s'appelloient *Velanni*. Ces peuples étoient, du temps de César, dépendans des Auvergnats, dont ils suivirent assez généralement le sort sous les empereurs Romains, les Visigots & nos rois de la premiere race. Sous ceux de la seconde ils furent soumis aux premiers rois & ducs d'Aquitaine. Mais au commencement de la troisieme race, la partie du Vélai qui tenoit de plus près à l'Auvergne, forma le comté de ce nom; & l'autre partie qui a conservé le nom de *Velai*, & qui dépend à présent du Languedoc, fut abandonnée aux évêques du Puy, qui en furent alors & en sont encore les seigneurs, en reconnoissant néanmoins la souveraineté des rois de France. En 1304 l'évêque *Jean de Cumenis* admit le roi Philippe *le Bel* en pariage de la seigneurie & justice du Puy & du Velai, conservant pourtant toujours le titre de comte.

Le Velai a, comme je l'ai dit ailleurs, ses petits états particuliers, composés de trois ordres, dont les chefs vont ensuite prendre séance aux états de Languedoc; savoir, dans l'ordre du clergé, l'évêque, & dans celui de la noblesse, le vicomte de

Polignac qui préside les petits états en l'absence de l'évêque. Après eux siegent quinze barons qui ne vont point aux états de Languedoc, & un certain nombre de députés du tiers-état.

La ville *du Puy* située sur la montagne d'Anis, près de la riviere de la Borne, & à une demi-lieue de la Loire est la capitale du Velai. Au seizieme siecle elle étoit la seconde ville du Languedoc, en étendue & en population, puisqu'elle ne le cédoit qu'à Toulouse. On attribue cet agrandissement à la quantité de pélerins & de dévots qui y venoient pour honorer l'image miraculeuse de la sainte Vierge, & révérer les nombreuses reliques qui sont dans la cathédrale. Plusieurs de nos rois de la premiere & de la seconde race ont fait ce pélerinage, aujourd'hui bien moins connu. Mais pour se convaincre de l'ancienne gloire de cette ville épiscopale, il ne faut que lire son histoire. Elle renferme des anecdotes si curieuses, des faits si singuliers, appuyés cependant sur les autorités les plus respectables, que je crois devoir, Madame, vous en présenter ici cet extrait.

L'ancienne capitale des *Velanni* étoit une assez grande ville & s'appelloit *Ruessium*. Le bon air & les belles eaux y avoient attiré beaucoup d'habitans. Elle n'étoit point située où est aujourd'hui le Puy. Il faut, suivant les historiens du diocèse, en chercher les ruines dans un village nommé *Saint-Paulian*, sur les confins de l'Auvergne. Vous ne devez pas être étonnée que la capitale du Velai fût placée là, puisque les peuples *Velanni* faisoient partie des Auvergnats. On y voyoit alors plusieurs temples fameux & peut-être magnifiques; mais il n'en reste aucun vestige. La religion chrétienne a tout changé, jusqu'à la ville capitale même, & aux noms de tous les lieux du pays. Le seul château de *Polignac*, dédié autrefois à Apollon, porte encore dans son nom quelques traces de cette ancienne dédicace, puis qu'il se nomme en latin *Apollinis arx*, château d'Apollon. On y conserve des débris de statue, un bas-relief & des inscriptions qui rappellent à la mémoire l'ancien culte.

Saint Georges a été le premier apôtre du Velai. Suivant les anciennes légendes & les anciens breviaires du Puy, il étoit un des soixante-douze disciples de Jesus Christ. Suivant Grégoire de Tours, & les meilleurs auteurs, il ne vivoit qu'au troisieme siecle. Quoi qu'il en soit, il est certain qu'à son arrivée dans le Velai, il convertit dans *Ruessium* quinze mille âmes. Mais le seigneur de Polignac lui ferma les portes de son magnifique château. Saint-Georges sans s'arrêter à des reproches, fit tomber d'un seul mot la statue du faux dieu auquel ce château étoit consacré. Les fragmens de cette idole subsistent encore. L'histoire ne nous apprend point si le seigneur de Polignac se convertit. Mais il paroît que saint Georges forcé de s'éloigner de Ruessium, se retira sur une montagne peu élevée qu'on appelloit alors *Anis*, & qu'on a dans la suite nommée *le Puy*; nom commun à toutes les montagnes du pays, puisque dans l'ancienne langue celtique, *Puy* veut dire également hauteur ou profondeur. C'est-là que le saint fit élever une des premieres chapelles qui aient été bâties en l'honneur de la sainte Vierge dans les Gaules. Un certain nombre de chrétiens se rassemblerent auprès de lui, & donnerent commencement à la ville du Puy.

Le successeur de saint Georges dans l'épiscopat du Velai, s'appella *Macaire*; & à celui-ci succéda *saint Marcellin*, dont les reliques sont conservées à Monistrol, petite ville à quelques lieues du Puy, & où l'évêque actuel a sa maison de campagne.

A la fin du second siecle saint Paulian occupoit le siege de cette église. Le christianisme & les chrétiens étoient encore persécutés. Ce prélat se rendit à Ruessium pour encourager son troupeau, & y fut martyrisé. Les fideles conserverent précieusement ses reliques. Elles échapperent à la fureur des barbares, qui environ deux siecles après ruinerent la ville de Ruessium. Cette capitale du Velai fut réduite à un petit village, & s'appelle aujourd'hui *Saint-Paulian*.

Cependant à la fin du troisieme ou du quatrieme siecle, les chrétiens commencerent à respirer; & leur nombre s'accrut considérablement dans le Velai. L'évêque *saint Vosi* entreprit d'y bâtir une église plus grande que la premiere chapelle; c'est en partie celle qui subsiste aujourd'hui, ce que la cathédrale contient de plus, n'étant que des augmentations qui ont été faites en différens temps. On remarque que l'architecture de cet édifice si ancien est plutôt romaine que gothique; preuve qu'elle a précédé le temps où les barbares ont été maîtres du pays, & où le bon goût des arts s'est perdu. Saint Martial, premier évêque de Limoges, & disciple de Jesus Christ, avoit, dit-on, donné à saint Georges un soulier de la sainte Vierge; il fut placé avec honneur dans la nouvelle église. C'est la premiere relique que l'on sache y avoir été; mais elle fut successivement accompagnée de beaucoup d'autres, dont je nommerai plus bas les principales.

Ces reliques rendirent l'église du Puy infiniment respectable : il semble même qu'elles ont garanti la ville des funestes accidens qu'ont éprouvés les autres villes des provinces circonvoisines. Crocus, roi des Vandales, ayant fait une irruption dans les Gaules, détruisit les capitales du Gévaudan, du Vivarais & du Velai ; mais il épargna la ville du Puy, ou n'en approcha pas. Quelque temps après, les Visigots, encore païens, ne lui causerent pas plus de dommages ; & aussi-tôt que leurs rois furent convertis, ils comblerent de dons & d'honneurs cette église & ses évêques. Nos rois de la premiere & de la seconde race tinrent la même conduite, ainsi que les duc d'Aquitaine. Cette ville fut encore ménagée par les Sarrasins & les autres ennemis de la foi chrétienne. Beaucoup de ses prélats ont été reconnus pour saints ; mais il y a eu fort peu de martyrs.

Cet évêché parut bientôt d'une si grande importance, que les plus grands seigneurs s'empresserent de l'obtenir pour quelqu'un de leur famille. On rechercha même les places de chanoines; & il s'y établit une école où l'on envoyoit étudier les jeunes gens de qualité qui se destinoient à l'état ecclésiastique. Dès l'an 800, Rotice qui avoit été un des généraux de Charlemagne, ayant été fait par cet empereur, comte du Velai, devint ensuite évêque du Puy; ce qui prouve que les autorités spirituelle & temporelle pouvoient être réunies sur la même tête. Environ cent ans après, Robert, fils de Guillaume I, comte d'Auvergne, de Poitou, de Berri, d'une partie de la Bourgogne, & duc d'Aquitaine, fondateur de l'abbaye de Cluni, remplit le siege du Puy. Adelard ou Alard qui lui succéda, étoit son neveu. Qui, frere de Geoffroi Grisegonelle, comte d'Anjou, le fut encore un peu plus tard. Enfin les familles des ducs d'Aquitaine, comtes de Poitou & d'Anjou, occuperent tant de fois ce siege, qu'elles prétendirent s'en faire un patrimoine. Le pape fut obligé de chasser l'un d'entr'eux qui s'y étoit intrus.

Ces princes eurent pour successeurs de simples gentils-hommes de bonnes maisons. Un de ceux-ci qui se nommoit *Fredol*, étoit, dit-on, de celle de *Pelet*; deux autres de celle de *Mercœur*. A ces derniers succéda le fameux *Ademar* ou *Aymar de Monteil*, frere du fondateur de Montelimart. Il fut installé par le pape Urbain II, qui vint au Puy sur la fin du onzieme siecle, & passa de là à Clermont, où fut résolue dans un concile la premiere croisade. L'évêque du Puy fut chargé de marcher à cette expédition en qualité de légat du pape, & s'acquitta de ces importantes fonctions avec une habileté & un courage qui ne laisserent aucun lieu de douter qu'il ne fût l'âme & le véritable général de l'armée. Les chrétiens lui dûrent la prise de Nicée & celle d'Antioche; mais ils lui eurent encore de plus grandes obligations, lorsqu'ils furent forcés de défendre cette même ville d'Antioche assiégée par les Persans. Tout étoit perdu sans le bonheur qu'eut Aymar de trouver le fer de la lance qui avoit percé le côté de notre seigneur. Un saint hermite à qui le lieu où étoit cachée cette relique avoit été révélé, la lui apporta. Le Legat la reçut & la montra à toute l'armée, comme un gage certain d'une prochaine victoire : ses espérances furent parfaitement remplies. *Corbagath*, général des mahométans fut complétement défait. La sainte lance étoit portée à la tête de l'armée entre l'étendart du pape & le guidon de l'évêque du Puy. Celui-ci étoit confié à Héracle, vicomte de Polignac, qui fut tué à la bataille d'un coup de flèche. Aymar ne survécut pas long-temps à cette victoire ; il mourut peu après, accablé de fatigues, l'an 1098. Dès l'année précédente il avoit fait reconnoître pour roi de Jérusalem, Godefroi de Bouillon ; mais ce seigneur avoit refusé d'en prendre le titre, & de se laisser couronner dans le temple du Saint-Sépulcre. Le prélat fut enterré avec pompe dans le lieu même où avoit été trouvée la lance sacrée.

Sous les premiers successeurs d'Aymar, trois différens papes vinrent au Puy ; & ces souverains pontifes, aussi-bien que les rois de France Louis *le Gros* & Louis *le Jeune*, accorderent aux évêques la confirmation de tous les priviléges qu'ils avoient obtenus de leurs prédécesseurs, & de nouveaux encore. L'évêché du Puy fut déclaré soumis immédiatement au saint-siege, & indépendant de la métropole de Bourges. L'évêque obtint le *Pallium* comme les archevêques. Les rois non-seulement lui permirent de faire battre monnoie, mais lui confirmerent la seigneurie & le domaine d'une bonne partie du Velai : Philippe Auguste enchérit encore sur ces dons.

Ce fut pendant le cours du règne de ce prince qu'il arriva une aventure assez singuliere & qui mérite d'être rapportée. Le pays étoit infesté par de nombreuses troupes de bandits, appellés les *Routiers*. Les rois de France & d'Angleterre étant alors en guerre, ces brigands couroient sur les terres de l'un & de l'autre, & causoient d'affreux désordres ; le peuple n'osoit les attaquer. Un bon chanoine nommé *Durand*, imagina une fraude pieuse pour encourager ses concitoyens. Il engagea un jeune homme à s'habiller de la maniere qu'étoit vêtue l'image de Notre-Dame, d'apparoître pendant la nuit devant un citoyen dévot & crédule,

& de lui persuader d'établir une confrerie dont il lui donna les réglemens. Les confreres devoient porter pour marque un chaperon blanc, réciter plusieurs prieres, entr'autres l'*Agnus Dei*, promettre d'avoir une conduite pieuse, sobre & chaste, mais sur-tout d'exterminer les bandits. Cette fraude eut dabord les plus grands succès; les chaperons blancs défirent les routiers à plusieurs reprises. Mais enfin s'étant trop hasardés, ils furent eux-mêmes battus & fort étonnés de ce que la sainte Vierge les avoit abandonnés. Le chanoine auteur de cette ruse, craignant alors de compromettre la protection de la patronne du Puy, avoua la faute qu'il avoit faite. La confrerie des chaperons blancs fut délaissée; mais par bonheur on trouva d'autres moyens de détruire les routiers.

Durant les guerres qu'on fit aux hérétiques Albigeois, & celles qui éclaterent entre les rois de France & ceux d'Arragon, la ville du Puy fut préservée des malheurs qu'éprouverent dans ces circonstances presque toutes les villes du Languedoc.

Les hérétiques n'y pénétrerent point; & les Croisés respecterent un lieu de dévotion aussi vénérable, parce que la foi des habitans ne pouvoit leur être suspecte. Les rois d'Arragon, les comtes de Barcelone, leurs ancêtres, & ceux de Toulouse y avoient souvent fait des pélerinages. Ils laisserent l'évêque du Puy, & les vicomtes de Polignac tranquilles au milieu de leurs montagnes. Le prélat d'alors étoit de la maison de Chalençon, dont un seigneur, cent ans après, épousa l'héritiere de Polignac, & en prit le nom.

Saint Louis ayant fait avoir à son frere Alphonse le comté de Toulouse, non seulement l'empêcha de tourmenter l'évêque Bernard de Montaigu, mais voulut qu'Alphonse lui fit hommage pour une partie des terres qu'il possédoit dans le Velai. Il accorda au prélat le droit de porter une épée avec la crosse derriere l'écu de ses armes. Le même monarque étant venu au Puy, sous l'épiscopat de Bernad de Ventadour, on lui montra toutes les saintes reliques dont l'église étoit remplie. Cette cérémonie attira une si grande quantité de peuple, que, suivant Guillaume de Nangis, il y eut cent quarante personnes d'étouffées. On bâtit à cette occasion une chapelle, & l'on fonda une masse pour le repos de leurs âmes.

Peu de temps après Guy Fulcodi monta du siege de cette église sur le trône pontifical, prenant le nom de *Clément IV*, & confirma tous les priviléges accordés à ces prélats. Philippe *le Hardi* vint aussi au Puy, & confirma ceux du roi son pere. Ils étoient si considérables, que l'évêque étoit comte de tout le Velai, seigneur suzerain de plusieurs autres grands fiefs & de la province entiere de Bigorre. Les seigneurs de Polignac étoient ses vicomtes & lui faisoient hommage. Les évêques du Gevaudan & de Cahors avoient à-peu-près la même autorité dans leurs provinces. Mais Philippe *le Bel* les engagea à se dépouiller d'une partie. L'évêque du Puy renonça à tous ses droits sur le Bigorre & sur plusieurs autres fiefs hors du Velai. En s'assurant le titre de comte de sa province, il consentit à en partager la seigneurie
&

& la mouvance avec le roi, dont il reconnut d'ailleurs complétement la souveraineté. Dès lors la justice s'exerça dans le Puy *en pariage*; c'est-à-dire, par moitié entre le roi & l'évêque.

Sous l'épiscopat de *Durand de Saint-Pourçain*, un des plus savans hommes de son temps, les chanoines du Puy vivoient en communauté, quoiqu'ils n'aient jamais été moines. Ils mangeoient dans un réfectoire que l'on voit encore, & où il n'entre ni mouches ni aucune bête venimeuse : ce qui est regardé comme un miracle & une suite de la protection de la sainte Vierge ; quoique cela puisse arriver par des effets purement physiques.

Le roi Charles VI fit un voyage de dévotion au Puy. Son frere, le duc de Guienne, en fit un autre, & fut témoin, dit-on, de quelques miracles qu'opéra la sainte Vierge. Ce fut sous l'épiscopat de Guillaume III, du nom de Chalençon, que Charles VII se trouvant au Puy, apprit la mort de Charles VI, son pere. Le premier jour il prit le grand deuil ;

& fit célébrer un service solemnel pour le repos de l'âme du feu roi. Le lendemain il parut revêtu d'une robe d'écarlate, se montrant ainsi au peuple, & fut proclamé roi par les hérauts & la multitude. Il remit d'ailleurs les cérémonies de son sacre pour le temps où il pourroit se rendre à Reims; ce qui n'arriva que quelques années après.

Dans le cours du quinzieme siecle, *Jean bâtard de Bourbon* occupa le siege du Puy. Sous son épiscopat Louis XI fit un pélerinage à Notre-Dame de cette ville, & y envoya, à plusieurs reprises, de beaux présens. Je ne dois pas oublier de vous dire ici, Madame, que ce monarque très-dévot à la sainte Vierge, confirma, par une ordonnance de l'an 1475, le pieux usage qui s'étoit établi au Puy, de sonner & de dire l'*Angelus* trois fois le jour, le matin, à midi & le soir. Il y a cependant des auteurs qui font remonter cet usage à l'an 1317, sous le pontificat de Jean XXII.

François I passa deux fois par le Puy, pendant qu'*Antoine de Chabannes* en étoit évêque. Ce prélat fut impliqué dans la révolte du connétable de Bourbon, & mourut à Paris, après une longue détention. Enfin, au milieu du seizieme siecle le calvinisme s'introduisit dans le royaume & dans le Vélai même. Mais les huguenots ne purent pénétrer dans la ville du Puy. En 1585 ils formerent un projet pour s'en saisir, & attacherent un pétard à la porte de la ville. Mais il ne put jamais prendre feu; & les habitans avertis, comme par miracle, du danger qui les menaçoit, repousserent les ennemis.

Les chanoines de l'église du Puy ont le droit de porter la mitre les grandes fêtes. Le vaisseau de cette cathédrale, dédié à la sainte Vierge, est grand & magnifique. Le grand autel dans lequel sont conservées une infinité de précieuses reliques, est regardé comme si respectable, que suivant les bulles des papes, il n'est permis qu'à l'évêque & aux chanoines du Puy d'y célébrer la messe habituellement, & par grace à quelques prélats du premier ordre, & jamais à des prêtres non constitués en dignité.

On a écrit des volumes entiers, où

du moins de longues dissertations sur l'origine & l'histoire de l'image de Notre-Dame du Puy. *Pierre Comester* (le mangeur) soutient que cette statue a été faite en Egypte par Jérémie, & que ce fut par un esprit prophétique que ce saint de l'ancien testament la plaça dans une chapelle, avec une inscription hébraïque, qui annonçoit pour les siecles suivans la naissance de Jésus-Christ & de sa sainte mere. L'image est de bois de cedre; d'une couleur rembrunie; l'enfant Jésus est assis sur les genoux de la sainte Vierge. Il est d'usage de laver chaque année, le vendredi saint, avec de l'eau & du vin, les deux statues nues; les autres jours elles sont revêtues de robes de soie rouge, richement brodées en pierreries; & on leur met des couronnes précieuses sur la tête. On n'est pas d'accord sur celui qui a donné cette image miraculeuse. Les uns croient que c'est un présent du roi Dagobert I., ou du roi Clovis II; les autres que Charlemagne la reçut en présent du fameux Calife *Aaronal-Raschild*. Mais ces sentimens sont mal appuyés; on ne peut même assurer qu'elle ait été donnée par Louis *le Jeune*, ou par Philippe Auguste; selon toute apparence c'est un présent de saint Louis qui l'avoit rapporté d'Egypte.

Le trésor de cette église est le plus riche de tous ceux du royaume, parce qu'il n'a jamais été pillé par les barbares ni par les hérétiques. De toutes les reliques qui le composent, & dont le catalogue seroit immense, les plus respectables sont un morceau de la chair sanglante de Notre Seigneur, coupée pendant son enfance (c'est le même qui est partagé ou disputé par l'abbaye de Charroux); la lance avec laquelle fut percé le côté du Sauveur, trouvée, comme je l'ai déja dit, lors de la premiere croisade par l'évêque Aymar. Le roi Philippe *le Hardi* y a ajouté du bois de la vraie croix, & l'éponge mentionnée dans le récit de la passion. Le soulier de la sainte Vierge, dont j'ai parlé plus haut, est la premiere relique apportée au Puy; l'autre y a été jointe miraculeusement. On est redevable au pape Clément IV d'une tasse dans laquelle Notre Seigneur a bu; d'une partie de la nappe sur laquelle il fit la cène; du linge qui couvrit sa nudité sur la croix; d'une fiole du lait de la sainte Vierge, & d'une des manches de sa robe; d'une frange de celle de Notre Seigneur; d'une pierre ou morceau de la creche; d'une dent de sainte Magdeleine; des reliques de saint Lazare, & de six corps des onze mille Vierges. Le pape Jean XXII y ajouta encore un morceau de la peau de chameau dont se couvroit saint Jean-Baptiste; le doigt du précurseur, avec lequel il montra Jésus-Christ, en disant, *voici l'Agneau de Dieu*; un doigt de sainte Anne, mere de la sainte Vierge, & le voile du calice de saint Pierre.

On voit encore dans ce trésor des cheveux de saint Louis, qui sont blancs, parce que le saint étoit vieux lorsqu'on les lui coupa; le crâne de saint Sigismond, roi de Bourgogne; une cruche des noces de Cana; le cornet de saint Hubert, patron des chasseurs; enfin le pectoral, les franges & les sonnettes de l'habit du premier grand-pontife *Aaron*, frere de Moïse, pesant vingt-un marcs d'or, & orné de pierreries. On montre aussi au Puy des présents offerts à Notre-Dame par les plus grands princes de l'Europe, entr'autres la couronne que reçut Jean Stuart, duc d'Albanie, lorsqu'il fut reconnu régent d'Ecosse, pendant la minorité de Marie Stuart.

Voila, Madame, ce que la ville du Puy offre de plus remarquable. Sa population peut se monter à quinze mille âmes. Le principal commerce qui s'y fait, consiste en dentelles qui s'y fabriquent. Les paturages sont aussi d'une grande ressource pour les habitans. Quant aux dehors de la ville, la prairie du Breuil, qui sert de promenade, est ce qu'il y a de plus beau.

Le cardinal de *Polignac* prit naissance dans cette ville. C'est, comme vous le savez, l'auteur de l'*Antilucrece*, poëme latin, fort bien traduit par *Bougainville*, & où le système d'Epicure est victorieusement combattu par les raisonnemens les plus solides, embellis de tous les charmes de la poësie.

Le diocèse du Puy est assez étendu; mais il ne renferme aucune petite ville qui mérite quelque attention. A peine y distingue-t-on *Monistrol* situé entre deux côteaux, à une lieue de la Loire; où l'évêque a une assez belle maison de campagne.

Je suis, &c.

Au Puy, ce 5 septembre 1760.

LETTRE CDXXII.

SUITE DU LANGUEDOC.

A mon départ de la ville du Puy, j'ai pris ma route, Madame, vers l'orient, pour entrer dans le diocèse de *Viviers* ou le *Vivarais*, qui, de ce côté là, s'étend le long du Rhône. On peut diviser ce pays en trois cantons, les *Boutieres*, la *Montagne*, & le *Bas-Pays*. Les *Boutieres* sont un certain nombre de montagnes, petites dans leur circonférence, hautes, & d'une forme pyramidale. Elles sont très-stériles, & ne servent qu'à nourrir des bêtes à laine. Cependant elles produisent beaucoup de chataignes, dont il se fait un grand commerce, ainsi que des chanvres, dont on fait des toiles grossieres qui contribuent à la subsistance des habitans de ce canton. Comme ils ne recueillent point de bleds, ils donnent en échange des chataignes pour en avoir, & trafiquent ainsi avec leurs voisins.

Le pays auquel on donne le nom de *Montagne* est tout-à-fait limitrophe du Velai. Ce sont en effet des montagnes riches, bien cultivées, remplies de châtaignes, & qui produisent toutes sortes de denrées, à l'exception des vins, le climat y étant trop froid pour les vignes. Il y a aussi dans ces montagnes de très-beaux & très-bons pâturages où l'on nourrit une quantité prodigieuse de bestiaux. Les habitans y recueillent beaucoup plus de bled qu'il ne leur en faut.

Le *Bas-Pays*, c'est-à-dire, le reste du Vivarais jusqu'aux bords du Rhône, est rempli de côteaux très-fertiles ; il n'y en a pas en Languedoc qui soient plus abondans en toutes choses. Toute cette côte donne d'excellens vins, qu'on voiture jusqu'à Paris : ils étoient connus du temps des Romains. Pline en fait mention sous le nom de *Helvicum Vinum, vin des Helviens*. Parmi ces vins, on distingue principalement les vins blancs de *Saint-Peray*, & les vins rouges de *Cornas*, deux villages situés pour le spirituel, dans le diocèse de Valence, & à une lieue de la ville de ce nom. On fait aussi beaucoup de soie dans ce canton. Mais le Rhône y cause souvent des dommages considérables par ses inondations.

Il se fait dans le Vivarais un grand commerce de cuirs, de papiers, de chataignes seches & de vins. Les habitans y sont tous laborieux; & c'est une chose singuliere de voir la maniere dont ils rendent en plusieurs endroits leurs montagnes fertiles. Ils soutiennent par des murailles de pierres seches, des terrasses sur lesquelles ils portent des terres où ils sément ensuite des grains & plantent des vignes; travaux que l'on ne pense pas à faire dans d'autres pays, où cependant ils seroient pour le moins aussi nécessaires qu'en Vivarais.

Le bois de *Mercoire* ou *Mercouire* mérite d'être remarqué; il est fort étendu & composé de sapins d'une hauteur prodigieuse, très-propres à faire des mats de navire. La difficulté seroit de les transporter jusqu'à la Loire, qui en est éloignée de six lieues.

Le Vivarais étoit, du temps de César, habité par les *Helviens*, dont la capitale s'appelloit *Albe*. César ayant soumis toute cette contrée, y établit une colonie romaine, qui, pour flatter l'empereur Auguste, prit le nom d'*Alba Augusta*. Lorsque la Gaule méridionale fut divisée en Narbonnoise & en Viennoise, ce qu'on appelle à présent le Vivarais, fit partie de la derniere. Le lieu où étoit cette ancienne ville d'Albe, est aujourd'hui un petit village nommé *Albs* ou *Alps*, situé au fond d'un vallon, à environ deux lieues de Viviers. Cette ville fut ruinée par les Vandales au cinquieme siécle. Dans le suivant, Sigismond, roi des Bourguignons, les chassa du pays, & s'en rendit le maître. Clovis & ses enfans s'en emparerent sur les Bourguignons.

On entend parler de Viviers pour la premiere fois, à l'occasion d'un concile d'Auvergne tenu au sixieme siecle, & dans lequel un prélat nommé *Venantius* réunit les deux titres d'évêque d'Albe & de Viviers ; ce qui prouve qu'Albe étoit déja ruiné, & que Viviers, situé plus avantageusement sur les bords du Rhône, s'élevoit sur ses ruines. Effectivement, bientôt après ce temps il ne fut plus question d'Albe ni des Helviens; & tout le pays prit le nom de *Vivarais*.

Sous la seconde race de nos rois, cette petite province obéit, comme toutes les autres, à des comtes; mais ce comté ne fut héréditaire dans aucune famille. Les comtes de Toulouse y dominerent quelquefois; plus souvent les évêques de Viviers, qui reconnurent la suzeraineté des rois d'Arles & de la Bourgogne transjurane, & des empereurs successeurs de ceux ci. D'un autre côté, les rois de France trouverent mauvais que ces évêques aimassent mieux être regardés comme princes & prélats de l'empire, que de se reconnoître dépendans de la couronne de France. Enfin, au quatorzieme siecle, Philippe *le Bel*, & ensuite le roi Charles V s'assurerent tout-à-fait des évêques de Viviers, qui ont toujours conservé depuis le titre de comtes & la seigneurie de leur ville, en reconnoissant nos rois pour leurs uniques souverains.

Cependant les évêques n'ont point de part à l'administration du pays, qui a ses petits états, lesquels ressortissent, en quelque façon, des états-généraux du Languedoc. Mais l'évêque de Viviers a séance parmi ceux de cette grande province, suivant l'ancienneté de son sacre. Il y a toujours un des douze barons du Vivarais, qui, à tour de rôle, prend place dans l'ordre de la noblesse, aux états du Languedoc, après le comte d'Alais & le vicomte de Polignac. Les douze barons du Vivarais sont seigneurs d'autant de terres considérables, qui, presque toutes, au seizieme siecle, étoient possédées par des maisons illustres, dont quelques unes sont à présent éteintes. J'indiquerai les principales de celles qui existent, en vous faisant connoître, Madame, les petites villes de ce pays.

Quoiqu'on puisse diviser le Vivarais en trois cantons, comme je l'ai dit plus haut, on ne le divise communément qu'en deux parties; le haut, qui est voisin du Forez & du Velai, & le bas qui se rapproche du diocèse d'Uzès. La ville d'*Annonai*, premiere baronnie du pays, est regardée comme la capitale du haut-Vivarais, quoi qu'elle soit du diocèse de Vienne en Dauphiné. Elle est située dans un fond au bas d'une chaîne de montagnes, à deux lieues de la rive droite du Rhône. Cette ville n'est ni grande ni jolie; le nombre de ses habitans ne se monte qu'à deux mille; elle a deux fauxbourgs qui sont séparés de la ville même, l'un par la *Canse* & l'autre par le *Deom*. Ces deux petites rivieres font tourner des moulins, où l'on fabrique un papier, dont le commerce est devenu très-considérable, & qui passe pour être le plus beau & le meilleur de tous ceux qu'on fait en France: C'est sans doute parce que l'eau de ces rivieres est propre à cette espece de fabrique. On n'en consomme point d'autre à Lyon & dans plusieurs provinces du royaume.

L'histoire de la ville d'Annonai n'est pas bien connue. Mais on regarde comme ridicule l'étymologie qui en fait dériver le nom du mot latin *Annona*, qui veut dire un magasin de vivres & particuliérement de grains. Au seizieme siecle la seigneurie appartenoit à la maison de

Levis-Ventadour, d'où elle est venue à celle de Soubise, aussi bien que deux autres baronnies, du Vivarais, situées sur les bords du Rhône, *Tournon* & *la Voulte*.

Annoñai donna naissance au célebre *Pierre Bertrand*, créé cardinal en 1331. Il plaida si bien pour le clergé contre *Pierre de Cugniéres* avocat-général, que le roi prononça en faveur du corps ecclésiastique. Il étoit question d'établir jusqu'où devoit s'étendre l'autorité royale sur les choses spirituelles, & celle du clergé sur les choses temporelles.

La ville de *Tournon* est très-agréablement située sur le penchant d'une montagne, au haut de laquelle est le château dominant sur le Rhône. Elle ne contient que trois à quatre mille habitans. L'abord en est très-difficile; de là vient que le commerce n'y est pas considérable. Ce qu'il y a de plus beau à voir, c'est un magnifique collége fondé par le cardinal de Tournon, qui étoit de la famille des seigneurs de ce pays. Vous savez, Madame, qu'il eut un grand crédit à la cour sous François I, & qu'il ne mourut que sous Charles IX. Ce cardinal possédoit à la fois les quatre plus beaux archevêchés du royaume, & les six plus riches abbayes. Aussi se trouva-t-il en état de prêter à gros intérêt de l'argent à François I & à Henri II ; il fut le premier protecteur des Jésuites, & leur donna le collége dont je viens de parler. La maison de Tournon subsistoit dès le temps de Philippe Auguste. Elle possédoit encore au seizieme siecle la terre & baronnie dont elle avoit pris le nom ; mais elle s'éteignit, du moins quant à sa branche principale, en 1644. Cette baronnie passa dans la maison de Levis, branche de Ventadour : elle est aujourd'hui dans celle de Soubise, aussi bien que la baronnie de *la Voulte*, située sur les bords du Rhône.

Non loin de Tournon à une petite distance de ce même fleuve, & sur le sommet d'une montagne, on voit l'ancien château de *Crussol*. Il a donné son nom à une très-noble maison qui possède aujourd'hui le duché d'Uzès & un grand nombre d'autres belles terres.

Je ne nomme ici la petite ville de *Privas*, que parce qu'elle est connue dans l'histoire pour avoir été saccagée, après avoir soutenu un siege contre Louis XIII en personne.

La petite ville d'*Aubenas* est située dans les montagnes du Bas-Vivarais, sur la riviere d'Ardesche. C'est le chef-lieu d'une terre considérable & une des premieres baronnies de cette province. Elle appartient aujourd'hui par acquisition à M. le marquis de *Vogué*, qui posséde aussi au même titre celle de *Montlaur*, & d'ancienneté celle de son nom. Il y a dans cette ville une manufacture assez estimée de toiles de coton & de mouchoirs. On y voit aussi un beau collége, qui dès le commencement, n'étoit qu'un petit hospice que les Jésuites y avoient établi pour leurs missionnaires. Il fut doté par Marie de *Rasimond*, comtesse de Montlaur, veuve du maréchal d'*Ornano*, confident de Gaston duc d'Orléans, frere de Louis XIII. Il mourut prisonnier au château de Vincennes, pour avoir trempé dans la conspiration formée contre le cardinal de Richelieu; & son corps fut transporté à Aubenas pour y être inhumé. A une lieue de cette ville est le bourg de *Vals*, connu par ses eaux minérales dont j'ai déja parlé.

Viviers est la capitale du Bas-Vivarais, & a donné son nom à toute la province. Cette ville petite, malpropre, & dont les rues sont étroites, est située entre des rochers, sur la rive droite du Rhône. La cathédrale bâtie sur l'un de ces rochers, domine toute la ville, dont elle est l'unique paroisse, & n'est remarquable que par sa grandeur. L'évêque n'y fait pas ordinairement sa résidence. Il préfére le séjour de *Saint-Andéol*, qui est à deux lieues de Viviers, sur le bord du Rhône, & dans une situation plus agréable. Ce bourg doit son nom à un saint qui souffrit le martyre dans le Vivarais, l'an 208 de notre ère. On remarque dans l'église principale du lieu son tombeau orné d'une assez belle menuiserie.

A cent pas hors de ce bourg, près de la fontaine de *Tournes*, on voit gravé sur un rocher un bas-relief antique, qui représente un jeune homme habillé d'une draperie légere, ayant la tête couverte d'un bonnet que les perses appelloient *Thiare*, & tenant par les cornes un taureau qu'il s'efforce de dompter, & auquel il a déja fait plier les deux jarrets de devant. Un chien s'élance & se dresse sur le cou du taureau, entre les pieds duquel on voit un scorpion ou quelqu'autre animal de même sorte ; au-dessous est un grand serpent qui rampe: toutes ces figures paroissent renfermées dans une espece de caverne. Au dessus & à la droite du cavalier est une tête entourée de neuf rayons ; c'est-à-dire, le soleil ; & à sa gauche, est une autre tête fort effacée ; mais qui a de grandes cornes, & qui ne peut être que la lune. Au bas du monument est une espece de cartouche ; où l'on voit bien qu'il y avoit une inscription, mais dont à peine il reste quelque légere trace. On croit que ce cavalier est le dieu *Mithras*, nom sous lequel les perses adoroient le soleil dans un antre.

L'évêque de Viviers est encore seigneur de l'*Argentiere*, qui étoit au seizieme siecle une des baronnies de la province, mais qui a, dit-on, cédé son rang. Tout auprès est la baronnie de *Joyeuse*, d'abord érigée en vicomté, & puis en duché-pairie en 1581 pour le fameux duc de Joyeuse, beau-frere & favori d'Henri III. Des princes de la maison de Lorraine en hériterent. Ce duché fut éteint en 1675 ; il a été recréé depuis pour un prince d'Epinoy (Melun), & s'est éteint de nouveau pendant le cours de ce siecle. Madame la comtesse Douairiere de Marsan (Lorraine) en jouit aujourd'hui.

Je suis, &c.

A Viviers, ce 18 septembre 1760.

LETTRE CDXXIII.

Suite du Languedoc.

Le diocèse de *Mende* ou le *Gevaudan*, que je viens de parcourir, madame, est à l'Occident du Velai & du Vivarais. Il est d'une assez grande étendue, puisqu'il a dix-huit lieues de longueur sur douze de largeur. Ce pays hérissé de hautes montagnes & par conséquent très froid, est arrosé du Lot, de la Trueyre, du Tarn, de l'Allier & de plusieurs autres rivieres moins considérables. Le Lot le divise en haut & bas. Le haut est presque tout entier dans les montagnes de la Marguerite & d'Aubrac. Le bas fait partie des Cevennes. Le sol du Gevaudan est en général stérile : il ne produit que du seigle, des châtaignes, & presque pas de vin ; quelques vallons seulement sont abondans en pâturages. D'ailleurs, la grêle qui y tombe fréquemment, y fait d'horribles ravages.

On trouve à Bagnols, près de Mende, des eaux minérales, qui ont beaucoup de réputation : elles excitent l'appetit & la transpiration. Il y a dans la parroisse de Vebrou, une mine d'étain, qui pourroit être exploitée avec succès, & une autre de jais, à Pompidon. La petite riviere de Moline roule des paillettes d'or, en cela semblable à plusieurs rivieres de Languedoc, qui semblent indiquer des mines de ce métal.

Il n'y a pas long-temps que les habitans de ces montagnes sortoient de leur pays, pour aller cultiver la terre dans les provinces méridionales. Ils passoient en grandes bandes jusqu'en Espagne dans le royaume d'Arragon. On prétend qu'ils en rapportoient beaucoup d'argent. Mais s'ils mettoient à contribution la paresse des Espagnols en travaillant pour eux, d'un autre côté, ils étoient peu estimés de ceux-ci, qui les regardoient comme des mercenaires, & les appelloient *gavatchos*, terme de mépris, que par la suite, les Espagnols ont étendu à toute la nation Françoise, à l'égard de laquelle il se servent quelquefois de cette épithete injurieuse. Aujourd'hui, les habitans du Gevaudan trouvent dans leur industrie des reſſources contre la pauvreté. Ils ne ſortent plus de leur province, & s'occupent à diverſes manufactures d'étoffes de laine, qu'on nomme cadis & ſerges. Elles ſont aſſez communes : mais elles ont un grand débit dans les pays étrangers, en Suiſſe, en Allemagne, ſur la côte d'Italie, en Sicile & même jusqu'à Malte. Il n'y a preſque pas de payſan, qui n'ait chez lui un métier, ſur lequel il travaille dans les ſaiſons où il ne cultive pas la terre, & ſur-tout pendant l'hiver qui eſt très-long dans ces montagnes couvertes de neiges durant ſix mois entiers. Les enfans même filent la laine dès l'âge de quatre ans.

Du temps de Céſar & de Strabon, les peuples du Gevaudan s'appelloient *Gabali* ou *Gabaldi*. C'eſt de ce nom ſans doute, que les Eſpagnols ont fait le mot *gavatcho*. Leur capitale étoit *Javouls* : elle fut ſaccagée par les barbares au cinquieme ou ſixieme ſiecle, & réduite à l'état d'un

LE LANGUEDOC 241

d'un petit village qui existe encore aujourd'hui à quatre lieues de Mende, dans la baronnie de Peyre. On y trouve quelques ruines, des fragmens, des monumens d'inscriptions, & des médailles. Cependant la plupart des historiens croient que cette ville de *Javouls* étoit déjà épiscopale dès le troisieme siecle. L'évêque qui y résidoit lors de l'invasion des Vandales, étoit *saint Privat*. Il fut se cacher dans une grotte, d'où on l'arracha pour le conduire dans un petit bourg nommé *Mende*, où il fut enterré, après avoir souffert le martyre. Les barbares s'étant retirés de ce lieu, les chrétiens s'empresserent de bâtir une église sur le tombeau du Saint. Les miracles qu'opererent ses reliques, y attirerent une affluence prodigieuse de peuple; & insensiblement il s'éleva tout au tour une ville, si considérable, que celle de Javouls fut tout à-fait abandonnée. L'évêché du Gevaudan se trouva au onzieme siecle, établi à Mende, où il est toujours resté depuis; il a été suffragant de la métropole de Bourges

Tome XXXII.   L

jusqu'à l'érection de l'archevêché d'Albi.

Les Visigoths dominerent sur le Gévaudan, comme sur-tout le reste de la Gaule méridionale, jusqu'à ce que Clovis s'en fût emparé. Ce pays fut alors réuni à l'Aquitaine, dont il suivit le sort. Il obéit successivement aux rois d'Aquitaine, aux ducs de ce nom, & aux comtes de Toulouse, ducs de la premiere Aquitaine. Vers l'an 919, *Ermengaud*, second fils d'Eudes, comte de Toulouse, eut en partage le Gévaudan, avec titre de Comté. Sa postérité en jouit pendant plus de cent ans; & il retourna ensuite aux comtes de Toulouse. On prétend que *Raymond*, dit de *Saint-Gilles*, l'un d'entr'eux, l'aliéna en faveur des évêques de Mende; *Adelbert* qui occupoit ce siége en 1161, étant venu faire hommage de son évêché au roi Louis VII, obtint un diplôme appellé *Bulle-d'Or*, par lequel le roi accorda à cet évêque & à ses successeurs les droits régaliens. Cette charte est le principal fondement de l'autorité temporelle dont les évêques de Mende jouissent dans leur diocèse.

Malgré l'aliénation qui avoit été faite du Gevaudan par le duc Raymond, ce pays eut encore des vicomtes qui avoient commencé, l'an 951, par *Bernard* fils de Berenger, vicomte de Millaud, & issu vraisemblablement des comtes de Toulouse ducs d'Aquitaine. La vicomté de Gevaudan, dont les titulaires devinrent par alliance comtes de Provence & de Barcelone, passa aussi par une héritiere aux rois d'Arragon. C'est-là l'origine des droits que ces derniers eurent pendant long-temps sur cette province.

Cependant l'évêque de Mende possédoit la seigneurie utile du Gevaudan, & prétendoit même à la souveraineté. On rapporte que ces prélats officiant pontificalement, faisoient mettre devant eux, auprès de l'autel, un sceptre d'or. En 1258, le roi d'Arragon céda la plûpart de ses droits sur nos provinces méridionales, & particulierement ceux qu'il avoit sur le Gevaudan, au roi saint-Louis. Ainsi ce ne pouvoit plus être que contre les rois de France, que l'évêque fit valoir ses prétentions. Mais bientôt il sentit qu'il étoit trop foible pour leur résister; & l'évêque *Guillaume Durand* consentit en 1306 à partager avec Philippe le Bel la seigneurie & la justice du Gevaudan. Cet arrangement fut consommé dix ans après, sous Philippe *le Long*. L'évêque de Mende fut reconnu comte du Gevaudan, & le roi souverain de ce pays; de maniere qu'aujourd'hui on y rend la justice tour-à-tour en leur nom. Quand c'est le tour du roi, elle se rend à Marvejols; & quand c'est le tour de l'évêque, elle se rend à Mende.

J'ai dit ailleurs, que le Gevaudan à ses états particuliers. Ils sont composés de l'évêque de Mende, ou de son grand vicaire, qui y président toujours; d'un commissaire principal; du bailli du pays; des consuls de Mende & de Marvejols, commissaires ordinaires; de sept députés du clergé, qui sont six abbés & un chanoine de la cathédrale; de huit barons, qui président l'ordre de la noblesse, & ont de même séance aux états de Languedoc, chacun à son tour; de dix-huit consuls des principaux lieux du diocese, & d'un syndic qui est changé, lorsque l'assemblée le juge à propos.

Le diocese de Mende contient plus de deux cents paroisses. La ville épiscopale est située à une petite distance de la riviere du Lot, qui n'est point encore navigable en cet endroit; on y compte environ cinq mille habitans. Il y a un collége, & plusieurs maisons religieuses de l'un & de l'autre sexe : elle est sale ; les rues en sont étroites, & les édifices n'ont rien de remarquable. Il y a cependant plusieurs belles fontaines, & l'on admire, sur tout la délicatesse des deux clochers de la cathédrale, dédiée à la sainte Vierge & à saint Privat. La grosse cloche de cette église passoit pour une merveille. Les calvinistes, qui, durant les guerres de religion, causerent de si grands dommages dans ce pays, la fondirent pour en faire des canons. Ils emporterent aussi plus de deux cent quatre-vingts marcs d'argent en vases sacrés & en reliquaires, qui appartenoient aux églises de cette ville.

Près de cette capitale du Gevaudan, on voit un hermitage & une chapelle taillés dans le roc. C'est-là, dit-on, que s'étoit retiré saint Privat, fuyant la persécution des Vandales, & qui souffrit le martyre.

A quatre ou cinq lieues nord-ouest de Mende, est la ville de *Marvejols*, située dans un beau vallon, sur la petite riviere de Colange. Les armes en étoient autrefois de sable à un château d'argent: le roi Charles VII y ajouta au-dessus de la maîtresse-tour, une main armée, tenant une fleur de lys d'or, & cela, à cause des services que les habitans avoient rendus à l'état, *guerris durantibus*, selon l'expression de la charte. Elle a beaucoup souffert durant les guerres civiles & celles de religion. Le duc de Joyeuse, commandant l'armée de Henri III, s'en rendit le maître en 1586, la livra au pillage, y fit mettre le feu qui en consuma la plus grande partie, & en fit raser les murailles jusqu'aux fondemens. Six ans après, Henri IV permit aux habitans de les rebâtir, & leur procura des secours à cet effet.

Cette ville est en général assez bien bâtie, réguliere, assez jolie, & presque aussi peuplée que Mende. On prétend que les états du Gevaudan doivent s'assembler alternativement dans l'une & l'autre de ces deux villes. Il se tient tous les ans à Marvejols six foires qui sont très-fréquentées, & où se vendent toutes sortes de marchandises. Mais le commerce des bestiaux & celui des étoffes sont les plus considérables. La police y est exercée par trois consuls, dont le premier entre aux états généraux de la province chaque année. Ce privilége fut accordé à cette ville par le roi Charles V, pour les services quelle lui rendit contre les Anglais.

Sur les bords du Tarn, qui n'est point encore navigable en cet endroit, est la petite ville de *Saint-Ennimie*, avec un prieuré de bénédictins, dont la fondation est singuliere. Voici comme la rapportent de vieux auteurs. Cette maison étoit autrefois une abbaye de filles ; la

L 4

fondatrice étoit fille du roi Clotaire II. Cette princesse ayant fait vœu de rester vierge, elle demanda à Dieu la grace de devenir si difforme, que personne ne voulût l'épouser; elle fut exaucée, & se trouva tout à coup couverte d'une lepre affreuse. Pendant quelque temps, elle ne s'en plaignit pas : mais enfin voyant qu'il n'étoit plus question de mariage pour elle, & cette lepre l'incommodant beaucoup, elle pria Dieu de l'en délivrer. Elle eut révélation qu'elle ne le seroit qu'en se baignant dans les eaux d'une fontaine située dans les montagnes du Gevaudan, à l'embouchure du Tarn : elle s'y rendit, se baigna, & fut parfaitement guérie. Mais quand elle voulut quitter ce pays, il ne lui fut plus possible d'en sortir, & d'aller plus loin que le lieu qui porte son nom, & qui est au milieu des plus affreuses montagnes, &, pour ainsi dire, écrasé entre deux rochers. Elle y fonda un monastère, où toutes les demoiselles de sa suite prirent le voile, & se conduisirent sans doute d'une maniere très-édifiante. Mais trois cents ans après, les religieuses qui les avoient remplacées, ne suivirent pas leurs exemples. Le relâchement & même le désordre, s'introduisirent dans ce monastere de filles ; on les en chassa, & on leur substitua des religieux bénédictins.

A quelques lieues de Mende, tirant vers le Vivarais, est la petite ville de *Castelnau* ou *Château-Neuf de Rendon*, qui ne contient que six ou sept cents habitans. Elle n'est fameuse, que parce que c'étoit, il n'y a pas long temps, une des premieres baronnies du pays. Ce fut en l'assiégeant en 1380, que mourut de maladie l'illustre connétable du Guesclin. Tous nos auteurs répetent que la ville n'ayant voulu se rendre qu'à lui, on en porta les clefs sur son cercueil. C'est des anciens seigneurs de Château-Neuf de Rendon, que descendoient les Joyeuses qui ont joué un si grand rôle en France, sous le regne de Henri III. Le dernier rameau de la branche de Joyeuse, ne s'est éteint que de nos jours ; mais la maison de Château-Neuf de Rendon subsiste encore dans plusieurs

L 5

branches qui portent le nom d'*Apchie* C'est celui d'une baronnie que ces mesieurs ont possédée dans le Gevaudan, mais qui a passé dans d'autres maisons, aussi bien que celle de Rendon. Je passe sous silence les autres lieux de ce diocese, parce qu'il n'offrent rien de remarquable.

Je suis, &c.

A Mende, ce 28 septembre 1760.

LETTRE CDXXIV.

SUITE DU LANGUEDOC.

Il me tardoit, madame, de quitter le pays des Cevennes, pour entrer dans le bas Languedoc, où le climat est en général très-sain & très-agréable. Le terroir y est peut-être dans certains cantons, un peu sec & aride à cause des fortes chaleurs. Mais il procure de bien grands avantages, par les différentes espéces de récolte qu'on y fait. Le cultivateur y est occupé avec profit dans tous les temps de l'année. Au mois de mai, on y fait des vers à soie, la toison des bêtes à laine, & l'on y coupe les foins. Au mois de Juin, on commence la récolte des grains, & on la continue au mois de Juillet. Les vendanges y donnent au mois de septembre, des vins excellens & en grande abondance. Dans les montagnes, on cueille les châtaignes au mois de novembre, & dans toute la plaine, les olives au mois de décembre.

Le premier diocèse que l'on trouve, en sortant du Gevaudan du côté du midi, est celui d'*Alais*; il a douze lieues de longueur sur six de largeur. L'Hérant, le Gardon & la Vidourle, sont les principales rivieres qui l'arrosent. C'est un pays très-montagneux; mais outre que les montagnes y sont plus fertiles que dans le Gevaudan, il y a des vallons qui sont très-bien cultivés, & où l'on recueille du bled, de l'huile & du vin. Il y croît aussi des mûriers, & l'on y éleve des vers à soie. Les manufactures établies dans ce district sont depuis long-temps un objet de commerce très-considérable; elles consistent presque toutes en étoffes de laines, telles que les cadis, les serges & les ratines. Mais ces étoffes sont si estimées, & il s'en débite d'ailleurs une si grande quantité, sur-tout au marché d'Anduze, que les habitans les préferent avec raison à des denrées d'une autre espece, plus riches en elles-mêmes; mais qui rapporteroient moins. On y fait aussi à présent quelque commerce de soirie.

Ce diocèse renferme quatre-vingt-quinze paroisses, qui toutes furent distraites du diocèse de Nîmes en 1692, époque de l'établissement d'un évêque à Alais. Louis XIV le demanda au pape, à cause du nombre de nouveaux convertis qui s'étoit considérablement accru. L'église collégiale fût alors érigée en cathédrale. Elle est dédiée à saint Jean, & n'offre rien de remarquable : tout le chapitre n'est composé que de cinq dignitaires & de treize chanoines.

La ville d'Alais située sur la riviere du Gardon, est assez grande & riche, peuplée d'environ dix mille habitans; elle a un collége, trois couvens d'hommes, deux de religieuses, & plusieurs manufactures. Elle est entourée d'une simple muraille, bâtie au onzieme siécle, avec quelques *redans*, (ouvrage de fortification extérieure) devant chaque porte, qui sont au nombre de sept. On y remarque une chose peu commune en France : ce sont des arcades qui bordent la plupart des rues,

& sous lesquelles on peut marcher sans craindre les injures du temps.

Les habitans d'Alais, étoient tous religionnaires avant la révocation de l'édit de Nantes. C'est ce qui engagea Louis XIV, à y faire bâtir une espéce de citadelle ou château en 1689. Quoique cette citadelle soit petite, elle est suffisante pour renfermer une garnison destinée à contenir les huguenots, & à soutenir les troupes catholiques, que l'on tient toujours disposées dans les Cevennes. Au dessous de ce fort est une terrasse assez vaste, & dont le point de vue est très-agréable. Elle est soutenue d'une muraille ou parapet, & sert de promenade. Les prairies qui occupent une lieue de terrain au-delà du Gardon, sont tout ce qu'il y a de plus beau aux environs de la ville. On trouve près d'Alais, des mines de vitriol & de couperose, qu'on exploite avec succès pour les teintures.

Cette ville a pendant long-temps appartenu à la maison de *Pelet*, descendante des anciens comtes de *Mauguio* ou *Melgueil*, qui avoient eux-mêmes pour auteurs les premiers vicomtes de Narbonne. Les *Pelet* ont toujours, suivant les anciens historiens du Languedoc, réclamé contre le tort qu'on leur avoit fait, en leur enlevant le comté de Melgueuil & la vicomté de Narbonne; mais ils n'ont jamais pu en obtenir la restitution. Ils ont été forcés de se contenter de la seigneurie de la moitié de la ville d'Alais; dont ils avoient fait hommage, dabord à Simon de Montfort, ensuite à Amaury, son fils, enfin au roi saint Louis & à ses successeurs. Les monarques possédoient l'autre moitié d'Alais; moitié qui forme aujourd'hui le comté: la partie qui est restée à la maison de Pelet, s'appelle la *Baronnie*.

En 1345 *Humbert*, dauphin Viennois, ayant cédé le Dauphiné à Philippe de Valois, ne se réserva qu'un modique revenu, que le roi lui assigna sur Alais qu'il lui abandonna. Humbert le vendit presqu'aussi-tôt au pape Clément VI, qui le fit passer à son neveu *Roger de Beaufort*, dont il réussit à faire un riche & puissant seigneur. Ce fut en faveur de ce neveu du pape, que la ville d'Alais fut érigée en comté, sans préjudice de la baronnie, qui appartenoit toujours à la maison de Pelet. Ce fut aussi en considération du pape, que le corps de la noblesse du Languedoc consentit que le comte d'Alais le présidât dans les états de la province.

La meilleure partie des biens de Beaufort ayant passé aux seigneurs de *Montboissier-Canillac*, ceux-ci furent comtes d'Alais jusqu'à la fin du seizieme siecle. Vers ce temps là, l'un d'eux vendit ce comté au maréchal de Montmorenci d'Anville, gouverneur de Languedoc, qui mourut connétable de France sous le regne de Henri IV. Sa fille aînée épousa le duc d'Angoulême, fils naturel de Charles IX. Elle eut en dot le comté d'Alais, & l'un de ses fils en porta le titre. Mais après la mort de celui-ci, & après l'extinction de la maison d'Angoulême, ce comté revint aux héritiers de la princesse de Condé, seconde fille du connétable. Il a passé dans la branche de Conti, cadette de celle de Condé, & y est resté jusqu'à nos jours.

La maison de Narbonne-Pelet a conservé la baronnie d'Alais jusqu'au milieu du dernier siecle. Alors elle a été partagée entre plusieurs filles, qui ont porté cette baronnie, ainsi divisée, dans différentes maisons nobles de la province.

A deux petites lieues d'Alais, vers le sud, est la ville d'*Anduze* qui a le titre de baronnie. Elle est située dans un vallon très agréable, sur la rive droite du Gardon. C'est une des plus anciennes seigneuries de la province de Languedoc. Elle a long-temps appartenu à l'ancienne maison de *Bermond*, dont la principale branche, celle du *Cayla*, s'est éteinte de nos jours. Cette ville, peuplée d'environ six mille habitans, est très commerçante. On y fabrique beaucoup d'étoffes de laine & de soie, sur tout de serges & de ratines. Les habitans s'étoient révoltés pour soutenir la religion prétendue réformée. Ils se rendirent volontairement au roi Louis XIII, qui fit démolir les fortifications qu'on n'a pas rétablies depuis.

En descendant vers le sud-ouest, on trouve à cinq lieues d'Alais, la petite ville de *Saint-Hyppolite*, qui n'étoit au quinzieme siecle qu'un village dépendant de l'évêché de Montpellier. L'évêque en a inféodé quelques petits fiefs à des particuliers qui se sont nommer les *barons de Saint-Hyppolite*. Quoique ce lieu soit petit, il a quatre faubourgs, & contient quatre ou cinq mille habitans. La riviere de Vidourle, qui coule tout auprès, fournit de l'eau à différens canaux qui font tourner quelques moulins, & qui ont procuré la facilité d'y établir des tanneries. La situation où se trouve *Saint-Hyppolite*, au débouché des plus hautes montagnes des Cevennes, détermina Louis XIV, en 1687, à entourer cette ville de murailles & de fortifications; & à y faire construire une petite citadelle, où l'on tient toujours une garnison pour contenir les religionnaires.

Le principal lieu situé tout à l'extrémité du diocèse d'Alais, du côté du Gevaudan, est *Meyrueis*, situé sur la petite rivière de Jante. Aux environs de ce bourg, M. Blanquet, de l'académie de Beziers, fit la découverte de trois grottes, dont il nous a laissé une description abrégée. La première de ces trois cavernes n'est remarquable que par un grand arceau, qui semble fait selon les regles de l'architecture. Les deux autres sont plus grandes & plus dignes d'admiration par la multiplicité, la variété & la beauté des objets qu'elles présentent. Pour si peu qu'on laisse agir l'imagination, on y trouve des animaux terrestres, des oiseaux, des arbres, des fleurs, des fruits, outre les statues, les pyramides, les colonnes, les bassins, les tasses, les demi-globes, les cylindres, &c.

L'académicien donne les dimensions de ces grottes. Il en décrit les voûtes, tantôt en arc sur-haussé, tantôt en arc sur-baissé ; leurs dômes peints de différentes couleurs & différemment sculptés : il fait remarquer des rochers incrustés d'un émail plus blanc que l'ivoire ; des pierres aussi blanches que l'albâtre : il parle d'un pavé de marbre, dont les rayes frappent agréablement la vue par leurs contours & leurs entrelassemens ; des chemins qui fourchent en divers endroits, & qui forment une espece de labyrinthe ; d'une chambre avec des murailles peintes de différentes couleurs, & ornées de diverses congélations. Mais ce qui attira le plus l'attention de l'observateur, ce fut une eau claire & insipide, qui coulant des fentes des voûtes & à travers les pores des rochers, se métamorphosa en pierre. Cette eau forme d'abord un tuyau qui ressemble à celui d'une plume à écrire, & qui est si fragile qu'il casse, si on le touche seulement avec le bout des doigts. Ce tuyau se durcit peu-à-peu, & se remplit d'une eau qui se pétrifie ; en sorte, qu'une partie de l'eau qui vient après, est forcée de couler le long des côtés du tuyau ; tandis que l'autre partie en pénetre la cavité, en distend les parois, & en augmente la masse. De-là naissent des congélations qui prennent différentes formes, & qui deviennent enfin si dures, qu'elles ne cèdent point au marbre le plus compact.

Le reste du diocèse d'Alais est hérissé de montagnes, dont la plus haute est celle de *Lesperoux*. Les unes sont arides, d'autres sont fertiles, &

les vallons sont très peuplés. Mais les habitans en sont plus agrestes, plus méchans, & plus obstinés religionnaires que ceux du reste du Languedoc. Ce sont eux qui ont fait tant de bruit, à la fin du siècle dernier & au commencement de celui-ci, sous le nom de *Camisards*. *Point d'impôts & liberté de conscience*, s'écrioient-ils en soufflant par-tout le feu de la révolte.

En sortant du diocèse d'Alais, du côté de l'Occident, on entre dans le diocèse d'Uzès, borné au midi par celui de Nismes, à l'orient par le Rhône, & au nord par le Vivarais & le Gevaudan. C'est un des plus vastes qu'il y ait en Languedoc. Il s'étend depuis les Cevennes, où il a plusieurs paroisses jusqu'au Rhône. On y recueille autant de bled qu'il en faut pour ses habitans, des huiles, des soies & de très-bons vins, entr'autres ceux de *Tavel*, de *Jusclan*, de *Roquemaure* & de *Loudun*. Il y a plusieurs manufactures de soie, & d'autres petites étoffes de laine, qui rendent ce pays commerçant. La rivière de *Gardon*, qui le traverse, roule souvent dans ses eaux des paillettes d'or & d'argent ; ce qui ne laisse pas douter qu'il n'y ait des mines de ces métaux dans les montagnes où elle prend sa source.

La ville épiscopale est située entre des montagnes sur la riviere d'*Eysent*. Il ne faut pas s'arrêter à cette histoire fabuleuse, qui veut qu'elle ait été appellée *Utica* du nom d'un fils de Caton d'Utique, qui se retira dans les Gaules après la mort de César, dont on le croyoit complice, & qui y bâtit *Uzès*. Le nom de cette ville se trouve dans la notice de la gaule Narbonnoise ; mais il n'est marqué par aucun grand événement. Ce qu'il y a de sûr, c'est que la seigneurie est depuis long-temps partagée entre les évêques & les vicomtes de cette ville, & que les prélats partagent avec le roi les droits, qui, suivant toute apparence, leur ont été donnés dans le temps de la guerre des Albigeois : ceux des vicomtes appartiennent à présent au duc d'Uzès.

Ce fut au commencement du seizieme siecle que Jacques, déja baron de Crussol, épousa Simone de Bermond, héritière de Jean de Bermond, vicomte d'Uzès. Leur fils épousa une autre riche héritière, celle de Galliot de Genouillac; & leur petit-fils obtint en 1556 l'érection d'Uzès en duché, qui, six ans après, fut érigé en pairie. Toutes les pairies qui étoient plus anciennes que celle-ci, font à présent éteintes. Ainsi M. le duc d'Uzès est aujourd'hui le plus ancien pair du royaume.

Le siege épiscopal de cette ville est un des plus anciens de l'église gallicane, puisque, dès l'an 419, il y avoit un évêque d'Uzès, nommé *Constantin*. On compte au nombre de ses successeurs *saint Firmin* & *saint Féréol*. Malheureusement au seizieme siecle *Jean de Saint-Gelais-Lansac*, qui remplissoit ce siege, abjura la religion catholique, & embrassa publiquement l'hérésie de Calvin. Tout son chapitre suivit son exemple : les chanoines étoient alors réguliers, car ils n'ont été sécularisés que dans le siecle présent.

Je ne crois pas que la ville d'Uzès, à en juger par son étendue, renferme plus de cinq mille habitans. L'église cathédrale dédiée à saint Thierry, n'offre rien qui mérite une attention particuliere, si vous exceptez la tour qui lui sert de clocher, & qui est d'un bon goût gothique. Mais le palais de l'évêque doit être remarqué, sur-tout à cause d'une terrasse dont la vue s'étend au loin dans une plaine fertile. Les évêques en ont été exclus pendant long-temps. Les successeurs de Jean de Saint-Gelais n'ayant pas voulu suivre son exemple, les Calvinistes continuèrent cependant de dominer dans la ville, & y érigerent une espece de petite république, qui ne fut détruite, que lorsque Louis XIII vint en personne soumettre la province de Languedoc.

Au-dessus du palais épiscopal est la fontaine d'*Aure*. Elle fournit de l'eau au pont ou aqueduc du Gard, qui la conduit jusqu'à Nîmes. Le château du duc, ou plutôt celui des anciens vicomtes, est un bâtiment assez noble & assez vaste, mais massif & décoré de grosses tours rondes.

Cette ville a produit deux savans de même nom, très-célèbres pendant le seizieme siecle & au commencement du dix-septieme : *Jean Mercier*, qui, après avoir étudié la jurisprudence, s'appliqua aux langues grecque, latine, hébraïque & chaldaïque; & succéda à *Vatable*, dans la chaire d'Hébreu au collège royal à Paris; & *Josias Mercier*, son fils, non moins savant que son pere, & un des plus habiles critiques de son temps. Celui-ci eut une fille qu'il maria à ce Claude *Saumaise* si connu des savans.

Raymond Jordan qu'on appella encore *le savant Idiot*, parce qu'il mit par modestie le nom d'*Idiota* à la tête des ouvrages qu'il composa, & qui se trouvent dans la Bibliothéque des Peres, étoit né à Uzès. Il vivoit au quatorzieme siecle.

Le diocèse d'Uzès renferme près de deux cents parroisses. Dans la partie qui confine au Vivarais & au Gevaudan, on trouve les petites villes de *Saint Ambroise*, *Portes*, *les Vans* & *Bargeac*. Cette derniere est une baronnie qui appartient à la maison du *Roure*, dont le premier nom est *Grimoard*, maison ancienne, dont on prétend qu'étoit le pape Urbain V, élu en 1362. Le nom du Roure leur est venu par héritage d'une maison que l'on dit être la même que celle de la *Rovere* en Italie, qui a produit deux papes, Jules II & Sixte IV. Les Roure portent aussi le nom de *Beauvoir*, joint au leur depuis cinq cents ans, & les armes du *Gevaudan*.

La partie la plus intéressante de ce diocese, est celle qui s'étend le long du Rhône. A l'extrémité septentrionale, est la ville du *Pont-Saint-Esprit*, située sur la rive droite de ce fleuve, dans un canton, qui quoiqu'un peu sec & montagneux, est également fertile & agréable, produisant peu de bled, mais beaucoup de bon vin, d'huile & de fruits. Cette ville s'appelloit autrefois *Saint-Savournin-du-Port*, du nom de Saint à qui l'église paroissiale est dédiée; église qui n'est séparée de celle de Saint-Pierre que par un cimétiere. Celle-ci est un prieuré de bénédictins non-réformés, dont le prieur est seigneur de la ville & a la justice en pariage avec le roi. L'église qu'on voit à l'entrée de la ville, du côté du Languedoc, est dédiée au Saint-Esprit, & a donné son nom à la ville même, qui est entourée de murailles, & n'a point de remparts. En 1618, Louis XIII y fit conſtruire une citadelle à ſix baſtions, ſans doute pour contenir les religionnaires.

La choſe la plus remarquable qu'on voit dans cette ville, eſt le pont ſur lequel on paſſe, pour entrer dans le Dauphiné. C'eſt un ouvrage admirable, qui feroit honneur aux Romains; d'une architecture très-hardie & très-ſolide, & le ſeul qui ait tenu contre la rapidité du Rhône dans les plus terribles débordemens. Il a quatre cents vingt toiſes de long: mais il eſt un peu étroit, n'ayant que deux toiſes quatre pieds de largeur; il eſt ſoutenu par vingt-ſix arches. Il fut commencé en 1265 & fini en 1309; Jean de Tiange, prieur de Saint-Pierre, en poſa la premiere pierre. Nos vieux mémoires diſent que Dieu étant touché des malheurs des fideles qui faiſoient naufrage en cet endroit du Rhône, envoya un ange ſous la figure d'un berger, qui marqua le lieu où il falloit faire un pont, bâtir une égliſe & un hôpital. Le pape Nicolas V, au quinzieme siécle, autorisa cette opinion pieuse, par une bulle qui attribue des indulgences à ceux qui donneront des aumônes pour les réparations du pont & l'entretien de l'hôpital. Nos rois appliquerent au même objet, & à peu près dans le même temps, un droit sur tous les bâteaux chargés de sel, qui en remontant le Rhône, passent sous le pont.

Les grands avantages que procure ce pont, pour le commerce & la communication du Languedoc avec le Dauphiné, ont beaucoup contribué à l'agrandissement de la ville, qui contient aujourd'hui cinq ou six mille habitans : elle est tout entiere sur la rive droite du Rhône; & l'on ne voit point de maisons de l'autre côté du pont. Au reste cette ville est du diocese d'Uzès, relativement au temporel; mais pour le spirituel, elle est du diocese d'Avignon.

A deux lieues du *Pont-Saint-Esprit*, du côté du midi, & à quelque distance du Rhône, est la petite ville de *Bagnols*, située sur la riviere de Ceze, qui roule dans son sable beaucoup de paillettes d'or. Quelques auteurs prétendent que les Romains y avoient fait construire des bains, & que c'est de là qu'elle a tiré son nom. Divers monumens qu'on y a découverts en différents temps, autorisent cette conjecture : elle peut contenir environ deux mille habitans. Les rues sont étroites, & les maisons assez mal bâties ; mais la grande place est une des plus belles du Languedoc. On remarque au milieu de cette ville, deux fontaines qui sortent de terre, & qui donnent une grande quantité d'eau très-claire & excellente à boire. On y a fait un bassin où commence un canal, au moyen duquel les eaux sont conduites hors de la ville, pour que chacun puisse s'en servir pour arroser ses terres. C'est à ces deux fontaines qu'on doit la fertilité des campagnes voisines.

En descendant le Rhône, on trouve *Roquemaure*, chef-lieu d'une baronnie, avec une église collégiale, & un château que le comte de Toulouse remit à l'église Romaine l'an 1209. Le pape Clément V, étant tombé malade, & se faisant porter à Bordeaux, pour y respirer l'air natal, mourut dans cette ville en 1314. Elle est du diocèse d'Avignon pour le spirituel; les vins qu'on y recueille sont excellens.

Non loin de là, on voit l'abbaye *Saint-André*, située sur une éminence. Elle est de l'ordre de saint Benoît, & très-ancienne, puisque l'église fut consacrée par le pape Gelase II, au commencement du douzieme siecle. Dans ce même temps, Raymond de Saint-Gilles, donna à cette église la ville voisine, nommée *Villeneuve d'Avignon*, située vis-à-vis d'Avignon même; elle est de son diocèse pour ce qui regarde le spirituel, & du diocèse d'Uzès, relativement aux impositions. Nos rois lui ont accordé beaucoup d'exemptions & de grands priviléges, particuliérement deux foires franches par an, où l'on fait un commerce très-considérable, sur-tout d'huile d'olive, qui passe pour être une des meilleures du royaume. La justice y est administrée au nom de l'abbé de Saint-André. Il y a environ trois mille habitans, indépendamment de quelques églises & couvens. On y voit une belle chartreuse, fondée par le pape Innocent VI, mort en 1362, & qui y fut enterré. Dans le siecle dernier on y enterra aussi le prince de Conti, gouverneur du Languedoc, mort en 1666.

Cette ville est aujourd'hui située entre deux forts, celui de *Saint-André*, ou est l'abbaye de même nom, construit par ordre de Philippe *le Bel*, en 1306, mais accommodé à la moderne dans ce siecle ci ; & la tour du pont d'Avignon, bâtie par ordre de Saint-Louis, à l'extrémité de ce fameux pont qui ne subsiste plus. Quoique ces deux postes ne soient pas actuellement bien importans, ils forment deux gouvernemens assez lucratifs.

Enfin à l'extrémité méridionale de ce diocese, est la terre d'*Aramont*, baronnie fort ancienne. Cette petite ville est située sur la rive droite du Rhône, dans une contrée délicieuse & fertile, qui abonde sur-tout en huile excellente.

Je suis, &c.

A Uzès, ce 12 octobre 1760.

LETTRE CDXXV.

SUITE DU LANGUEDOC.

Voici, Madame, le dernier diocèse du Languedoc, qui s'étend le long du Rhône; celui de Nîmes borné au nord par le diocèse d'Uzès, à l'ouest par celui de Montpellier, & au sud par la Méditéranée. Le climat y est très-tempéré; & sans les vents du nord qui y règnent quelquefois en hiver, on ne ressentiroit que fort rarement les rigueurs de cette saison. Le sol de ce diocèse, arrosé par le Rhône, le Vistre, le Vidourle & le Gardon, produit beaucoup de grains, de vins & de fruits délicieux. Les vins sur-tout du crû de Saint-Gilles, ont depuis long-temps une réputation bien méritée; les terrains sont presque tous complantés de vignes, d'oliviers & sur-tout de muriers qui bordent ou divisent des champs semés de bled. Les bois de Saint-Gilles abondent en gibier de toute espece : il s'y trouve même des faisans; & la proximité de la mer fournit ce pays de bon poisson. Le commerce fleurit, non-seulement dans la ville chef-lieu du diocese, mais encore dans toutes les paroisses un peu considérables. C'est en quelque façon par-tout une continuité de manufactures de draps & de soie.

La ville de Nimes, peuplée de plus de quarante mille habitans, grande, belle & très-florissante, est située dans une plaine des plus agréables & des plus fertiles. Le crocodile & le palmier que l'on voit sur les anciennes médailles de cette ville, & qui font les armes qu'elle porte aujourd'hui, ont fait croire qu'elle avoit été fondée par une colonie d'Egyptiens, que conduisoit *Nemosus*, fils d'Hercule. Mais il est hors de doute que cette origine tient de la fable. On peut, avec plus de vraisemblance, conjecturer qu'elle ne fut fondée qu'après Marseille, & que son nom *Nemosus*, vient du mot celtique *nemos*, qui signifie *lieu consacré à la religion*, si l'on veut de *nemus*

& *nemorosa loca*, bois ou pays remplis de bois.

Quoi qu'il en soit, les premiers habitans de cette ville, furent les Celtes; à ceux-ci succéderent les Volces-Arécomiques, qui en firent leur capitale. Les Romains s'en étant rendus les maîtres, Auguste y envoya une colonie, qui, dès le temps des premiers empereurs, fut très-importante & très-confidérable. Plusieurs familles illustrés de Rome, attirées par la beauté de son climat & la fertilité de son sol, vinrent s'y établir & y fixer leur demeure. On vit bientôt cette ville ornée de plusieurs édifices magnifiques & de temples somptueux; elle avoit un amphithéâtre, un capitole, un champ de mars, des ponts, des bains, des colonnes, des statues, des colosses, des théâtres, des aqueducs, & aux environs des chemins publics & militaires. Elle fut en petit ce que Rome étoit en grand, ayant comme cette capitale du monde, sept collines dans son enceinte, les mêmes magistrats & les mêmes pontifes. Ses habitans aussi superstitieux que les Romains, rendoient un culte particulier au dieu *Nemosus*, leur prétendu fondateur, à Mars, à Mercure, à Bacchus, à Sylvain, à Diane, à Hygie, à Serapis, à Nehalenie, & à plusieurs autres différentes divinités.

Quelques auteurs prétendent que sous les Romains, l'enceinte de Nimes étoit onze fois plus grande & plus étendue qu'elle ne l'est aujourd'hui; que son circuit étoit alors de quatre mille cinq cents toises, que ses murs très-épais étoient fortifiés de quatre-vingt-dix tours avec dix portes, & que cette ville subsista dans cet état jusqu'au temps de Charles Martel. On peut d'ailleurs juger de la situation brillante de cette colonie Romaine, non seulement par les anciens monumens & le grand nombre d'inscriptions qui nous restent; mais encore par celui des médailles qu'on y a découvertes en divers temps. On en trouva tout à la fois jusqu'à cinq mille d'argent dans le temps des révolutions de la province de Languedoc. Sous le duc de Rohan, en creusant un réservoir voisin d'un ancien tombeau, un seul paysan trouva dans une urne trois cent soixante livres pesant de médailles, lorsqu'on faisoit des excavations pour déblayer & nettoyer la fontaine.

La religion chetienne fut, suivant l'opinion commune, prêchée à Nîmes, au troisieme siecle, par *saint Saturnin* ou *Sernin*, qui fut l'apôtre de Toulouse. On cite le nom de plusieurs saints qu'il convertit au christianisme. Un entr'autres étoit de Nimes même & né dans les arenes; il s'appelloit suivant les uns, *saint Pasteur*, suivant les autres *saint Castor*; la cathédrale lui est dédiée. Un concile tenu dans cette ville, en 380 ou 383, est une preuve que le paganisme devoit y être détruit, ou du moins bien foible. Cependant on n'a la suite des évêques de Nimes, que depuis le sixieme siecle.

Au commencement du cinquieme, les Vandales saccagerent cette ville. Quelques années après, les Visigoths s'en emparerent, ainsi que du reste de la Gaule Narbonnoise, & acheverent de la dégrader avant d'en être paisibles possesseurs; de là vient sans doute que les rois Visigoths ne firent point leur principale résidence à Nîmes, & qu'ils choisirent Toulouse pour la capitale de leur royaume. Mais ils firent de Nîmes, une place frontiere; transformerent l'amphithéâtre en citadelle, bâtirent deux grosses tours aux deux extrémités, des maisons dans l'intérieur, & creuserent des fossés tout au tour. Les gradins leur servirent de banquettes, le haut des remparts & les grottes destinées à renfermer les bêtes féroces, & les passages souterrains devinrent des casemates; l'ensemble formoit une assez bonne forteresse qu'on appelloit le château des *Arènes*.

Cependant cette fortification même fut cause que la ville de Nîmes, fut plusieurs fois assiégée & prise par les rois François Clovis & Clotaire, qui chasserent à différentes époques les Goths de la Septimanie. Nos monarques en étoient les maîtres, lorsque les Sarrasins, après avoir conquis l'Espagne, se répandirent dans le Languedoc; & vinrent assiéger Nîmes qu'ils prirent, & qu'ils ravagerent. Les temples en avoient été convertis en églises, & celles-ci le furent en mosquées.

Les Maures avoient pénétré jusques dans l'intérieur de la France. Charles Martel marcha contre ces barbares, les battit & les repoussa jusqu'à Nimes. Ils tinrent long-temps dans cette place contre les efforts du vainqueur. Celui-ci pour se venger de cette résistance, prit le parti après l'avoir emportée, de la détruire de fond en comble. Il y eut encore quelques Visigoths épars qui rentrerent dans ses ruines; les Sarrasins revinrent les en chasser. Sous le regne de Pepin, Guillaume au *cornez* ou *court-nez*, qu'on prétend avoir été connétable de France, reprit Nimes, & y rétablit le christianisme & l'autorité de nos rois. Cependant Charlemagne n'en fut libre & tranquille possesseur, qu'après avoir entiérement soumis les ducs de Gascogne & de Guienne.

Ce monarque établit à Nimes des comtes ou des vicomtes, qui devinrent héréditaires, comme tous les autres de la province de Languedoc. On ne sait de quelle famille étoient les premiers. Mais une héritiere nommée *Cécile*, épousa un comte de Béziers & de Carcaſſonne, appellé *Bernard Alton*, dont les deſcendans prirent le ſur nom de *Trincavel*, & lui porta la ſeigneurie de Nîmes. A la fin du onzieme ſiecle, cette même ſeigneurie fut le partage d'un cadet. Au douzieme elle fut vendue au comte de Toulouſe; & il paroît que le haut domaine de cette vicomté fut, dans le même temps, diſputé, entre les comtes de Toulouſe, & les rois d'Arragon. Raymond V, un des premiers, forma la nouvelle enceinte de Nîmes, plus reſtreinte que celle du temps des Romains. Il la diſtingua en deux villes, dont l'une étoit Nîmes proprement dite, & l'autre le bourg des Arènes, comprenant les maiſons renfermées dans l'intérieur du château, qui avoient leurs conſuls particuliers.

Après les guerres qu'alluma l'héréſie des Albigeois, & dont j'ai déja parlé, Simon de Montfort ſe vit poſſeſſeur de la ville de Nîmes. Enfin elle revint au roi ſaint Louis, qui y acquit toute autorité. En 1417 les Anglois s'étant preſque rendus maîtres de la France, sous le regne de Charles VI, le prince d'Orange, leur général, s'empara de Nîmes. Mais vous savez, Madame, qu'ils furent chassés du royaume par Charles VII.

Au milieu du seizieme siecle, l'hérésie de Calvin s'étant répandue dans le Languedoc, Nîmes devint un théâtre de carnage & d'horreurs. Un grand nombre de catholiques y furent massacrés, les églises pillées & démolies, l'évêque, les chanoines & les religieux contraints de chercher leur salut dans la fuite. Le gouvernement eut beau rendre différens édits de pacification : les huguenots ne cesserent d'exciter des troubles dans cette ville, dont ils resterent les maîtres jusqu'au règne de Louis XIII. Ce monarque la prit en 1629, en fit raser les fortifications, & y fit bâtir un château. Les églises furent rendues aux catholiques, & le grand temple fut entièrement abattu, lors de la révocation de l'édit de Nantes.

Il s'est tenu à Nîmes jusqu'à six conciles, dont le plus considérable est celui de 1096. Le pape Urbain II y présida ; dix archevêques, quatre-vingt-six évêques & cinq cardinaux non évêques y assisterent. Les états de Languedoc se sont aussi assemblés plusieurs fois à Nimes, avant que les calvinistes s'en rendissent les maitres.

Il n'est point de ville plus célèbre que celle ci par la beauté des antiques monumens qu'elle renferme. La superbe *fontaine* qu'on y admire, & qui forme une riviere à sa source, étoit autrefois dans la ville, & se trouve à présent hors des murs. Elle fut détruite par les barbares, & demeura comme ensevelie sous ses ruines pendant près de treize siecles. On l'a rétablie de nos jours dans son tout & dans ses parties : on a conservé le curieux & l'agréable, & l'on s'est procuré en même-temps l'utile & le nécessaire.

Près de cette fontaine on remarque le *temple de Diane* ; quoiqu'il ne soit pas entier, il en reste cependant assez pour le faire admirer. On en voit encore toute la symétrie, ainsi que l'autel où l'on immoloit les victimes, & celui où l'on brûloit les parfums. Les pierres en sont d'une grandeur prodigieuse. Il fut bâti par les Romains ; mais on ne sait pas précisément en quel temps. A l'endroit même où l'on voit les ruines de ce temple, il y avoit, avant 1560, un couvent de Bénédictines, qui fut alors détruit, & dont les religieuses se retirerent à Beaucaire. Nos vieux auteurs ne manquent pas de dire qu'elles avoient été établies dans cet endroit de la ville, pour remplacer les prêtresses & les Nymphes de Diane qui habitoient autrefois ce lieu. Ils assurent même qu'il y avoit là, du temps des Romains, un temple de Vesta, & une communauté de vestales qui entretenoient le feu sacré comme à Rome.

L'*Amphitéâtre*, qu'on appelle aujourd'hui les Arenes, est encore presque tout entier. C'est l'ouvrage, suivant les uns, de l'empereur Adrien & suivant les autres, de son successeur Antonin, qu'on prétend avoir été originaire de la colonie romaine de Nimes. Cet amphitéâtre est de forme ovale, avec deux rangs d'arcades qui forment deux galeries ouvertes, posées l'une sur l'autre, de soixante arcades chacune, qui sont cent quatre-vingt-quinze toises de circonférence. On y entre par quatre portes principales, dont l'une est à l'orient, une autre au couchant, la troisieme au midi, & la quatrieme au septentrion. Ce bâtiment est construit de gros quartiers de pierre aussi dure que le marbre. Un pilastre entre deux arcades basses soutient en dehors une corniche avec sa frise; & une colonne d'ordre toscan entre deux arcades hautes, soutient aussi une colonne avec sa frise. L'espace qui est au-milieu de l'amphithéâtre, & qui servoit aux combats & aux exercices, est de cent pieds de diamétre.

La principale partie de cet édifice est bâtie sans mortier & sans ciment. Les pierres ont trois toises, ou dix-huit pieds deux pouces de long. Ces masses sont étonnantes, & ont fait croire que les Romains avoient le secret de fondre la pierre. Mais à l'examen des carrieres de Barutel & de Roquemalier, on reconnoît qu'elles en ont été tirées. Sur diverses pierres de ce superbe monument, on voit des taureaux taillés en bas-reliefs, une louve allaitant Romulus & Rémus, & un combat de gladiateurs.

En parcourant ce vaste chef-d'œuvre des Romains, je me suis rappellé, Madame, ces beaux vers du marquis de *Pompignan*, & que vous ne serez pas fâchée de retrouver ici :

Monument qui transmet à la postérité
Et leur magnificence & leur férocité.
Par des degrés obscurs, sous des voutes antiques,
Nous montons avec peine au sommet des
 portiques.
Là nos yeux étonnés promenent leurs regards
Sur les restes pompeux du faste des Césars.
Nous contemplons l'enceinte, ou l'Arène
 souillée
Par-tout le sang humain dont elle fut mouillée,
Vit tant de fois le peuple ordonner le trépas
Du combattant vaincu qui lui tendoit les bras.
Quoi ! dis-je, c'est ici, sur cette même pierre
Qu'ont épargné les ans, la vengeance & la
 guerre,
Que ce sexe si cher au reste des mortels,
Ornement adoré de ces jeux criminels,
Veroit d'un front serein, & de meurtres avide,
Savourer à loisir un spectacle homicide !
C'est dans ce triste lieu qu'une jeune beauté,
Ne respirant ailleurs qu'amour & volupté,
Par le geste fatal de sa main renversée,
Déclaroit sans pitié sa barbare pensée,
Et conduisoit de l'œil le poignard suspendu
Dans le flanc du captif à ses pieds étendu.

Je croirois sans peine, Madame, qu'il n'est gueres possible d'admirer cet amphithéâtre où ces arénes, sans que cette seule idée qu'elles ont été autrefois inondées de sang, vous fasse éprouver ce sentiment d'horreur que notre poëte a si bien exprimé.

On ne ressent point cette tristesse secrette, lorsqu'on voit la *maison carrée*; édifice qui frappe & fixe les yeux les moins connoisseurs, & qui est regardé comme le monument de l'antiquité le plus conservé, le plus beau peut-être qui soit dans toute l'Europe. Suivant l'opinion générale c'étoit un temple élevé à la mémoire de l'impératrice Plotine, à qui l'empereur Adrien croyoit être redevable de l'empire, & qu'il avoit fait déïfier. Le célèbre *Mansart*, un des plus habiles architectes dont la France puisse se glorifier, disoit qu'il n'avoit jamais rien vu de plus parfait, & qu'il y avoit puisé les connoissances les plus profondes & les plus fines qu'il avoit de son art. On appelle ce beau morceau de l'antiquité *maison carrée*, parce que c'est un carré long. On voit d'abord un massif de pierres élevé de deux toises au-dessus du pavé. Sur ce massif est une colonade magnifique, qui, vers un des bouts a une espece de portail & de portique couverts, avec un frontispice par-devant. Cette colonade est d'un goût exquis par la noblesse de l'ouvrage & la justesse des proportions. Elle porte un architrave dans toute sa longueur, orné d'une sculpture très-fine & très-délicate. Le toit est en pointe, & tout de pierres bien liées par un bon ciment. Cette *maison carrée* a été donnée, lors du rétablissement de la religion catholique, aux Augustins pour en faire une église; mais ç'a été sans rien changer à l'arrangement extérieur; & ce temple est absolument dans le même état que le fameux Panthéon à Rome.

L'origine de ce qu'on appelle la *Tourmagne*, est fort incertaine. Elle a quinze toises de haut, sous une forme octogone, est massive depuis le bas jusqu'au milieu de son élévation, avec un degré tout à l'entour à plusieurs rampes, & située à l'endroit le plus élevé de la ville. Les uns prétendent qu'elle servoit autrefois de fanal pour éclairer les vaisseaux, qui, soit du côté d'Aigues-Mortes, soit en remontant le Rhône, s'approchoient de la ville, qui, du temps des Romains, étoit bien moins éloignée de la mer qu'elle ne l'est aujourd'hui. Les autres veulent qu'elle renferma d'abord les trésors de la colonie romaine, & ensuite ceux des rois Visigoths.

On est assuré qu'il y avoit encore dans Nîmes un temple dédié à Auguste, un champ de Mars, un temple à Cerés, qui étoit hors de la ville, & autour duquel on voit encore une multitude de sépultures antiques ; des urnes cinéraires, des épitaphes, d'autres inscriptions, des médailles, des pierres sculptées & gravées, & quelques statues, qui nous indiquent l'usage de différens autres édifices ; tels qu'un temple à la déesse *Salus* ; un théâtre où des histrions représentoient des comédies ; un temple d'Hercule, dont le pavé étoit en mosaïque, &c. Enfin on trouve à chaque pas des bas-reliefs & des inscriptions. Les aigles romaines, plus ou moins entières, se voient par-tout ; &, par je ne sai quel enchantement, on s'imagine, plus de treize cents ans après l'expulsion totale des Romains hors des Gaules, se retrouver avec eux, & habiter encore une de leurs colonies.

Telles sont les antiquités les plus remarquables de la ville de Nimes. Dans l'état actuel des choses, on y entre par neuf portes. Les rues en sont assez belles, & les maisons bien bâties. Elle renferme deux paroisses, huit couvens d'hommes & quatre de filles. Il n'y en a que trois d'ancienne fondation, les neuf autres ont été fondés depuis le rétablissement de la religion catholique. La cathédrale étoit desservie, depuis 1095, par des chanoines réguliers de l'ordre de saint Augustin, qui en formerent d'abord le chapitre. Ils furent sécularisés au quinzième siecle; mais tout fut détruit en 1562, & n'a été rétabli qu'au dix septieme. L'évêque est suffragant de Narbonne.

L'hôtel de ville n'offre rien de curieux à voir que son horloge. La citadelle qui consiste en quatre bastions, a été bâtie en 1687, par ordre de Louis XIV pour contenir les religionnaires.

L'esplanade

l'esplanade est une promenade hors de la ville qui est fort agréable. Il y a près du couvent des cordeliers une avenue de plusieurs allées d'ormes, qui sert aussi de promenade.

Le commerce est très-florissant à Nîmes, où il se tient plusieurs foires considérables. Dès l'an 1559, il y avoit des manufactures de velours, de satins & de damas, d'autres de petites serges & de toiles de lin, que l'on appelle *blancards*. Presque de toute ancienneté, on y fait de gros draps, que l'on appelle des *frocs*, parce qu'ils servent aux habitans & robes des moines, particulierement des capucins. La manufacture de bas s'est fort accrue depuis 1730; on compte qu'il s'y fabrique par jour deux mille paires de bas de soie, & cinq mille de laine.

Une académie des belles-lettres fut établie dans cette ville en 1682. Cette compagnie jalouse d'imiter l'académie française, prit pour devise une couronne de laurier avec ces mots : *à l'immortalité*. Elle s'occupe en effet de travaux qui sont à peu-près les mêmes. Nîmes est la patrie de Jean *Nicot*, ambassadeur en Portugal en 1559; d'où il apporta en France la plante, qui de son nom fut appellée *Nicotiane*, & que nous nommons aujourd'hui *tabac*. Il nous a laissé quelques ouvrages, particulierement un *trésor de la langue française tant ancienne que moderne*.

Jean-Baptiste *Cotelier*, docteur de la maison & société de Sorbonne, naquit aussi dans cette ville. A l'âge de douze ans, il fut introduit dans la salle de l'assemblée générale du clergé de France, qui se tenoit à Mantes en 1641. Il y expliqua facilement la bible hébraïque à l'ouverture du livre, & le nouveau testament grec, & fit ensuite quelques démonstrations de mathématiques. Il est l'auteur de la collection des ouvrages des Peres apostoliques. Nimes est aussi célèbre par son illustre évêque *Esprit Flechier*, l'un des premiers orateurs chretiens.

Les environs de Nimes sont charmans. On y voit, pendant l'espace de trois lieues, en montant vers le nord, les restes du fameux pont, ou plutôt aqueduc, du *Gard*. Il est brisé en quelques endroits; mais il en reste assez de parties entieres, pour que l'on puisse juger de la beauté & de la solidité de sa construction. Il fut bâti, selon les apparences, peu de temps après l'amphithéâtre, pour porter dans la ville de Nimes les eaux de la fontaine d'*Aure*, qui est auprès de la ville d'Uzès. Ce pont, qui traverse la riviere du Gardon, est entre deux montagnes dont il fait la jonction. L'aqueduc destiné à conduire les eaux, fait tant de contours entre des montagnes & des rochers, qu'il a près de neuf lieues de long. Il est porté par le pont du Gard, superbe monument qui est composé de trois ponts l'un sur l'autre. Le premier est soutenu par six arcades : le second porté par onze, offre une chose remarquable; c'est que pour rendre le passage libre aux gens qui sont à pied où à cheval, on a échancré les pilastres, de maniere que ce pont soutient sur le point d'un cilindre tout le poids du troisieme pont qui est au dessus. Celui-ci a trente-cinq arcades, & l'aqueduc qu'il porte, a trois pieds de haut. Les trois ponts ensemble en ont cent quatre-vingt-deux ou environ.

Le chemin de Nîmes à Beaucaire, a été fait par les Romains. On voit à chaque pas des vestiges de leur construction, des *empierremens* & des chaussées, dont l'ouvrage est particulier à ces temps-là. Chaque mille se trouve encore très-bien marqué sur des colonnes de pierres rondes; & chacune de ces pierres milliaires porte des inscriptions qui indiquent ceux par l'ordre desquels elles ont été élevées. Il y en a du temps d'Auguste, de Tibere & de Claude, d'Adrien & d'Antonin.

Beaucaire, à quatre lieues de Nîmes, sur la rive droite du Rhône, vis-à-vis de Tarascon en Provence, est une ville très-agréable, & une de celles du royaume où l'on vit avec le plus de douceur & de tranquillité. Il ne paroît pas qu'elle ait existé du temps des Romains. C'étoit le chef-lieu d'un canton que l'on appelloit la *Terre d'Argence*, & qui, au douzieme siecle, appartenoit aux comtes de Toulouse. Elle le fut aussi d'une des trois sénéchauffées qui divifoient la province de Languedoc. Cette sénéchauffée a été transférée à Nimes.

Cette ville eft ceinte de murailles, mais qui ne font point de défenfe ; la porte du Rhône eft belle & bien bâtie. L'églife paroiffiale de *Notre-Dame de Pommiers* eft la principale de la ville ; & fon frontifpice eft orné de quelques figures gothiques : c'étoit autrefois l'églife d'un couvent & d'un riche prieuré. En 1597, elle fut convertie en collégiale. Il y a quelques autres petits couvens, qui ont prefque tous été ruinés par les calvinistes au feizieme fiecle.

Le pape Urbain V, mort en 1370, étoit né affez près de Beaucaire, & en étoit peut-être orginaire : il a fait quelque bien à cette ville. Mais le feigneur à qui elle a le plus d'obligation, eft Raymond IV, comte de Touloufe, que l'on furnomma *de Saint Gilles*, parce qu'il étoit né dans cette terre voifine de Beaucaire. Ce fut lui qui accorda en 1217, le privilége de cette foire fameufe dont j'ai déjà parlé. Comme cette ville n'eft point affez grande pour contenir toutes les marchandises & les étrangers qui s'y rendent de toutes parts, on construit dans une plaine sur les bords du Rhône un grand nombre de baraques, qu'on appelle dans le pays *cabanes*, & qui servent d'habitation pendant le temps de la foire; ce qui forme une espece de nouvelle ville plus étendue que la premiere.

Cette ville de Beaucaire, communique avec celle de Tarascon par un pont de bateaux, ou plutôt par deux ponts, à cause qu'il y a vers le milieu du Rhône, une isle oblongue à laquelle aboutissent d'un côté le pont de Tarascon, & de l'autre celui de Beaucaire.

Le bourg de *Saint-Gilles*, que j'ai nommé un peu plus haut, est à quelques lieues de Beaucaire, du côté du midi, & non loin du Rhône; il faisoit autrefois partie de la terre d'Argence. Raymond IV, comte de Toulouse, le donna par dévotion au monastere qu'on y voit encore, & qui subsistoit alors depuis long-temps, puisqu'il étoit connu sous Louis le *Débonnaire*. C'étoit le lieu de la retraite d'un saint que l'on appelle en latin *Ægidius*, & en françois *saint Gilles*, qui vivoit au cinquieme siecle. Je crois avoir dit ailleurs que les rois visigoths y avoient un palais. A présent l'abbaye de Saint-Gilles est une église collégiale, dont les catholiques rentrerent en possession, après que Louis XIII eut soumis les hérétiques du Languedoc.

En descendant vers le midi, sans s'éloigner beaucoup du Rhône, on trouve d'abord la fameuse saline de *Peccais* & ensuite la ville d'*Aigues-Mortes*. Cette saline située assez près de la mer, est d'un grand rapport pour les fermes du roi; mais l'habitation en est très-mal saine. On y a fait quelques fortifications contre les faux-sauniers & les corsaires, qui ne sont cependant pas bien à craindre. Les plus dangereux ennemis de ce canton sont les insectes volans, & l'air salin qui pénétre & corrode tout. On m'a dit que ces salines produisent par an, deux cent seize mille minots de sel, & qu'il y a quelques années que l'on estimoit à vingt francs le produit de chaque minot distribué dans le royaume.

Aigues Mortes, est aussi à quelque distance de la mer. Ce nom seul vous fait juger, Madame, que cette ville a toujours été au milieu des eaux stagnantes & croupissantes. Mais il paroît certain qu'aux douzieme & treizieme siecle, la situation n'en étoit pas aussi fâcheuse ni aussi désagréable, parce que les canaux qui lui servoient de communication avec la mer, étoient plus libres & plus ouverts, & que son port plus profond pouvoit contenir des vaisseaux de transport en usage dans ce temps-là, & des barques chargées de munitions & de troupes. Ses murailles d'ailleurs étoient entourées de marais qui la mettoient à l'abri des siéges & des invasions par terre.

C'est ce qui engagea le roi saint Louis à choisir cette ville pour y faire son embarquement, lorsqu'il partit pour l'Orient. Nos rois n'étant pas alors maîtres de la Provence, n'avoient aucun port sur la Méditerranée, & crurent devoir s'assurer de celui-ci. Les intentions de saint Louis réussirent, par le secours du pape Clément IV, qui étoit né dans ce pays. Ce pontife obligea les moines de l'abbaye de *Pfalmodi*, de céder au roi la seigneurie d'Aigues-Mortes qu'ils possédoient ; & on leur donna en échange des terres situées dans l'intérieur de la province. Les habitans avoient quelques priviléges : on les augmenta, pour engager les peuples à venir en plus grand nombre s'établir à Aigues Mortes.

A cette époque, la ville fut entourée de belles murailles & de superbes remparts qui subsistent encore en partie. On les joignit avec la tour de *Constance*, bâtie du temps de saint Louis, sur les ruines d'une plus ancienne, élevée au quatrieme siecle par l'empereur *Constantin*. Elle existe encore dans son entier ; la forme en est ronde sur quarante deux pieds de diametre : ses murs ont quatre-vingt-seize pieds de hauteur & dix-huit d'épaisseur. Les grands canaux qui communiquent des étangs au Rhône, en passant par Aigues-Mortes, furent nettoyés. On les appelloit encore alors *fossés de Marius*, parce que, dit-on, ils ont été creusés par ordre de ce général romain, qui battit les

Cimbres sur les bords du Rhône. C'est ainsi que cette ville devint une place importante, & un port considérable. Saint Louis s'y embarqua deux fois pour ses croisades, & y revint après la premiere.

La province de Languedoc ayant été réunie à la couronne, ce pont ne fut plus si nécessaire. Il étoit cependant encore praticable au seizieme siécle, puisqu'en 1538, Charles Quint revenant d'Italie en Espagne, y débarqua avec une flotte de cinquante quatre galeres; François I vint l'y recevoir avec toute sa cour. Aujourd'hui les seules barques de pêcheurs peuvent y entrer : quoique l'ancien port soit comblé de vases & de sables, on en voit encore les restes, ainsi que ceux des quais dont il étoit bordé. Le canal qu'on appelle, comme à Narbonne, *la Robine*, est encore très-bien tracé; mais on s'est inutilement occupé de nos jours des moyens de le dégager & de rendre plus large l'embouchure qu'on nomme *le Grau du Roi*. La fortification de terre est en bon état, composée de belles murailles & de seize grosses tours bastionnées; il y a un arsenal & de bons magasins.

Cette ville ne contient aujourd'hui que deux mille & quelques cents hommes, qui ont tous l'air mal-sain, & dont aucun ne parvient à la vieillesse. Cependant bien des gens vont encore établir leur demeure dans ce triste lieu, pour profiter des avantages dont jouissent les habitans, & qu'on fait remonter jusqu'au temps de saint Louis; ils consistent dans une exemption totale de toutes impositions, à l'exception d'une légere capitation. On a d'ailleurs autrefois décoré cette ville de toutes les jurisdictions dont elle étoit susceptible; amirauté, grenier à sel, bureau des traites, viguerie, corps municipal ou consulat. Toutes ces charges trouvent des gens qui les remplissent & même les achetent. Il y a une garnison, un gouverneur, un lieutenant de roi & un major; la place du gouverneur est la meilleure de toutes: mais comme le séjour en est si désagréable, il est rare qu'il en approche.

Tout le commerce d'Aigues-Mortes consiste dans le transport du sel & la pêche du thon & des sardines, les environs étant tout-à-fait marécageux & stériles. Il n'y a qu'une seule paroisse, desservie par un vicaire & trois prêtres ; un couvent de Cordeliers, fondé par saint Louis, & un de Capucins : mais un grand hôpital, établissement fort nécessaire.

On lit dans nos vieux auteurs, au sujet d'Aigues-Mortes, une anecdote tout à-la-fois ridicule & affreuse. Dans le temps que la France étoit sous Charles VI, partagée entre les deux factions des Bourguignons & des Armignacs, la première s'empara l'an 1419, de plusieurs places dans le Languedoc, entr'autres d'Aigues-Mortes. Le Dauphin, qui monta ensuite sur le trône, marcha pour les en chasser. A son approche, les habitans massacrerent la garnison Bourguignone, & en jetterent les cadavres dans les fossés. Mais aussitôt après craignant que la pourriture de ces corps morts n'infectât la ville, ils ramasserent du sel, qui étoit en grande quantité sous leurs mains, & en comblerent les fossés. On montre encore cet endroit qu'on appelle *le saloir des*

Bourguignons ; & de là est venue l'épithete qui a été long-temps donnée à ces peuples qu'on appelloit *Bourguignons salés*, quand on vouloit les injurier.

Le monastere de *Psalmodi*, dont l'Abbé possedoit autrefois, comme je l'ai dit plus haut, la seigneurie d'Aigues-Mortes, étoit située à une demi-lieue de cette ville. Il existoit encore au seizieme siecle, & reconnoissoit, dit-on, Charlemagne pour son fondateur. Le nom de *Psalmodi* indique qu'une Psalmodie continuelle y avoit été établie, & que l'on y chantoit jour & nuit les louanges de Dieu. Les moines en effet furent d'abord assez nombreux pour vaquer à ce service : mais insensiblement ce nombre diminua ; de sorte qu'au seizieme siecle, cette communauté sécularisée fut transférée à Aigues-Mortes & l'ancienne abbaye entierement abandonnée. Cependant l'abbé commendataire & ses chanoines jouissoient encore dans cette derniere ville de bons revenus ; mais il leur paroissoit bien désagréable d'y résider. On arrangea tout en 1692, lors de l'établissemeut de l'évêché d'Alais. On donna le revenu de l'abbé au nouvel évêque; & les chanoines transportés à Alais, y formerent le chapitre de la nouvelle cathedrale.

Voilà, Madame, les lieux les plus considérables du diocése de Nimes qui sont aux environs du Rhône. A quatre lieues & à l'ouest de la ville épiscopale, on trouve sur la riviere de Vidourle, la petite ville & le château de *Sommieres*, important par sa position & ses fortifications. La ville contient environ quatre mille habitans, & n'a qu'une seule église paroissiale. Il y avoit au seizieme siecle un grand & beau couvent de cordeliers, qui furent tous massacrés & jettés dans des puits par les huguenots. Un autre couvent de bénédictins & un de religieuses furent aussi ruinés. Mais ceux & celles qui les habitoient, eurent le bonheur d'échapper par la fuite à la mort qui les menaçoit.

La puissante & illustre maison de *Bermont*, en Languedoc, possédoit autrefois cette ville. Un de ces seigneurs l'échangea avec saint Louis contre le château du Cayla ou Caylar, qui est resté aux Bermont, jusqu'à l'extinction de la branche aînée & principale de leur maison, qui s'est éteinte dans celle de *Baschi*.

Au reste cette ville de Sommieres a soutenu plusieurs sieges pendant le cours du seizieme siecle. Le premier fut en 1572, le second en 1574, & dura un an tout-entier; le troisieme en 1622. Ce fut le prince de Condé qui fit ce dernier siege par ordre de Louis XIII. Les fortifications de la ville furent alors rasées : mais celles du château subsistent encore; & il seroit même presqu'impossible de les détruire, la place étant extrêmement fortifiée par la nature. Il y a quelques vieilles tours que l'on dit être du tems de saint Louis.

Au sud de Nîmes est la petite ville de *Calvisson*, une des vingt-deux Baronnies des états de Languedoc.

Je suis, &c.

A Nîmes, ce 26 octobre 1760.

LETTRE CDXXVI.

Suite du Languedoc.

A mon départ de Nimes j'avois pris, Madame, la route de Montpellier. Mais je m'en suis un peu détourné, pour entrer dans le diocèse de Lodève, que je voulois voir, avant de parcourir les quatre qui sont situés près de la Méditerranée.

Ce diocèse de *Lodève*, borné au nord par celui d'Alais, à l'orient par celui de Montpellier, au midi & au couchant par celui de Beziers, est montueux & stérile. On n'y recueille pas à beaucoup près les bleds & autres grains nécessaires pour la subsistance des habitans. Mais il croît beaucoup de paturages dans les montagnes, où l'on nourrit des bestiaux. Ce pays a d'ailleurs plusieurs manufactures considérables de draps & de chapeaux, qui procurent aux citoyens une aisance honnête, en leur donnant des ressources qu'ils ne peuvent pas espérer du sol ingrat & aride qu'ils cultivent.

La ville épiscopale, située sur la riviere de *Lergue*, au pied des Cerennes, est moins remarquable par son étendue, que par son ancienneté, son commerce & ses malheurs. On prétend qu'elle s'appelloit, du temps des romains. *Luteva*, & que c'est de là que lui est venu le nom qu'elle porte aujourd'hui. Suivant d'autres, ce nom, comme je le dirai tout-à-l'heure, a une origine plus moderne. Cette ville subit le même sort que les autres villes de la Gaule narbonnoise. Elle passa des romains aux goths qui la saccagèrent, & de ceux-ci aux français. Cependant elle ne fut entierement soumise, que par nos rois de la seconde race. Elle eut aussi ses vicomtes, & paroît avoir quelquefois dépendu de ceux de Narbonne, de Beziers, & même de Rodez, en reconnoissant presque toujours la supériorité des comtes de Toulouse. Les vicomtes cédèrent quelque partie de la seigneurie aux évêques; & ces prélats s'attachèrent particuliérement à nos rois. En récompense

Louis VII, Philippe Auguste & Louis VIII augmenterent les possessions, les droits & les priviléges de ces évêques ; & ce fut alors, dit-on, que Lodève prit le nom de *Ludova* ou *Ludovica*, *Ville-Louise*.

Lors de la guerre des albigeois les évêques s'étant fortement opposés à ces hérétiques, furent déclarés seigneurs uniques de leur ville & de leur diocèse, au préjudice des vicomtes de Lodève & des comtes de Toulouse. Ils jouirent alors de tous les droits régaliens, même de celui de battre monnoie. Saint Louis les y confirma; & ils conservent encore tous ceux qui sont compatibles avec la souveraineté de nos droits. Ils ne frappent plus de monnoie : mais ils ont été les derniers des évêques du Languedoc qui en ont frappé à leur coin.

Ce sont les évêques qui ont fait entourer la ville de bonnes murailles, & qui l'ont fait fortifier à l'antique. Cette précaution n'a cependant pas empêché que les hérétiques n'aient fort maltraité Lodève. Les albigeois y causerent de grands désordres ; &

les huguenots en 1573, y firent les plus horribles ravages, pillant la cathédrale, qui est dédiée aux saints *Genest* & *Fulcrand*, & dissipant toutes leurs reliques. On n'a pu recouvrer qu'une main du dernier de ces saints, que l'on conserve encore dans la cathédrale, qui d'ailleurs n'est pas magnifique.

Quant au siege épiscopal, les habitans de cette ville prétendent que leur premier évêque a été *saint Flour*, l'un des soixante-douze disciples de Jésus-Christ, & dont les reliques sont dans l'église cathédrale de la ville de ce nom en Auvergne. Ce qu'il y a de certain, c'est qu'on voit un évêque de Lodève, nommé *Maternus*, qui souscrivit au concile d'Agde en 506. Mais le plus illustre de tous ces prélats, est *saint Fulcrand*, qui mourut l'an 1006. Cet évêché est suffragant de Narbonne.

Le cardinal de *Fleuri* naquit à Lodève en 1653, de Jean de Fleuri, & de Diane de la Treille-de-Fosieres, d'une ancienne noblesse de Languedoc. Il fit ses études à Paris, & obtint une charge d'aumônier de la reine, n'ayant que vingt deux ans. Il fut ensuite aumônier du roi, devint évêque de Fréjus, quitta cet évêché pour être précepteur du roi Louis XV, fut fait enfin cardinal & premier ministre.

Ce diocèse ne contient que cinquante paroisses ou communautés. La seule ville considérable qu'on y trouve, est *Clermont*, qu'on surnomme de *Lodève*, pour la distinguer de tant d'autres villes du même nom. C'est une des vingt-deux baronnies des états de Languedoc. Elle a été long-temps possédée par une maison qui portoit e nom de *Clermont Lodève*, précédé de celui de *Guillem*, nom de baptême devenu *patronimique* dans cette maison, dont la branche aînée s'est éteinte au commencement de ce siecle. Le dernier s'appelloit le *marquis de Seyssac*. Cette ville est située à trois lieues de Lodève, sur un coteau, au pied duquel coule la riviere de *Lergue*. Il y a une belle manufacture, où se fabrique une grande partie des draps qu'on envoie au Levant. Les marchés qui s'y tiennent dans la semaine, sont très-considérables, principalement à cause du grand débit qu'on y fait de laines & de bétail. Le terroir en est assez fertile en grains, en fruits, & sur-tout en pâturages.

A une petite distance de Clermont on entre dans le diocèse de *Montpellier*, borné au nord par celui d'Alais, au sud par la Méditerranée, à l'est par le diocèse de Nimes, à l'ouest par ceux de Lodève, de Beziers & d'Agde. Le climat y est par tout très-pur & très-sain. Tout le territoire est couvert de vignes & d'oliviers; & les terres, quoique médiocrement bonnes, y sont si bien cultivées, qu'elles rapportent toutes sortes de grains. Les vins y sont très-bons; on en enleve une grande quantité pour la côte de Génes & pour Livourne. Il y a beaucoup de manufactures, & le commerce est très-florissant dans les principaux lieux qui composent ce diocèse, l'un des plus interessans de cette province.

La ville de *Montpellier* est située sur une colline, dont le bas est arrosé par la riviere de *Lez*, & sur le ruisseau de *Merdanson*, qui passe dans plusieurs endroits de la ville par des canaux souterrains. Il paroît, d'après les preuves citées par les historiens de la province de Languedoc, qu'au dixieme siecle, cette ville n'étoit qu'un simple village ou peut être qu'un simple château, dont le domaine s'étendoit sur un certain nombre d'habitations éparses dans la campagne. Mais ce village s'accrut bientôt à cause de son heureuse situation; & dès le douzieme siecle, c'étoit déjà une ville des plus florissantes de l'Europe. En voici les traits historiques les plus importans à savoir touchant son origine.

L'évêché actuel de Montpellier étoit, depuis le cinquieme siecle, dans l'île de Maguelonne, au milieu d'un grand étang d'eau salée, qui communique avec le golfe de Lyon. Les visigoths avoient fait de Maguelonne une place très-forte, & y avoient établi un port qui étoit devenu assez commerçant. Les sarrasins s'en emparerent au commencement du huitieme siecle. Charles Martel marcha contre eux, les chassa de cette ville qu'il reprit, & la fit râser, parce qu'elle favorisoit les courses de ces infidèles. Les habitans chrétiens & leur évêque s'étoient alors retirés en terre ferme, dans un petit bourg nommé *Suſtantion*, qui n'eſt qu'à une demi-lieue de Montpellier, & où l'on ne voit plus aujourd'hui que quelques maſures. Les ſeigneurs de ce lieu l'abandonnèrent au prélat, & ſe retirerent à *Maùguio* ou *Melgueil*, qui leur appartenoit auſſi à titre de comté. Ce bourg ſubſiſte encore dans une contrée très-fertile, à deux lieues de montpellier.

Peu de temps après, cette ville ſe forma ſur une hauteur où l'air étoit plus ſain, & où l'on étoit plus à couvert des incurſions des ennemis qu'à *Suſtantion* & même qu'à *Melgueil*. Ce nom de *Montpellier* fut, dit-on, donné à la ville naiſſante à cauſe de deux ſaintes filles, qui étant venues s'y fixer, avoient formé une eſpece de communauté religieuſe. On croit que c'eſt de là qu'on a quelquefois appellé cette ville en latin *Mons Puellarum*. Mais on ne ſait pourquoi on l'appelle auſſi *Mons Peſſulanus*. Le nom de *Montpellier* peut venir également de l'un ou de l'autre de ces deux mots latins.

Il paroît que le premier comte de Montpellier existoit l'an 1100. Il se nommoit *Guy*, un des chevaliers, suivant quelques auteurs, de la cour du comte de Melgueil, & suivant d'autres, un des seigneurs du pays, qui fut élu par l'évêque de Maguelonne & les habitans de Montpellier, pour les protéger & les défendre des courses & des hostilités de leurs voisins. Son fils *Guillaume*, premier du nom, eut pour descendans & pour successeurs trois autres *Guillaumes*. Le dernier mourut en 1204, laissant une fille unique nommée *Marie*, qui épousa Pierre II, roi d'Arragon, dont elle eut un fils nommé *Dom Jayme* ou *Jacques*, qui succéda à la couronne de son pere. Celui-ci donna à son fils cadet l'île de *Maïorque*, avec le titre de royaume, & la seigneurie de Montpellier.

Pendant le cours d'un siecle, ces deux titres passerent successivement à quatre de ces rois. *Jayme IV*, le dernier d'entr'eux, dépouillé du royaume de Maïorque, vendit le comté

comté de Montpellier au roi Philippe de Valois l'an 1349. Cette réunion fit cesser toutes les disputes qui s'étoient élevées sur la mouvance de Montpellier ; car les comtes de Melgueil, d'un côté, avoient prétendu en être les Suzerains ; & ce comté ayant passé par une héritiere aux comtes de Toulouse, ceux-ci avoient la même prétention. Mais ni les rois de Majorque, ni les évêques de Maguelonne ne vouloient s'y soumettre. Enfin tout fut concilié au quatorzieme siecle. Les évêques qui avoient fait rebâtir leur cathédrale de Maguelonne au douzieme siecle, en étoient restés seigneurs, & en portoient le titre, résidant néanmoins plus souvent à Montpellier. En 1536, à la requête du roi François I, l'évêché fut absolument transféré dans cette derniere ville; & il ne fut plus question de Maguelonne.

Vers le milieu du seizieme siecle, l'hérésie fit de grands progrès dans Montpellier, & les Huguenots y causerent les plus horribles désordres. Dans le seul espace de huit ans, c'est-à-dire depuis 1562 jusqu'en

1568, ils faccagerent plufieurs fois la ville & détruifirent prefque toutes les églifes, dont quelques-unes étoient très-belles. Il y en avoit quarante-cinq en 1560 : on n'a jamais pu en rétablir que vingt-deux, lorfque le catholicifme y eft devenu la religion dominante.

En 1208, un des rois de Maïorque, comte de Montpellier, avoit fait entourer la ville d'une enceinte de belles murailles avec des tours & un foffé, mais fans terraffe ni remparts : elles fubfiftent encore. Les Huguenots formerent au feizieme fiecle, une enceinte plus étendue avec des baftions qui envelopoient tout le plateau fur lequel eft fitué Montpellier, & la rendirent une véritable place de guerre & de défenfe. Louis XIII, obligé de l'affiéger en 1622, ne la prit qu'après un fiége long & fanglant, & fit auffi-tôt rafer toutes les fortifications extérieures, ne confervant que l'enceinte, où l'on voit encore des traces de la principale attaque. Après y avoir fait fon entrée, le monarque ordonna d'y conftruire une citadelle ; & malgré toutes les plaintes & les protestations des Huguenots, cet ordre fut exécuté.

Cette citadelle est bâtie sur une esplanade, qui commande également la ville & la campagne: c'est une place assez grande, dont la forme est un carré parfait, composé de quatre bastions. Au pourtour, regne un fossé plein d'eau, dans lequel sont trois demi lunes de terre. Le fossé de ces demi-lunes est sec, parce qu'elles sont plus élevées que le corps de la place; toute la citadelle est enceinte de son chemin couvert & de son glacis. On entre dans cette place par deux portes; l'une est du côté de la ville, & l'autre est une porte de secours du côté de la campagne. La place d'armes est fort grande & occupe presque tout le dedans de la citadelle. Elle est composée de trois grands corps de bâtimens, & d'un grand corps-de-garde, qui est aussi un grand édifice, & qui est posté du côté de la ville.

Je dois dire ici que cette citadelle, loin d'être préjudiciable & inutile à la ville, lui a procuré un ornement & une belle promenade sur son esplanade, & de plus son repos & sa tranquillité, en la garantissant des troubles que les religionnaires & les mal-intentionnés auroient pu exciter dans son sein. C'est à l'abri de cette forteresse, que les états se sont toujours, depuis cette époque, assemblés tranquillement à Montpellier; que les commissions qui en dépendoient, y ont fait leur travail; que la chambre des comptes, la cour des aides, & les autres jurisdictions y ont exercé leurs fonctions; que les sciences, particulierement relatives à la médecine, y ont fleuri; que le clergé catholique est rentré dans tous ses droits; que le commerce s'est agrandi, & que la ville de Montpellier est devenue la plus peuplée du Languedoc à proportion de son étendue, & la plus fréquentée des étrangers.

La cour des aides du Languedoc fut établie dans cette ville l'an 1467, & la chambre des comptes en 1520; elles ont été réunies au dix-septieme siecle, & forment une cour de cent vingt officiers. Les trésoriers de France y sont au nombre de trente. Il y a de plus un présidial, une généralité, une sénéchaussée, une intendance, un hôtel des monnoies, dont les piéces sont marquées à la lettre N, & un corps municipal composé de six consuls. On y voit une société royale des sciences, & une université, célébre sur tout pour la médecine dans toute l'Europe.

L'étude de cette science commença, dit-on, à Montpellier dès l'an 1180. Guillaume qui en étoit comte alors, accueillit un grand nombre d'excellens médecins arabes, chassés d'Espagne. Leur doctrine fut admirée, & leur école très-fréquentée. Depuis cette époque la gloire de la faculté de médecine de cette ville s'est constamment soutenue jusqu'à nos jours. Quand on y reçoit des dégrés, on revêt une vieille robe qu'on nomme communément la *robe de Rabelais*. Mais c'est une espéce de plaisanterie qui lui a fait donner ce nom, parce que Rabelais ayant été reçu docteur en médecine à Montpellier, en fut revêtu comme les autres. Les autres facultés existent dans cette université. Celle du droit civil étoit très-estimée au treizieme siecle.

L'hôtel de ville n'a de remarquable que les vastes salles où s'assemblent à présent tous les ans les états de Languedoc, dont j'ai déja parlé, relativement à leur forme, à leur composition & à l'ordre de la séance.

Les églises & les maisons religieuses de l'un & de l'autre sexe sont en grand nombre à Montpellier. La cathédrale est dédiée à saint Pierre comme l'étoit l'ancienne cathédrale de Maguelonne. On y voit dans le chœur trois beaux tableaux de la vie de ce saint, dont celui du milieu est de Sébastien *Bourdon*, natif de Montpellier. Mais ni cette église ni les autres ne conservent aucun monument d'antiquité, soit civil soit ecclésiastique, pas même celle de *Notre-Dame des Tables*, qui étoit autrefois en réputation, & qui est encore une paroisse de la ville. Toutes les reliques ont été dispersées, à l'exception du bâton de saint Roch, que l'on montre dans l'église de saint Paul, desservie par les Trinitaires. Il est d'un bois noueux & noirâtre, serré par les deux bouts, & a cinq pieds de longueur.

Vous savez, Madame, que ce saint est invoqué en temps de peste ; & tout le monde croit qu'il naquit & mourut à Montpellier, qu'il étoit même de la famille des anciens comtes. Mais cette tradition n'est justifiée par aucun titre ; & l'on n'en trouve nulle trace dans les registres de la ville, ni même dans les anciens rituels du diocèse, dans lesquels on lit des oraisons pour la peste, où il n'est pas fait mention de saint Roch. Ainsi, rien de si suspect que sa légende, à plus forte raison sa généalogie.

On compte aujourd'hui dans Montpellier soixante mille habitans. Cette ville a sept portes ; elle n'est pas en général bien percée, à cause de sa situation. Mais les maisons y sont bien bâties, & très propres. Il y a deux belles promenades, dont l'une s'appelle *la Canourgue*, située dans l'endroit le plus élevé de la ville ; le point de vue en fait le principal mérite. L'autre est le *Peyrou*, hors de la porte de l'ancienne ville, & à l'entrée d'un faubourg de ce nom. Cette promenade passe pour être une des plus belles du royaume. La situation en est admirable, & la vue charmante de tous les côtés; elle s'étend sur la mer, sur un côteau chargé de vignes & d'oliviers, sur les pyrenées & les montagnes voisines. Ce n'est qu'au commencement de ce siecle, qu'on a entrepris d'accommoder cette place. On a fait au-dessus de la porte un arc de triomphe d'une belle architecture, en l'honneur de Louis XIV; & sur l'esplanade on a placé sa statue équestre, qui ne lui a été élevée qu'après sa mort, comme le marque très-bien l'inscription qui est au pied. De nos jours on a encore embelli cette promenade & les environs de la place, en y formant des promenades basses, & en y construisant un château d'eau, auquel aboutit un bel aqueduc, qui, porté sur des arceaux, y conduit les eaux de la source de *Saint-Clément*, située à une grande distance de la ville.

En sortant par la porte du Peyrou on découvre sur la droite le jardin des plantes, un des plus beaux de l'Europe, qu'on appelle le *jardin du roi*. Il fut commencé l'an 1598, à la sollicitation d'André du Laurens, chancelier de la faculté de médecine de cette ville, & pour lors, premier médecin du roi Henri IV. Depuis ce temps les chanceliers de la faculté de médecine en ont toujours eu la direction. Il est fort-bien entretenu, & a six grandes allées principales, dont quelques-unes sont en amphithéâtre. Celles des plantes médicinales sont élevées & revêtues de pierre. Il y a des rigoles de distance en distance pour les arroser; & l'on trouve dans ce jardin un nombre infini de plantes différentes.

Je ne dois pas oublier de vous dire ici, Madame, que cette ville a quelques coutumes locales, & qu'anciennement il en existoit une assez singuliere: elle autorisoit les peres à deshériter absolument leurs enfans, les mâles en leur donnant un bouquet, & les filles en leur donnant un chapeau de fleurs. Cette coutume a été abolie, dans le siecle dernier, par le parlement de Toulouse, qui, avec raison, l'a trouvée injuste.

Le génie des habitans de Montpellier est tourné du côté du commerce, qui est très-florissant dans leur ville. Ce sont eux qui ont imaginé de faire du vert-de-gris par un procédé qui consiste à faire macérer des lames de cuivre avec de la *vinasse*, ou jus de raisins écrasés. On a cherché ailleurs à en faire par le même procédé; mais on n'a pu réussir à le rendre aussi bon, sans doute à cause de l'air de ce pays, & de la qualité du raisin, très-favorable à la corrosion du cuivre. Les vins muscats qu'on recueille aux environs & dans le diocèse de Montpellier, s'envoient fort au loin en bouteilles & sans préparation. On en fait aussi des liqueurs & des ratafias de différentes espèces, en y joignant du cédra, de la bergamotte &c, on les appelle *eaux de Montpellier* ou *de Cette*. Enfin, une partie se débite en grappes séchées au soleil, que l'on nomme *passerilles*. Le blanchiment de la cire, la préparation des laines d'Espagne, & la fabrique des futaines forment le reste du commerce de Montpellier & de ses environs.

Tout ce que vous avez pu entendre dire, Madame, à la louange des dames de cette ville, est exactement vrai. Je ne croyois pas, je vous l'avoue, qu'elle pût en offrir un si grand nombre d'aimables & de jolies. Mais je l'ai vû de mes propres yeux ; & je ne suis pas surpris que beaucoup d'étrangers assurent qu'on n'en trouve pas en France qui leur soient supérieures à cet égard. Si à l'agréable société dont on jouit dans cette ville, vous ajoutez la salubrité de l'air, la douceur du climat, & les beautés champêtres qui l'environnent, vous ne me blâmerez pas d'être tenté de dire avec Joseph Scaliger : *si j'étois en état de vivre dans le lieu qui me seroit le plus agréable, je choisirois la ville de Montpellier..... & j'en ferois le nid de ma vieillesse.* Il n'y a point d'endroit où l'on puisse passer plus doucement ses jours, soit que l'on ait égard à la bonté de l'air, aux mœurs des habitans du pays, ou aux commodités de la vie. On remarque en effet que depuis plus d'un siecle, il vient une foule d'Anglais à Montpellier pour se guérir du *spléen*, maladie de langueur, de tristesse & d'humeur, qu'ils contractent chez eux. Leur guérison fait autant d'honneur au lieu où ils vont la chercher, qu'aux savans médecins qu'ils y trouvent.

Il s'est tenu plusieurs conciles fameux dans cette ville, qui a produit aussi plusieurs hommes illustres dans les sciences & dans les arts. Je me contenterai de nommer ici *Ducan*, célèbre médecin; Antoine d'*Espeisses*, savant jurisconsulte; le pere *Pouget*, auteur de l'excellent *Catéchisme de Montpellier*, sans oublier sur-tout Pierre *Rebuffe*, grand jurisconsulte, qui, au commencement du seizieme siecle, y enseignoit encore le droit. Le pape Paul III, & le roi Charles IX qui en faisoient le plus grand cas, s'empressèrent à le combler d'honneurs. Le roi l'ennoblit, & voulut que sa postérité pût prendre dans la faculté tous les degrés *gratis*. On dit qu'elle subsiste encore en Languedoc & dans la magistrature.

L'évêché de Montpellier est suffragant de Narbonne; & l'on compte dans ce diocèse environ deux cents paroisses. A une bonne lieue de la ville épiscopale, on trouve le *Boulidou de Perault* ou *Peyrols*, près du village de ce nom. C'est un fossé où les eaux pluviales qui s'y ramaſſent, bouillonnent continuellement, & conſervent néanmoins leur froideur ordinaire. C'eſt à cauſe de ce bouillonnement qu'en langage du pays, on l'appelle le *Boulidou*. En été ce foſſé ſe deſſéche ; & quand on y met de l'eau de fontaine, elle bout dans l'inſtant. Ce qui eſt fort ſingulier, c'eſt que, quand il pleut, on voit à trente pas, à droite & à gauche de ce foſſé, dans les ornières du chemin, bouillir l'eau qui y croupit. On a obſervé que l'eau de ce foſſé ſe charge d'un acide volatil, qui lui eſt communiqué par une vapeur qui s'exhale de pluſieurs crevaſſes qu'on remarque au fond du foſſé. Cela eſt prouvé par la couleur rouge que cette eau communique à la teinture des fleurs de mauves, & par toutes les expériences que l'on peut faire ſur cette matiere. Les gens du pays s'y baignent en été pour les douleurs de rhumatiſme, & s'en trouvent fort bien. Quand le foſſé eſt à ſec, & qu'on met l'oreille ſur les crevaſſes, on entend un bruit conſidérable, des eaux jailliſſantes, & c'eſt le vent qui en fort qui fait bouillonner l'eau, & qui lui porte l'acide volatil dont elle est chargée. Tout cela suppose infailliblement des mines dans l'intérieur de ce lieu, & vraisemblablement aussi quelque source qui a son cours au-travers de ces mines.

A l'extrémité du diocèse de Montpellier, vers le nord-est, & sur les confins de celui de Nîmes, est *Lunel*, ville assez ancienne, & autrefois célébre. On assure que dans le dixième siecle, elle étoit presque entièrement habitée par des Juifs, & qu'il y avoit une fameuse synagogue, qui s'occupoit nuit & jour à l'étude de la loi. Elle est située dans un terroir fertile & agréable, à quelque distance de la rive droite de la riviere de Vidourle, que l'on passe sur un pont, près duquel il y a de fort bonnes auberges. Cette ville n'est d'ailleurs remarquable que par les excellens vins muscats qu'on y recueille, & qui, comme vous le savez, Madame, sont très-estimés. La paroisse de *Lunel-Viel* est à une demi-lieue de cette ville.

En montant un peu vers le nord de Montpellier, on entre dans une très belle vallée arrosée par la riviere d'Héraut, près de laquelle est située la petite ville de *Ganges*. C'est un lieu où il se fabrique beaucoup de bas, & où l'on voit beaucoup de tanneurs qui font un commerce très-considérable en Espagne & en Italie. Les environs sont pleins de pâturages où l'on nourrit des moutons, dont la chair est extrêmement délicate. Au reste, ce lieu est une baronnie qui donne entrée aux états de Languedoc. Après avoir été dans la maison de *Pierrefort*, elle passa dans celle de *Saint-Etienne*, d'où elle est entrée, par une héritière, dans celle de *la Tude*, qui possede aujourd'hui cette terre.

Le lieu le plus remarquable qu'il y ait à voir à l'ouest de Montpellier, est la petite ville d'*Aniane*, située au pied des montagnes, à une petite distance de la rive gauche de la riviere d'Heraut. Il y a une abbaye fondée du temps de Charlemagne par saint Benoit, fils d'un comte de Maguelonne. C'est ce même saint qui fut établi par Louis-*le Débonnaire*, chef & général de tous les monasteres de

France, & qui assista au concile d'Aix-la-Chapelle en 817. Avant de fonder cette abbaye, Benoît avoit quitté la maison de son pere, & avoit fait profession au monastere de Saint-Seine, en Bourgogne. Il revint dans son pays vers l'an 780, & y bâtit d'abord un hermitage. Peu de temps après, la vallée où étoit situé cet hermitage, se trouvant trop resserrée pour contenir les disciples qui se formoient sous les yeux de Benoît, le saint anachorete transféra sa communauté au lieu d'Aniane, & y bâtit un vaste monastere, dont une partie subsiste encore aujourd'hui. Il y mourut en 821, laissant pour ses moines des regles & des constitutions particulieres, qui forment un précieux monument de l'ancienne histoire monastique & ecclésiastique de France.

En me rapprochant de la mer au sud de Montpellier, j'ai vu le lieu où étoit autrefois située la ville de Maguelone, dont j'ai déjà parlé; c'est-à-dire, l'île entourée d'un étang qui porte son nom. Je suis ensuite descendu vers le midi, & j'ai trouvé la petite ville de *Frontignan*, sur le bord de l'étang de son nom, si connue par les excellens vins muscats qu'on y fait, & qu'on envoie dans toutes les contrées de l'Europe. Cette ville est décorée d'une manière assez singuliere, quand on fait sécher les raisins muscats, qu'on appelle ensuite *passerillés*. On les attache à de grandes perches depuis le grenier jusques dans la rue, à hauteur d'homme; & ces especes de tapisserie ornent le devant des maisons, jusqu'à ce que les raisins étant séchés par le soleil, on les serre dans des caisses, pour les envoyer en divers lieux de l'Europe. Il y a d'ailleurs dans Frontignan, un hôtel-de-ville, qui, par rapport au lieu même, peut mériter quelque attention.

Un peu plus vers le midi, & sur l'étang de Thau, est le bourg de *Balaruc*, très-fameux par ses eaux minérales, qui en sont éloignées d'un quart de lieue. La source de ces eaux est plus haute que le niveau de l'étang, dont elle est à deux cents pas. Il y a apparence qu'elle vient d'une colline qui est à cent pas au levant du bassin; & on le présume, parce que les anciens bains étoient situés plus près de cette colline, que ne le sont les nouveaux. Ces eaux sont chaudes à leur source; & quand elles sont transportées, il faut les faire chauffer pour les boire. Elles sont purgatives & sudorifiques. On les prend communément en boisson pour les paralysies, les rhumatismes, & pour rendre du ressort & du jeu aux fibres. On prétend qu'elles ne peuvent faire aucun mal à ceux qui ont la poitrine délicate, parce qu'elles n'ont aucune acidité. Mais on s'apperçoit en s'y baignant qu'elles sont sulfureuses, & qu'elles contiennent un bitume gras & onctueux.

Je suis, &c.

A Montpellier, ce 6 novembre 1760.

LETTRE CDXXVII.

SUITE DU LANGUEDOC.

A UNE petite distance du bourg de Balaruc, on entre dans le diocèse d'*Agde*, que j'ai parcouru, Madame, avec bien du plaisir. Ce diocèse renfermé entre ceux de Montpellier & de Beziers, est le plus petit du Languedoc, mais un des plus riches & des plus fertiles de cette province. Le climat y est sain & tempéré. On y recueille en abondance du bled, du vin, de l'huile & des légumes excellentes. C'est dans ce diocèse que l'on commence à voir des mûriers, dont la feuille sert à nourrir les vers-à-soie. Les laines y sont belles & très-bonnes. On pêche des moules sur la côte ; & c'est le seul endroit de la province où il s'en trouve. Le salicot, dont j'ai déja parlé, cette plante si utile, qui sert à faire du verre, du savon & des pierres à coteré, croît sans culture dans ce pays, au bord de la Méditerranée. Plusieurs petits étangs y donneroient de fort bons sels, si les fermiers n'avoient soin de les faire submerger pour conserver le débit des grandes salines.

On appelle *Agadez* le territoire de la ville d'*Agde*, dont l'ancien nom est *Agatha*. Ce nom grec que les romains ne se sont point empressés à changer, lorsqu'ils sont devenus les maîtres de ce pays, a donné lieu de croire que cette ville fut fondée par une colonie des marseillois, qui en étoient eux-mêmes une des phocéens. Du temps de César, l'Agadez faisoit partie du pays qu'occupoient les volces-aréco-miques; & sous l'empereur Honorius, il se trouvoit compris dans la première Narbonnoise. Les goths y étoient établis au cinquieme siecle, & la ville principale étoit alors du nombre de celles de la Septimanie. Leur roi Alaric, qui avoit embrassé le christanisme, convoqua dans Agde, en 506, un concile, dans lequel on voit la signature d'un évêque de cette ville nommé *Sophronius*.

Depuis cette époque, jusqu'au douzieme siecle, on n'entend presque plus parler de la ville d'Agde. Elle avoit cependant alors des vicomtes qui avoient commencé au dixieme fiecle, & qui fe reconnoiſſoient vaſſaux des rois d'Arragon. Les évêques d'Agde avoient auſſi quelque part dans la feigneurie de la ville, qu'ils tenoient vraifemblablement, comme pluſieurs autres évêques du Languedoc, de la libéralité de Charlemagne. A la fin du douzieme fiecle, les vicomtes abandonnerent leurs droits aux évêques, qui prirent dabord l'inveſtiture des comtes de Toulouſe & enſuite de faint Louis & de fes ſucceſſeurs. Ils portèrent le titre de vicomtes d'Agde; & depuis quelque temps ils ont pris celui de comtes.

Cette ville eſt fituée fur la riviere d'Héraut, à une demi-lieue de ſon embouchure dans la mer; embouchure que l'on appelle *le Grau d'Agde*, qui forme un petit port aſſez commerçant, quoiqu'il n'y puiſſe entrer que des barques, parce qu'il n'a ordinairement que fix à fept pieds d'eau. La ville contient environ dix mille habitans qui font, pour la plupart, marchands ou matelots. Elle a quatre portes; & les maiſons y font bâties de pierre noire. La cathédrale dediée à faint Etienne, eft petite & fombre. Les églifes paroiffiales, au nombre de trois, & les autres édifices n'ont rien de remarquable. Le palais de l'évêque eft un vieux bâtiment; mais la maifon eft commode. On dit que le prélat peut voir de fes fenêtres tout fon diocèfe.

A un quart de lieue d'Agde, fur la rive gauche de l'Heraut, près de fon embouchure dans la mer, il y a une chapelle fous le titre de *Notre-Dame de Grace* ou *du Grau*. On y révère une image miraculeufe de la fainte Vierge, qui fait l'objet d'un nombre confidérable de proceffions & de neuvaines de la part des habitans du voifinage. Cette chapelle eft deffervie par des capucins, dont le couvent eft très-beau dans toutes fes parties & dans tout fon enfemble. On prétend qu'un général de cet ordre qui en fit la vifite en 1714, fut fcandalifé d'y voir tant de beautés, & ne put s'empêcher de dire tout haut: *eft-ne vera domus fancti patris Francifci?* eft-ce bien véritablement ici une maifon de notre pere faint François. C'eft-là que fut enterré le duc de Montmorenci, si connu au seizieme siecle sous le nom de *Montmorenci d'Anville*. Il fut fait en 1593, connétable de France, & mourut en 1614, dans sa belle maison de la Grange, près de Pezenas, d'ou son corps fut transporté à *Notre-Dame du Grau*.

Tout vis-à-vis de cette chapelle, sur un rocher pelé, à une lieue dans la mer, est le petit fort de *Brescou*, qu'on peut regarder comme imprenable, pour vû qu'il soit bien garni de vivres & de munitions. Les magasins, les casemates, les batteries mêmes sont taillés dans le roc. On n'y peut faire aucun débarquement; & ni les vaisseaux, ni les galiottes à bombes, ni les barques canonnieres ne pourroient en approcher : il sert à présent à renfermer des prisonniers d'état.

Le diocèse d'Agde, dont l'évêque est suffragant de l'archevêque de Narbonne, ne renferme que vingt paroisses, mais parmi lesquelles on compte beaucoup de gros bourgs & plusieurs villes. A trois lieues & demie nord-est de la ville épiscopale, entre l'étang de Thau & la mer, où trouve la ville de *Cette*, qui a pris son nom & son origine d'un petit hameau de même nom, éloigné de la ville d'un quart de lieue. Elle n'est pas ancienne, puisqu'elle n'existoit pas au seizieme siecle. On ne connoissoit alors, que le cap sur lequel elle est située. Le projet de la bâtir fut conçu sous le regne de Henri IV, & ne fut exécuté que pendant le cours du dix-septieme siecle. Les jettées qui forment le port, que je vous ai déja fait connoître, Madame, ne furent achevées qu'en 1678. Quoique ce port ne soit pas un des meilleurs de la Méditerranée, qu'il ne puisse jamais l'être, & qu'il coûte beaucoup à entretenir; il est cependant précieux pour la province de Languedoc, parcequ'il est nécessaire pour le maintien de son commerce avec la Provence. Il n'y en a pas d'autre en effet dans cette partie de la Méditerranée, que l'on appelle le *golfe de Lyon*, qui est renfermé entre les bouches du Rhône & les côtes du Roussillon. Cette ville, dont l'évêque d'Agde est seigneur, contient six mille habitans. En 1717, quelques négocians de Montpellier

Montpellier y établirent une rafinerie de sucre qui a très-bien réussi, & en 1721 une fabrique de savon.

La petite ville de *Meze* est située sur le même étang de Thau, au nord-ouest de *Cette*, & a un petit port. Les environs en sont fort agréables; mais en été le climat y est peu sain. L'évêque d'Agde est seigneur de la troisieme partie de cette ville & de son territoire, par une donation de Charlemagne que Louis *le Jeune* confirma en 1170.

Les gros bourgs de ce diocèse, tels que *Bessan*, *Florensac*, *Marseillan*, *Saint-Thibery* &c., sont très-peuplés à proportion de leur étendue. Mais je n'y ai rien vu de bien remarquable. Sur la route de Montpellier, en descendant vers le midi, je suis entré dans l'abbaye de *Vallemagne*, située dans un lieu assez sauvage. Le cloître & la fontaine sur tout qui est dans le monastere, peuvent fixer un moment l'attention du voyageur. A une lieue de-là, j'ai traversé la petite ville de *Montagnac*, connue seulement par ses foires, où l'on apporte beaucoup de marchandises de Mont-

Tome XXXII. P.

pellier, particulièrement les laines qu'on y prépare.

En moins d'une heure je suis arrivé de cet endroit à la ville de *Pezenas*, dont les dehors ne peuvent être ni plus rians ni mieux cultivés. La riviere de Peyne, qui, près de ses murs, arrose un nombre infini de jardins & de prairies; les champs & les côteaux voisins, couverts de moissons, chargés de vignes & de toutes sortes d'arbres fruitiers; la douceur & la température du climat en font un des séjours les plus gracieux de la province.

Cette ville étoit autrefois connue des Romains sous le nom de *Piscena*. Pline dit que c'étoit le lieu de la Gaule Narbonnoise, où l'on faisoit les meilleurs étoffes, parceque la laine, la fabrique & la teinture en étoient également bonnes. En 1261 saint Louis acheta cette terre de ses anciens seigneurs, & l'unit à son domaine. Cent ans après le roi Jean l'érigea en comté pour Charles d'Artois, descendant de Robert d'Artois, frere de saint Louis. Au seizieme siecle elle vint au grand connétable de Montmorenci, & passa à son fils d'Anville, qui fut aussi connétable. Ces seigneurs firent bâtir tout auprès une jolie maison de campagne, que l'on appella *la Grange des Prés*. Après la fin tragique du dernier duc de Montmorenci, Pézénas & la Grange passerent au prince de Condé, son beau-frere, & devinrent ensuite le partage des princes de Conti, cadets de la maison de Condé.

Les états de Languedoc se sont plusieurs fois assemblés à Pézénas. Il s'y tient tous les ans une foire très-considérable, qui est un des débouchés du commerce de la province. Les habitans au nombre de plus de six mille, sont naturellement gais. Dans les réjouissances publiques, ils s'amusent beaucoup à voir une grande machine qu'on promène dans la ville, & qu'ils appellent le *Pouldin*. Il est vêtu de bleu avec des fleurs de lys d'or. Les sauts qu'on lui fait faire sont assez réjouissants, sur-tout lorsqu'il fait semblant de mordre tous ceux qu'il rencontre.

L'intérieur de cette ville n'est pas d'ailleurs très-beau. On peut y remarquer seulement la maison des

PP. de l'Oratoire & le quai. Dans l'église collégiale, on verroit, si l'on pouvoit le reconnoître, le tombeau de *Jean-François Sarasin*, secrétaire du prince de Conti, & l'un des plus beaux esprits du dix-septieme siecle.

On rapporte que le maire & les échevins d'une ville ayant été au-devant du prince pour le haranguer, l'orateur resta court à la seconde période, sans pouvoir continuer son compliment. Sarasin saute aussi-tôt du carrosse où il étoit avec le prince de Conti, se joint au harangueur, & poursuit la harangue, l'assaisonnant de plaisanteries si fines & si délicates, & y mêlant un style si original, que le prince ne put s'empêcher de rire. Le maire & les échevins remercierent Sarasin de tout leur cœur, & lui présentèrent, par reconnoissance, le vin de la ville.

C'est à Pezenas que nâquit le savant *P. Poussines*, si estimé à Rome de la reine *Christine*. Nous avons de ce jésuite plusieurs ouvrages qui prouvent beaucoup en faveur de son érudition. Cette ville vient de perdre un autre homme de lettres qui l'a également illustrée : c'est *M. de Juvenel de Carlencas*, auteur des *Principes sur l'histoire*, qu'il composa pour son fils, mais principalement connu par des *essais sur l'histoire des sciences, des belles-lettres & des arts*. Cet ouvrage, où l'on trouve un catalogue de toutes les richesses littéraires des différens siecles, jouit d'un succès bien mérité. Il a déja eu quatre éditions, & a été traduit en allemand & en anglois.

Je suis, &c.

A Pezenas, ce 14 Novembre 1760.

LETTRE CDXXVIII.

SUITE DU LANGUEDOC.

A peine est-on sorti des murs de Pezenas qu'on entre dans le diocèse de Beziers, le plus fertile de tout le Languedoc, & suivant la plupart des voyageurs de toute la France. Il n'a qu'une très-petite partie de côtes ; mais il s'avance très-profondément dans les terres. Ses bornes sont, au nord le Rouergue, au levant les diocèses de Lodève, de Montpellier & d'Agde, au midi la Méditerranée & le diocèse de Narbonne, au couchant ceux de Castres & de Saint-Pons. Il est arrosé par les rivieres d'Orbe & d'Héraut, & par le canal royal.

On peut dire, Madame, qu'indépendamment de la beauté du climat, cette contrée est une vraie terre promise. Elle produit beaucoup plus de blé qu'il n'en faut pour les habitans, de l'huile d'olive en abondance, d'excellens vins de toutes les especes, sur-tout des vins muscats, de très-bons fruits, & du salicot. Il se fait beaucoup de soie dans ce diocèse; & toutes les denrées s'y vendent à un bon prix. On y trouve des eaux minérales, des carrieres de marbre, des mines de plomb, d'azur, de vernis, de charbon de pierre, de vitriol, & une espece de gomme qui est très-bonne pour faire du goudron. On a cru long-temps qu'il y avoit aussi de l'ocre, mais on croit avoir reconnu que ce n'est autre chose que cette gomme. Dans plusieurs endroits il se fabrique de beaux droguets qui se débitent bien en Allemagne.

L'origine de Beziers remonte aux siecles les plus reculés. Cette ville, autrefois si considérable, existoit du temps des Volces-Arécomiques, & s'appelloit *Biterræ*. Les Romains s'en emparerent à-peu-près dans le même temps que de Narbonne, & y établirent une de leurs légions que l'on dit avoir été la septieme. De là vient que les anciens auteurs l'appellent *Colonia Septimanorum*. Quelque temps après on y bâtit deux temples, dont l'un fut dédié à Auguste, & l'autre à

Julie, sa fille. L'empereur Tibere voulut bien donner à cette ville des marques signalées de considération. Elle s'accrut insensiblement, & devint, au quatrieme siecle, une des places les plus florissantes de la Gaule méridionale. Dans le siecle suivant les goths envahirent toute cette contrée, & prirent Beziers qu'ils ruinerent, n'y laissant presque aucune trace des monumens & des beaux édifices que les Romains y avoient élevés.

Vous savez, Madame, que Clovis défit ces barbares en bataille rangée, & se rendit maître de leur royaume. Mais ils y rentrerent presqu'aussi-tôt après la mort du fondateur de notre monarchie. Théodébert, son petit-fils, & successeur de Thieri, son pere, au royaume d'Austrasie, les en chassa de nouveau. Ce jeune prince faisoit le siege de Beziers, lorsque Deuterie, femme du gouverneur, revenant de son château de Capestan, pour entrer dans la ville, fut prise avec Gossvinde, sa fille, âgée de dix ans, par les coureurs de l'armée. Théodébert la vit, & en devint éperdûment amoureux. Il répudia Viſſgarde, ſa femme, pour épouſer Deutérie du vivant même de ſon mari, de laquelle il eut Théobalde qui lui ſuccéda. Mais bien-tôt ſa paſſion s'étant affoiblie, il ſe prit d'amour pour Goſſvinde. Deuterie s'apperçut des nouveaux ſentimens de Théodébert, & conçut une extrême jalouſie contre ſa fille. La cour étoit alors à Verdun; les princes & les princeſſes ſe promenoient ſur le bord de la Meuſe, fort profonde en cet endroit, dans de petits chariots couverts, traînés par des bœufs. Deuterie en fit préparer un pour Goſſvinde, auquel on attela des taureaux indomptés, qu'on n'avoit pas menés boire depuis pluſieurs jours, & qui, pour éteindre leur ſoif, ſe précipiterent dans le fleuve où elle périt. Théodébert inſtruit dans la ſuite de la véritable cauſe de la mort de Goſſvinde, obligea ſa mere dénaturée à finir ſes jours dans un couvent, & ſe réunit à Viſſgarde, ſa premiere femme, qui mourut ſix mois après.

Cependant la ville de Beziers s'étoit bien rétablie ſous les rois de France,

P 5

lorsque les Sarrasins s'en emparerent en 736. Charles Martel la reprit l'année suivante; & de crainte que ces infidèles n'en fissent un lieu de retraite, il la détruisit presqu'entièrement. Les habitans de cette ville infortunée eurent le courage de la rétablir de nouveau. Sous Charlemagne elle avoit repris tout son lustre, & paroissoit aussi florissante qu'elle l'eut jamais été. Cet empereur en partagea la seigneurie entre l'évêque & les comtes séculiers qu'il y établit à vie & amovibles. Ceux-ci eurent des vicomtes, qui, au bout de quelque temps, se trouverent héréditaires & tout-puissans dans Beziers. Ils s'assurerent de la protection des comtes de Barcelonne, rois d'Arragon, en leur rendant hommage.

Un de ces vicomtes, nommé *Raymond Trincavel*, épousa une héritiere du comté de Carçassonne, & un de ses descendans, une héritiere de celui de Nismes. Ces trois comtés resterent réunis jusqu'à la fin de la guerre des Albigeois, dans laquelle le dernier comte de Beziers se déclara pour ces hérétiques. C'étoit *Raymond Roger*, qui, l'an 1182, avoit partagé avec l'évêque la justice de la ville, à l'exception des homicides & des adulteres, dont le comte se réserva la connoissance.

Ce prince fut la malheureuse victime de son attachement au comte de Toulouse, protecteur des Albigeois. Il eut la douleur de voir sa ville de Beziers prise par les Croisés, saccagée & presque réduite en l'état où elle est aujourd'hui. Trente mille hommes, & suivant quelques auteurs, soixante mille y furent passés au fil de l'épée. Six mille furent massacrés dans la seule église paroissiale de la Magdelaine. J'ai dit ailleurs comment le roi saint Louis la réunit à la couronne. Depuis cette époque elle ne reconnoît d'autre souverain que le roi, quoique l'évêque prenne le titre de seigneur, & qu'il ait dans la ville une jurisdiction assez étendue.

Après ce petit précis de l'histoire de Beziers, je ne dois pas vous laisser ignorer, Madame, que la cour de cette ville a été, sous ses derniers vicomtes, une des plus brillantes de celles de tout le Languedoc. L'anecdote que je vais vous rapporter en est une preuve : elle pourra d'ailleurs vous faire connoître, tout à la fois, l'esprit & le ton de galanterie qui régnoit en ces temps-là, & le génie des premiers peres de la poësie française. Vous jugez d'avance que c'est d'un troubadour que je veux parler ici, & vous ne vous trompez pas.

Ce troubadour étoit *Arnaud de Marveil*, né en Périgord dans le douzieme siecle, qui s'étant dégoûté de la profession de notaire, se livra tout entier à la poësie. Il avoit une figure agréable, & suivant le texte, le talent *de bien trouver, de bien chanter & de lire des romans* ; c'est-à-dire, qu'il composoit avec facilité, avoit la voix belle, & contoit avec grace. C'en étoit bien assez, pour qu'il pût paroître avec avantage dans les différentes cours du royaume. La premiere où il se présenta fut celle d'Adélaïde, fille de Raymond V, comte de Toulouse, & femme de Roger II, surnommé *Taillefer*, vicomte de Beziers. Cette princesse prit toujours le titre de comtesse, quoique son mari ne fût que vicomte, parceque c'étoit alors l'usage que les femmes conservoient le titre affecté à la maison d'où elles étoient sorties, quand celui de leur mari étoit inférieur.

L'accueil flatteur que reçut Arnaud de la part de la comtesse de Beziers, fit naître dans son âme le sentiment le plus vif & le plus tendre. Il l'exprime lui-même dans toutes ses poësies, si l'on en excepte une seule.
« Je ne prévoyois pas, dit-il, quand
» j'arrivai dans ces lieux, que je
» dusse payer si cher le plaisir, d'a-
» voir vu de trop près tant de grâces
» & tant de beauté. J'éprouve com-
» bien il est vrai que qui veut se
» chauffer, se brûle. J'aime sans ôser
» le dire . . . . . Je me suis moi-
» même condamné à fuir celle que
» j'adore, de peur que mes regards
» ne trahissent mon secret : elle ne
» leur pardonneroit jamais cette in-
» discrete témérité. J'ai du moins
» l'avantage de la contempler dans
» mon cœur, qui me la représente
» comme un miroir. Tout me la
» rappelle, tout me la peint. La
» fraîcheur de l'air, l'émail des prés,
» le coloris des fleurs, en me retra-

« çant quelqu'un de ses agrémens, m'invitent sans cesse à la chanter. Grâces aux exagérations des troubadours, je puis la louer, je puis dire impunément qu'elle est la plus belle dame de l'univers. S'ils n'avoient pas appliqué faussement cet éloge, je n'oserois le donner à celle que j'aime; ce seroit la nommer ».

Arnaud chantoit en effet la comtesse sous des noms allégoriques, & avoit l'attention de ne point donner sous le sien propre, les pieces qu'il lui adressoit. Mais Adélaïde en reconnut l'auteur, & se reconnut elle-même à travers toutes ces fictions. Bien loin de paroître insensible à des louanges si ingénieusement tournées, elle le récompensa par des présens, & lui permit de la prendre pour l'Héroïne de ses vers. C'est ainsi que les dames de ce siecle, en confiant les intérêts de leur beauté à un chevalier, qui en soutenoit l'excellence les armes à la main, chargeoient aussi un poëte de les célébrer. Ce double usage fit naître dans le même temps les romans de chevalerie & les chansons galantes.

Arnaud ne sentit que le doux honneur de cette commission, sans en prévoir le danger. Il jouissoit de la liberté d'être à toute heure auprès de la comtesse ; & quelques mots obligeants dont elle paya ses poësies, enflammerent son âme de la plus violente passion. « Ma raison, dit-il, » s'oppose à mon penchant. Si je l'en » crois, il me sied mal d'aspirer à » une conquête de cette importance ; » je dois laisser aux rois l'honneur » de soupirer pour elle. Mais quoi ! » n'est-il donc pas réservé à l'amour » d'égaler les conditions ? Ovide l'a » décidé. Si-tôt qu'on aime, on est » digne de plaire .... Mon cœur, » dit-il dans un autre endroit, vaut » bien celui d'un comte, d'un duc » ou d'un roi. L'élevation de ses de- » sirs prouve assez sa noblesse. C'est » être égal aux souverains que d'a- » voir des vues dignes d'eux ».

Quelques regards favorables de la comtesse animèrent la confiance d'Arnaud. Il auroit dû penser que ce n'étoit là qu'un tribut payé à l'usage, & arraché par le désir d'être l'héroïne d'un poëte. Mais il présuma que puisque Adélaïde n'avoit pas rejetté les protestations de son attachement, elle pourroit, enfin, se trouver disposée à y répondre. Il donna dès-lors un libre essor à son imagination, & devint plus hardi. Deux chansons qu'il fit, portent la plus vive expression de tous ses desirs, qu'il borne à obtenir un baiser de la belle Adélaïde. Dans ce siecle l'amour de la poësie, le talent du poëte faisoient disparoître la distinction des rangs; & la comtesse ne craignit point d'exaucer le vœu de l'amoureux troubadour. Si la cour de Beziers le sut, elle ne dut point en être surprise. Vous savez, Madame, que Marguerite d'Ecosse, femme de Louis XI encore dauphin, passant par une salle où Alain Chartier s'étoit endormi, lui baisa la bouche, & que les courtisans ne furent étonnés de cette action qu'à cause de la laideur du chevalier.

Ce baiser fatal que reçut Arnaud, le rendit d'abord plus heureux, parce qu'il en aima davantage. *Adélaïde tout entiere*, disoit-il, *s'est gravée dans mon âme au moment où j'ai senti l'approche de ses lèvres; depuis cet instant je passe les jours à lui parler, & les nuits à la voir.* Mais bien-tôt son imagination échauffée ne connut plus de bornes.

Adélaïde, qui contente d'avoir eu pour lui les complaisances autorisées par l'usage, étoit bien loin de s'en permettre de criminelles, eut beau s'armer de la sévérité la plus imposante. Arnaud ne put réprimer les mouvemens de son cœur passionné. Il fit une autre chanson dans laquelle il s'écrie avec un douloureux transport : « Je nage dans les désirs ; c'est-là mon élément, comme l'eau est
» celui des poissons : mais je désirerai
» toujours en vain puisque je désire
» seul. Celle que j'aime est sourde à
» mes vœux. On adoucit les lions,
» & rien ne fléchit sa rigueur. Je
» supporte néanmoins sans me plain-
» dre un état qui m'accable. Pour-
» rois-je en effet me croire malheu-
» reux ? j'aime & je désire. Amour !
» si je parle ainsi de tes peines, que
» dirois-je de tes plaisirs » ?

Cependant Alphonse IV qui régna en Castille depuis 1158 jusqu'en 1214, étoit amoureux de la comtesse de Beziers. Si je vous dis, Madame, que ce puissant souverain fut jaloux d'un simple troubadour, vous n'en serez nullement surprise, parce que vous savez que dans ce siecle les favoris des muses Languedociennes pouvoient aspirer à plaire aux plus grandes princesses. Alphonse exigea d'Arnaud qu'il cessât de voir & de chanter Adélaïde, & il exigea d'Adélaïde qu'elle lui défendît de rester à sa cour. Le malheureux amant reçut ordre de la comtesse de ne plus la célébrer & de s'éloigner d'elle. Il se retira auprès de Guillaume VIII, seigneur de Montpellier. Là sa passion se nourrit de ses regrets qu'il exhale ainsi dans une autre piece de vers.

« Qu'on ne me dise point que l'âme
» n'est touchée que par l'entremise
» des yeux. Les miens ne voient plus
» celle que j'aime, & je n'en suis
» que plus fortement occupé du
» bien que j'ai perdu. On a pu m'é-
» loigner de sa présence : mais mon
» cœur lui restera éternellement atta-
» ché par des nœuds, que rien ne
» pourra jamais rompre . . . . . .
» Lieux fortunés qu'elle habite,
» ajoute-t-il ailleurs, quand me sera-
» t-il permis de vous revoir ! . . .
» N'appercevrai-je personne qui ar-
» rive de ce côté-là ? Un berger
» qui viendroit de son château, seroit
» pour moi un homme d'importance.

« Puissé-je être confiné dans un désert & l'y rencontrer ! Ce lieu sauvage me tiendroit lieu du *paradis* ». Cette expression d'un amant malheureux demande de l'indulgence.

De cette douleur tendre & douce, dont le caractere est ennemi des reproches, Arnaud passa bien-tôt au désespoir, & se répandit en plaintes ameres, tantôt contre ses ennemis, tantôt contre celle qui étant la cause de ses malheurs, l'avoit abandonné à la rigueur de son sort. *Je ne tiens plus à rien sur la terre*, dit-il, *je n'y ai plus d'amis, & je n'y dois plus rien aimer.* Cette réflexion le jetta insensiblement dans la morale; & il termina sa carriere poëtique par une piece d'environ quatre cents vers, où il consigne les maximes qu'il propose pour regle de conduite. On croit qu'il mourut à Montpellier avant la comtesse de Beziers, qui ne paroit pas avoir vécu après l'année 1201.

L'évêché de cette ville, suffragant de Narbonne, reconnoit pour son fondateur saint Aphrodise, qui, dès le premier siecle de notre ère, dit-on, vint avec *Sergius Paulus* ou *saint Paul Serge*, prêcher la foi dans cette partie de la Gaule méridionale. Celui-ci fut à Narbonne ; le premier s'arrêta à Beziers, où il souffrit le martyre. Ils avoient été l'un & l'autre convertis par l'apôtre saint Paul. Si cette tradition universellement reçue dans le pays, n'est pas, quant à l'époque, fondée sur des autorités irréfragables, il est du moins certain que l'évêché de cette ville subsistoit au quatrieme siecle, & qu'il a toujours été suffragant de Narbonne. *Agristius*, l'un des successeurs de saint Aphrodise, souscrivit au premier concile d'Arles, tenu l'an 314.

Non, Madame, je n'ai point vu dans toutes mes courses de situation plus belle & plus heureuse que celle de la ville de Beziers. Elle est bâtie à une lieue & demie de la Méditerranée, sur une colline assez élevée, au pied de laquelle coule la riviere d'Orbe qui reçoit le canal royal. Rien de plus charmant que les divers points de vue dont on y jouit de tous les côtés. A l'ouest de la ville,

& du haut des murs, vous voyez vers le nord, une chaîne de montagnes bleuâtres, du sein desquelles semble sortir la riviere d'Orbe; devant vous un riche vallon qui s'élève insensiblement, & forme un amphithéâtre diversifié par des jardins, des vignobles, des champs pleins de moissons ou couverts d'oliviers & de mûriers, des bouquets d'arbres plantés çà & là, & une grande quantité de villages & de métairies répandues dans la campagne. Vous voyez surtout les huit écluses du canal accolées ensemble, où la chûte des eaux forme la plus belle cascade qu'on puisse imaginer, & le plus beau coup d'œil qui soit peut-être en Europe.

Dans la partie de la ville qui regarde l'orient, transportez-vous sur une grande place ou belveder, qui est près de la porte de la citadelle; & vous y trouverez des points de vue également agréables. Du côté du nordest & du levant, c'est une vaste forêt d'oliviers entremélés de vignes & de mûriers. Du côté du midi, c'est une plaine immense extrêmement fertile, où serpente la riviere d'Orbe, & qui se termine à la mer, dont l'œil embrasse une étendue très-considérable. De cet endroit le plus élevé de la ville, vos regards, après avoir parcouru le tableau le plus riche & le plus varié, se portent jusques sur la cime des monts Pyrenées, qu'on découvre dans le lointain vers le sud-ouest. En un mot, Madame, de toutes parts, c'est un spectacle enchanté; & je puis dire avec tous les voyageurs, sans craindre d'être démenti que les environs de Beziers sont les plus beaux de toute la France.

Joignez aux divers agrémens de cette situation, à la fertilité du sol, & aux productions de toutes les especes qu'il y donne en abondance, la sérénité du ciel, la salubrité de l'air, la continuité des vents frais qui temperent les excessives chaleurs de l'été; la douceur du climat, qui, presque toutes les années, fait jouir, dans le cœur même de l'hiver, des beaux jours du printemps; enfin tout ce qu'on y trouve pour fournir aux besoins de la vie, un pain savoureux, toutes sortes de vins exquis, du mouton délicat, du poisson toujours frais, de très bonne volaille, d'excellent gibier, des fruits délicieux, &c; & vous croirez sans peine à ce vers latin connu de temps immémorial :

Si vellet Deus in terris habitare, Biterris.

Et qu'on a traduit ainsi :

En terre si Dieu vouloit naître,
C'est à Beziers qu'il voudroit être.

Cette ville une fois plus longue que large a une enceinte assez considérable, & renferme au moins vingt mille habitans. On y entre par cinq portes. Les murailles qui l'entourent, flanquées de quelques tours antiques, sont en quelques endroits des espèces de bastions. En arrivant du côté du couchant, c'est-à-dire, par la route de Toulouse, on passe la rivière d'Orbe sur un beau pont, & l'on peut monter à la ville par deux chemins; l'un plus court, étroit & roide; l'autre plus long, plus large & qui cotoie la colline.

Le voyageur curieux d'antiquités en chercheroit inutilement dans cette ville. Tous les monumens élevés par les Romains ont été la proie des flammes, lors de l'invasion des Goths; & les beaux édifices qui ont pu être l'ouvrage de ceux-ci, ont sans doute disparu sous le fer des Sarrasins, ou sous le glaive des Français mêmes durant les guerres de religion. A peine le voyageur trouveroit-il quelques restes d'un amphitéâtre qu'on voit dans la maison d'un particulier près de la petite place de saint Cyr; quelques autres foibles débris qu'il ne jugeroit pas bien dignes de son attention, & quelques vieilles inscriptions qu'il ne pourroit pas déchiffrer. A peine verroit-il hors des murs, en certains endroits, quelques amas de grosses pierres couvertes de mousse, quelques ruines éparses qui pourroient peut-être lui faire conjecturer que Beziers avoit autrefois une plus vaste enceinte; & cette conjecture ne seroit pas dénuée de tout fondement, eu égard à l'ancienne population de cette ville.

Dans son état présent elle ne renferme que des édifices modernes, parmi lesquels il y en a quelques-uns qui

qui peuvent fixer les regards des étrangers. On remarquera sur-tout le palais épiscopal bâti régulierement, & dont le point de vue est admirable. Les vues de la terrasse du collège, de la petite esplanade de *saint Louis*, de la place de *Canterelles*, & du couvent des Capucins, sont également belles, & celle du jardin de l'abbaye de *saint Jacques*, plus charmante encore. C'est de là qu'on voit tout-à-la-fois & la mer, & la belle cascade des huit éclufes, & le vallon dans toute son étendue, & la chaîne des montagnes du nord. Tout auprès de cette abbaye sont les caseines, bâtiment non-moins vaste que beau, & dont les vûes sont aussi très agréables.

Il y a dans Beziers cinq paroisses; l'église cathédrale dédiée à *saint Nazaire*, la collégiale à *saint Aphrodise*, l'abbatiale à *saint Jacques*, la quatrieme à *sainte Magdeleine* & la cinquieme, son annexe, à *saint Felix*. L'église de saint Aphrodise fut, dit-on, bâtie hors de la ville, dans un endroit couvert de quelques arbres, qui ombrageoient une grotte, où le saint apôtre se retiroit pour vaquer à

Tome XXXII. Q

la priere. On a transformé cette grotte en une petite chapelle souterraine, dont l'escalier se trouve au côté gauche de la porte du chœur. Cette église étoit anciennement la cathédrale. Mais dans des temps de troubles, le titre en fut transféré à l'église de saint Nazaire située dans la ville même. On agrandit celle-ci, & on l'embellit d'une maniere convenable, au moyen d'une contribution que l'on tira des Juifs, qui la payerent volontiers, pour se rédimer d'une vexation à laquelle ils avoient été assujettis dès le temps de Charlemagne. A certains jours de l'année, on souffletoit en cérémonie tous ces malheureux hébreux, devant la porte de cette même église de saint Aphrodise. Cette translation se fit en 1154. On fonda une abbaye dans l'église de saint Aphrodise; & l'évêque qui exerçoit une jurisdiction fort étendue dans la ville, consentit à céder à l'abbé le droit de faire exercer en son nom la justice dans le faubourg. Le pape lui accorda le privilége d'officier avec les ornemens pontificaux.

Cette nouvelle cathédrale de *saint*

Nazaire, offre sur son frontispice des figures assez estimées. Elle consiste en une nef séparée en deux dans sa longueur par le chœur. Les orgues de cette église sont doubles, & d'une belle menuiserie. Mais on est un peu surpris d'en voir la tribune portée par des pilastres où sont adossés des termes qui ont des paniers de fleurs sur leur tête. Il en est de même de trois satyres de menuiserie qui sont au-dessus, & qui forment une espece de console qui soutient les orgues. Ces représentations de divinités fabuleuses ne peuvent nullement convenir à un lieu saint.

Si l'on veut entrer dans l'église de *saint Felix*, on verra avec quelque étonnement la hardiesse des arceaux qui en soutiennent la charpente. Outre les cinq églises paroissiales, il y a dans Béziers six couvens d'hommes & six de filles, en comprenant dans ceux-ci les deux abbayes de *sainte Claire* & du *saint Esprit*; un séminaire, un college, cinq confréries de Pénitens, & deux hôpitaux. L'église du college est belle. J'ai entendu vanter par un peintre habile quelques tableaux de la chapelle des Pénitens noirs, & sur-tout un tableau déja enfumé qui est dans celle des Pénitens minimes, au côté droit de l'autel.

La ville de Beziers n'est pas bien percée, sans doute à cause de l'inégalité du terrain sur lequel elle a été bâtie. On n'y trouve pas de place bien dignes de remarque, si vous exceptez celle de la citadelle, dont j'ai déja parlé ; elle est ainsi nommée parce qu'il y avoit autrefois une forteresse qui a été démolie.

La plus belle rue est la rue *Françaife*, anciennement appellée la *Carriere Bretche*. Lors de la prise de la ville par les Anglais, un vaillant capitaine, dit-on, nommé *Peire Péeruc*, les empêcha lui seul d'entrer dans cette rue; & c'est à cette occasion qu'elle fut nommée *Françaife*, parce qu'elle avoit été conservée franche. Au bas de cette rue, on voit une grosse statue de pierre, qui représente ce guerrier, & qui fut d'abord nommée de son nom, mais à laquelle on donna dans la suite par corruption celui de *Pepefuc*.

Le jour de l'Ascension on enjolive

cette figure grotesque, pour amuser les habitans, & les étrangers qui viennent en foule de tout le voisinage. En ce jour de réjouissance on promene dans la ville une grosse machine, appellée *le chameau*, vêtu d'une toile cirée, sur laquelle on lit d'un côté ces mots latins : *ex antiquitate renascor*, (d'ancien que j'étois, je deviens nouveau), & de l'autre ces mots Languedociens : *sen sisso*, (*nous sommes en grand nombre*). On ne peut voir sans rire, les mouvemens soit de la tête soit du cou auquel pend une sonnette, que lui font faire, au moyen d'un levier, les hommes enfermés dans le ventre de ce chameau de bois. Les officiers municipaux sont à cheval, précédés des communautés des arts & métiers. Une charrette couverte de branches d'arbres arrangées en berceau, & traînée par une centaine de mules harnachées de rubans & d'un gros bouquet de roses, fait aussi partie du cortége Elle est suivie d'un grand nombre de pauvres, habillés, pour ainsi-dire, de rameaux depuis le sommet de la tête jusqu'aux pieds, & qu'on appelle *les Sauvages*.

Sur la fin du jour on leur distribue du pain, dont la bénédiction se fait dans la chapelle des Pénitens bleus, où le chapitre de la cathédrale se rend processionnellement. C'est à cause de cette aumône qu'on appelle ce jour en langage du pays *lou jour de caritach*, (*le jour de charité*).

Ce qu'il y a de plus amusant dans cette fête, c'est l'espece d'escrime que font dans les rues de la ville les bergers de tous les environs. On les voit sur deux files, armés de leur houlette, bâton d'environ trois pieds de longueur, un peu recourbé à l'un des bouts, se porter réciproquement des coups qu'ils parent avec une adresse merveilleuse, & après chaque assaut qui finit & se renouvelle par intervalles, danser au son des fifres & des tambours. C'est encore la petite bataille que se livrent les habitans, soit dans les rues, soit des fenêtres des maisons, en se jettant à poignées les belles dragées, mêlées d'excellentes confitures seches, qu'on fait dans cette ville. Ces deux petits combats sont des jeux très-divertissans, sans être jamais meurtriers.

Mais la danse des *treilles*, qui quelquefois a lieu ce jour-là, & toujours dans les grandes fêtes publiques, est encore plus réjouissante. Le seul coup d'œil des jeunes danseurs & des jeunes danseuses est charmant. C'est une troupe nombreuse de filles & de garçons, tous légèrement vêtus de blanc, ceux-ci en veste, celles-là en jupon court & en corset. Rangés sur deux longues files, chaque danseur & sa danseuse tiennent, chacun par un bout, un *demi-cerceau*, auquel on a entrelacé des feuilles de vignes. Il faut voir la légèreté, la souplesse, les grâces naïves, & sur-tout la vivacité avec laquelle ils dansent & passent tour-à-tour sous ce berceau. Il faut entendre les airs si vifs & si gais que jouent les violons. J'avoue que nos plus jolies contredanses & tout l'éclat de nos bals masqués & parés ne m'ont jamais fait autant de plaisir. Tant il est vrai qu'au milieu de nos jouissances même les plus recherchées, la nature, dans son aimable simplicité, flatte bien plus agréablement nos sens, que tout le luxe & tout le rafinement de l'art.

Ces petits détails doivent vous donner, Madame, une idée du caractere des habitans de Beziers. Ils sont vifs, enjoués, d'une gaîté folâtre, souvent trop sinceres, & amateurs des plaisirs. Un de leurs poëtes a eu raison de dire qu'ils sont

Courtois à l'étranger, souvent outre mesure.

Je les vois en effet dans toutes les occasions, affables, prévenans, officieux; & je connois ici bien des hommes, dont le cœur droit & sensible s'ouvre sans peine aux douces impressions de l'amitié, & à tous les sentimens qui la caractérisent. On les a accusés de ne pas aimer le travail, la gêne, la contrainte; & suivant le même poëte,

La douceur du climat engendre leur paresse.

Cependant on voit fleurir chez eux le commerce des grains, des vins, des huiles, des eaux-de-vie & de la soie. L'agriculture y est en vigueur; & nul canton n'offre des terres aussi bien cultivées que les environs de Beziers. Il s'y tient toutes les semaines un marché très-considérable.

Il est vrai qu'en général les Biterrois ne tirent pas tout le parti possible des heureuses dispositions qu'ils ont reçues de la nature pour les sciences & les arts. Mais l'académie établie dans cette ville, l'an 1723, s'occupe sans relâche & avec succès de travaux littéraires en tous les genres d'agrément & d'utilité. Mais indépendamment d'une foule d'esprits agréables, qui nous ont laissé, dans leur idiome languedocien, des poësies pleines d'enjouement, de délicatesse & d'images ou riantes ou sublimes, Beziers a produit un très-grand nombre d'hommes à jamais célèbres dans la république des lettres. Je vais vous en nommer quelques uns, Madame; & vous verrez, sans doute avec quelque surprise, que malgré l'esprit léger, l'imagination ardente & volage qu'on attribue aux habitans de cette contrée, la plupart de ces grands hommes ont parcouru avec éclat la carrière des hautes sciences.

Jacques Esprit, de l'académie française, à qui le duc de la Rochefoucault, le chancelier Seguier & le prince de Conti donnerent des témoignages non équivoques de leur estime & de leur amitié. Il a laissé des *paraphrases de quelques pseaumes*, & un ouvrage intitulé : *la fausseté des vertus humaines*. Ce dernier n'est, il est vrai, qu'un commentaire des *pensées* de la Rochefoucault. Mais chaque chapitre en est terminé par la démonstration de la réalité des vertus chrétiennes. C'est de ce livre que Louis de *Bans* a tiré son *art de connoître les hommes*.

Le P. *Gonet*, dominicain, auteur de plusieurs grands ouvrages théologiques. Bayle l'accuse à tort d'avoir fait approuver dans l'université de Bordeaux où il professoit, les *lettres provinciales*. Les dominicains & plusieurs points de leur doctrine sont attaqués dans ce livre.

Pierre-Paul Riquet, homme de génie, à qui la France doit son plus beau monument, le canal royal dont il a été l'inventeur. Il étoit d'une noble & ancienne famille originaire de Florence, établie depuis plusieurs siecles en Provence, & divisée en deux branches, connues, l'une sous le nom de *Riquet*, comte de Caraman, l'autre sous le nom de *Riquety*, marquis de Mirabeau, de laquelle est sorti le marquis de Mirabeau, auteur de *l'ami des hommes*.

Paul Pellisson, auteur de *l'histoire de l'académie française*, qui lui ouvrit ses portes, & d'un grand nombre d'autres ouvrages, dont le style est en général élégant & facile. La petite vérole l'avoit tellement défiguré qu'il étoit devenu un modèle de laideur. Mlle. Scudéri, son amie, disoit en plaisantant qu'*il abusoit de la permission qu'ont les hommes d'être laids*. Son intelligence dans les affaires lui attira la confiance de *Foucquet*, sur-intendant des finances, qui le fit son premier commis & son ami. Il eut part à la disgrace de ce ministre, & fut conduit à la Bastille. C'est-là qu'il composa pour ce célèbre infortuné trois *mémoires*, qui sont trois chef-d'œuvres. Si quelque chose, dit Voltaire, approche de Cicéron, ce sont ces trois *factums*.

Ces apologies éloquentes auroient dû procurer la liberté à Pellisson; & il n'en fut resserré que plus étroitement. On lui retira l'encre & le papier : il écrivit sur des marges de livres avec le plomb de ses vitres, ou avec une espece d'encre qu'il imagina en délayant de la croute de pain brûlé dans quelques gouttes du vin qu'on lui servoit. Pellisson privé du plaisir de s'occuper, disent les historiens de sa vie, fut réduit à la compagnie d'un basque stupide & morne, qui ne savoit que jouer de la musette. Il trouva dans ce foible amusement une ressource contre l'ennui. Une araignée faisoit sa toile dans un soupirail qui donnoit du jour à sa prison : il entreprit de l'apprivoiser. Il mit des mouches sur le bord de ce soupirail, tandis que son basque jouoit de la musette. Peu-à-peu l'araignée s'accoutuma au son de cet instrument : elle sortoit de son trou pour courir sur la proie qu'on lui exposoit. Ainsi, l'appellant toujours au même son, & mettant sa proie de proche en proche, il parvint, après un exercice de plusieurs mois à discipliner si bien cette araignée, qu'elle partoit toujours au signal pour aller prendre une mouche au fond de la chambre, & jusques sur les genoux du prisonnier.

Louis XIV, après avoir rendu à Pellisson sa liberté, le dédommagea de sa captivité qui avoit duré quatre ans, par des pensions & des places, le chargea d'écrire son histoire, & l'emmena avec lui dans sa premiere conquête de la Franche-Comté, & dans ses autres campagnes de la guerre suivante. Pellisson abjura, en 1670, la religion protestante dans laquelle il étoit né, & mourut l'an 1693, vivement regretté d'une foule d'amis qu'il avoit conservés dans le sein même de ses malheurs : témoin *Tannegui le Fevre*, qui lui dédia pendant sa détention son *Lucrece*, & le *traité de la superstition* de Plutarque.

Le P. Pierre *Cleric*, Jésuite, orateur & poëte latin & français. L'académie des jeux floraux lui décerna huit couronnes. Il avoit une imagination de feu, mais peut-être pas toujours assez réglée. Son *ode morale* offre en grand nombre des beautés vraiment sublimes.

Jean *Barbeyrac*, très-versé dans la science du droit qu'il professa avec distinction à Lausanne & à Groningue. Nous avons de lui plusieurs ouvrages estimés. Mais il est plus particulierement connu par les traductions & les commentaires qu'il a faits du *droit de la nature & des gens; des devoirs de l'homme & du citoyen,* par Puffendorf; des *droits de la guerre & de la paix,* par Grotius; & des *loix naturelles,* par Cumberland. Il a enrichi ces divers traités d'excellentes notes, aussi admirées que la traduction.

Jean Jacques d'Ortous de Mairan (1), un des membres les plus illustres de l'académie des sciences & de l'académie française. Il succéda à Fontenelle dans la place de secrétaire perpétuel de cette premiere compagnie, & la remplit avec un succès distingué. Il étoit aussi de l'académie impériale de Petersbourg, de l'académie royale de Londres, de l'institut de Bologne, des sociétés royales d'Edimbourg & d'Upsal. C'étoit un savant presque universel, & un très-

---

(1) Nous avons cru devoir dire ici un mot de cet homme célebre, dont notre voyageur n'avoit pas parlé, parcequ'il étoit encore vivant

habile écrivain. De tous les différens ouvrages qu'il a produits, les plus estimés sont sa *dissertation sur la glace*, son *traité historique & physique de l'Aurore Boréale*, & ses *lettres au P. Parennin, contenant diverses questions sur la Chine*. C'est à lui que l'académie de Beziers doit son établissement.

A ces noms je joins celui du *P. Vaniere*, jésuite, né à Caustes, bourg de ce diocèse. Il sera toujours compté parmi les poëtes qui ont fait revivre la langue des Romains avec toutes ses beautés. Dans son *Prædium rusticum*, ou *maison rustique*, la peinture naïve des amusemens & des travaux champêtres a tous les agrémens qu'on peut désirer ; & l'on ne sait ce que l'on doit admirer le plus dans ce poëme, ou de la richesse & de la vivacité de l'imagination, ou de l'éclat & de l'harmonie de la poësie, ou du choix & de la pureté des expressions. Le célebre Santeuil, après avoir lu les deux petits poëmes des *étangs* & des *colombes*, par lesquels le P. Vaniere annonça son talent, ne fit pas difficulté de dire que *ce nouveau venu les avoit tous dérangés sur le Parnasse*.

Des huit sénéchaussées qui divisent le Languedoc, & dans chacune desquelles il y a un présidial, celle de Beziers mérite une remarque particuliere. Les magistrats qui ont occupé la premiere place de ce siege, se sont toujours distingués autant par leurs lumieres & leurs vertus, que par leur attachement au roi, durant les guerres civiles qui ont désolé cette province. Tels sont les d'*Arnoye*, les *Douzon*, les *le Noir*. On a vu un *Douzon* périr glorieusement par le dernier supplice, pour avoir refusé d'embrasser le parti du rebelle Gaston, duc d'Orléans, dont l'armée étoit commandée par le maréchal de Montmorenci. Dans ces mêmes temps de discorde, les *le Noir* montrerent également à l'égard de leur souverain une fidélité à toute épreuve; & l'un deux en reçut une récompense d'autant plus flatteuse, qu'elle est unique dans son espece. Louis XIII après avoir mentionné dans des lettres-patentes les services que nos rois avoient reçus de ce vertueux magistrat, ainsi que de son pere & de son ayeul, attribua à sa charge de président la premiere présidence, tant que cette charge demeureroit unie sur sa tête & sur ses successeurs, à celle de juge-mage lieutenant-général dont il étoit en même-temps revêtu, quand même ils seroient moins anciens en réception que l'autre président. (Il faut vous observer, Madame, que suivant l'institution des présidents des présidiaux & le droit commun du royaume, le président le plus anciennement reçu avoit toujours la préséance) M. de Gleises de Lablanque, aujourd'hui juge-mage lieutenant-général, & gendre d'un le Noir, jouit de ce privilege si honorable (1).

Il s'est tenu plusieurs conciles dans la ville de Beziers. Les états de la province s'y sont aussi assemblés plusieurs fois : le prince de Conti les y tint en 1653. C'est-là qu'il accorda

---

(1) Le fils de ce magistrat occupe depuis plusieurs années cette charge dont il remplit les fonctions avec toutes les qualités d'un juge des plus estimables sous tous les rapports. L'estime universelle dont il jouit, lui a procuré l'honneur d'être député à la cour en 1777, par les juges mages lieutenants-généraux de tout le ressort du parlement de Toulouse, pour une affaire importante de droit public, & en 1789, d'être nommé député de la noblesse aux états généraux du royaume.

une protection distinguée à Moliere qu'il se souvint d'avoir vu au collége, & qui joua devant ce prince ses trois premieres comédies, l'*étourdi*, *le dépit amoureux* & *les précieuses ridicules*.

Le diocese de Beziers renferme cent six paroisses. Dans la plaine & le vallon que la ville épiscopale domine, on voit plus de quinze villages, tous agréablement situés, d'une étendue assez considérable, & peuplés à proportion de leur grandeur. *Villeneuve* en est le plus joli, & le plus remarquable par le nombre & la richesse de ses habitans. *Vendres* situé sur le bord de l'étang du même nom, est connu dans le pays par ses eaux minérales, bonnes dans certaines maladies. Le terroir de *Maraussan* produit des vins muscats délicieux. *Lignan* qui appartient à l'évêque, a sur la riviere d'Orbe un beau château & un jardin fort agréable.

A l'extrémité de la colline qui borne le vallon du côté du midi, est une chapelle dédiée à *Notre-Dame de Consolation*, & desservie par les PP. Minimes. Les connoisseurs y admirent plusieurs ouvrages de sculpture, qui font du *F. Pasquier*, religieux du même ordre. De ce lieu élevé, la vue se porte d'un côté sur la ville de Beziers & ses environs ; de l'autre, elle s'étend sur un vignoble immense, & va se perdre dans la mer.

Au nord-est de Beziers, & assez près de la petite riviere de Tongue, est le village de *Gabian*. A quelque distance de ce bourg, il y a une petite montagne appellée *la montagne des diamans* où l'on trouve des cristaux à facettes, qui, comme le diamant même, coupent le verre. On en découvre en plus grande quantité, lorsque la terre a été labourée & qu'il a plu. Au lever du soleil on les voit briller comme des étoiles le long des sillons & parmi les buissons. Il y a aussi dans ce terroir des mines de charbon de terre & de vitriol, & de ces sortes de pierres que les naturalistes appellent *bélemnites*.

Sur la cime d'une autre montagne voisine il y a une carriere dont la moitié est de pierres-ponces, qui étant jettées dans l'eau, la surnagent. Au pied de cette montagne, est une source d'eau minérale qui ne tarit jamais & dont on se sert avec succès pour la guérison de plusieurs maladies.

Mais de toutes les curiosités naturelles que l'on voit dans ce pays, la fontaine d'*huile pétrole* est la plus singuliere & la seule de cette espece que l'on connoisse dans le royaume. Cette huile médicinale est nommée *petrole*, parce qu'elle sort d'un rocher. La source est à mille pas du village de Gabian, sur le bord d'un ruisseau, dans un vallon formé par les deux petites montagnes dont je viens de parler. Elle se rend par des conduits souterrains, avec l'eau qu'elle surnage, dans un bassin que renferme un bâtiment; & elle se soutient toujours au-dessus de l'eau sans s'y mêler. Cette huile & l'eau entrent dans le bassin par une petite voute bâtie à cet effet, & qui a quatre pieds & demie de hauteur sur deux de largeur. En été il est assez ordinaire de voir dans le canal de cette voûte, une écume roussâtre qui surnage l'huile. Le bassin forme un carré d'environ six pieds de long sur quatre de large, & a treize ou quatorze pouces de profondeur : il est à découvert & exposé à l'air. L'huile s'y ramasse ; & l'eau à mesure qu'elle y vient, s'en sépare, au moyen d'une chante-pleure qui la reçoit & la verse dans un aqueduc, d'où elle s'écoule dans le prochain ruisseau. Il y a beaucoup de boue dans le bassin. On ramasse ordinairement tous les huit jours le *pétrole*, & on le met dans un baril où on le laisse rasseoir quelques momens afin que l'eau s'en sépare. On vuide ensuite cette eau dans le bassin de la fontaine par un trou qui est au bas du baril ; & lorsque le pétrole commence à sortir, on le reçoit dans des vaisseaux de terre où il acheve de s'épurer. On croit que cette source fut découverte en 1608. L'huile qu'elle donne, est employée utilement pour la brûlure, les plaies, la colique, les vers des enfans, les douleurs des nouvelles accouchées, les enclouures des chevaux, &c.

Vers le nord de Beziers on trouve l'abbaye de *saint Pierres de Joncels*, & un grand nombre de villages, dont plusieurs sont fameux dans le pays par quelques productions de la terre ;

Les figues de *Puissalicon*, le gibier de *Laurens*, les raisins de *Nessiez* sont excellens. Près de *Roquebrun* il y a des carrieres de marbre. A *Bedarieux*, ville assez considérable de ce diocèse, & dans les lieux circonvoisins, on fabrique de beaux droguets & des étoffes de laine, dont on fait un grand commerce en Allemagne. Il y a de ce même côté une petite contrée appellée *Graissessac*, composée de six petits bourgs, dont les habitans ramassent le fer de toutes parts, & en font des clous qu'ils vendent en Languedoc & dans toutes les provinces voisines. Ce seul commerce les fait subsister avec aisance.

Au reste, cette partie montagneuse du diocèse de Beziers offre en bien des endroits des sites vraiment pittoresques, & par-tout des terres bien cultivées. Dans les vallées ce sont de gras pâturages, où se nourrissent quantité de bestiaux qui donnent de très-bon lait. Sur les côteaux ce sont des vignes, des moissons, des forêts de noyers, de noisettiers, de châtaigniers, & d'autres arbres fruitiers de toutes les especes.

Ces mêmes montagnes s'étendent jusques dans la plus grande partie du petit diocèse de *Saint-Pons*, que j'ai parcouru avant de revenir à Beziers, où je veux me reposer encore quelques jours. Ce diocese borné à l'orient par celui que je viens de vous faire connoître, au midi par celui de Narbonne, à l'occident & au nord par celui de Castres, renferme les plus belles carrieres de marbre qu'il y ait dans le Languedoc. On n'y voit que quelques montagnes cultivées; les autres sont stériles. Aussi les habitans de ce diocèse ne jouissent pas, en général, d'une bien grande fortune; la plupart même y vivent de seigle, & vendent le peu de bled qu'ils recueillent pour acheter les denrées & les marchandises dont ils manquent. Ce qui attire quelque argent dans ce pays, c'est le commerce des bestiaux qu'on nourrit dans les montagnes, & des draps qu'on fabrique à Saint-Pons & à Saint-Chignan.

La ville épiscopale située dans un vallon entouré de montagnes, & sur la riviere de Jaur qui passe au milieu, est assez jolie; mais elle n'est gueres peuplée. On l'appelloit anciennement *Tomieres*; nom qui lui fut donné, dit-on, à cause des carrieres de marbre qui sont dans les montagnes des environs, du mot grec *tomos*, qui signifie instrument de fer avec lequel on coupe & l'on taille. Le nom que porte aujourd'hui cette ville, lui vient de *Pons*, comte de Toulouse, qui vivoit au dixieme siecle. Ce comte y fit transporter les reliques de *saint Pons*, son patron, martirisé à Nice, & y fonda en même-temps un monastere de l'ordre de saint Benoît qui devint bien-tôt très-célebre. C'est dans cette retraite qu'un prince d'Arragon nommé *Ramire*, embrassa la vie religieuse en 1134. Mais son pere & son frere étant morts, les Arragonnois vinrent l'y chercher & le placerent sur le thrône. En 1317 le pape Jean XXII érigea cette abbaye en évêché; & ce diocèse fut formé, comme il l'est encore aujourd'hui, de trente-neuf parroisses seulement qui furent enlevées à celui de Narbonne, dont l'évêque de Saint-Pons est suffragant. Les moines resterent dans la cathédrale jusqu'en 1611, qu'ils qu'ils furent convertis en chanoines par le pape Paul V.

Au fud-eſt de Saint-Pons, eſt la petite ville de *Saint-Chignan*, où il y a une abbaye, & où l'évêque fait ſa réſidence ordinaire. Elle a pour patron ſaint *Aignan*, dont on a corrompu le nom. La ſituation en eſt jolie, & la manufacture de draps aſſez conſidérable. Mais ces draps ſont groſſiers & peu eſtimés.

Il y a dans ce diocèſe une troiſieme abbaye; c'eſt celle de *Foncaude*, de l'ordre de prémontré. Elle eſt ſituée dans une contrée montagneuſe, mais agréable & fertile, à une lieue de la riviere d'Orbe.

Je ſuis, &c.

A Beziers, ce 25 Novembre 1760.

Tome XXXII.

LETTRE CDXXIX.

Suite du Languedoc.

Trois heures m'ont suffi, Madame, pour faire la route de Beziers à Narbonne, dont je viens de parcourir le diocèse. Il est borné à l'est par la Méditerranée ; au nord, par les diocèses de Beziers & de Saint-Pons ; à l'ouest par ceux de Carcassonne & d'Aleth, & au sud par le Roussillon. Le canal royal & l'Aude le traversent dans la partie septentrionale. Cette derniere riviere s'y divise en deux branches, toutes deux navigables, dont l'une va se perdre dans l'étang de Vendres qui communique avec la Méditerranée. On donne le nom de *Robine* d'Aude à l'autre branche qui passe par Narbonne, & va aboutir au *Grau* ou port de *la Nouvelle* par l'étang de Sigean.

Le blé qui croît dans ce diocèse passe pour le meilleur de toute la province, & peut-être de tout le royaume : il est beaucoup recherché pour les semailles. Les vins y sont en petite quantité, mais fort bons, & les récoltes d'huile très-abondantes. On y cultive avec succès des mûriers; on y recueille du salicot, & l'on y fait beaucoup de sel. Les environs de Narbonne produisent d'excellent miel très-blanc, & précieux sur-tout aux médecins pour sa qualité laxative. Il y a dans ce diocése un canton en plaines, qu'on appelle *Termenés*, à cause du château de *Termes* qui en est le principal lieu, & qui étoit autrefois une place importante. Dans la partie méridionale il y a des montagnes, connues sous le nom de *Corbieres*, où l'on trouve des carrieres d'assez beaux marbres tachetés de jaune & de blanc sur un fond violet. Ce fut dans ces montagnes que Charles Martel battit complétement les Sarrasins en 737.

Je ne vous rapporterai pas, Madame, toutes les chiméres qu'on raconte touchant la fondation de la ville de Narbonne. Vous ne croiriez pas, par exemple, aux auteurs qui veulent qu'elle ait été bâtie par un géant nommé *Narbon*, fils d'Hercule, premier roi des Celtes, qui vivoit l'an du monde 2339, & à qui le roi David envoya des ambassadeurs. Il vaut mieux vous dire qu'elle doit son origine à quelques pêcheurs qui s'établirent à l'embouchure de la riviere d'*Aude*, anciennement appellée *Atax*. La mer ne s'étoit pas alors retirée de cette côte. Ainsi cette ville étoit dans ce temps-là un petit port; tandis qu'aujourd'hui elle est enfoncée dans les terres, ou plutôt voisine de marais & d'étangs qui en rendent l'air assez mal-sain. Aucun bateau ne pourroit même en approcher, si pour dessecher les terres & donner de l'écoulement aux eaux, on n'avoit successivement tiré différens canaux, dont le plus ancien s'appelle *la Robine*, un autre *la Nouvelle*, & les embouchures, en langage du pays, des *Graux*.

La ville de Narbonne étoit sous la domination des Volces-Arécomiques; l'étendue en étoit considérable, le port commerçant & fréquenté, lorsque les Romains commandés par le proconsul Domitius, collégue de Fabius, s'en emparerent, ainsi que d'une partie du pays qui s'étend le long de la mer jusqu'aux Pyrenées. Ce fut, dit-on, l'an de Rome 686, soixante-sept ans avant l'ère chrétienne, peu de temps avant l'arrivée de César dans les Gaules, qu'ils y établirent une colonie. Cette ville étoit des mieux situées, soit pour servir de retraite & de boulevard contre les entreprises des peuples nouvellement assujettis, soit pour faciliter le passage des troupes en Espagne. C'est ce qui engagea les Romains à y mettre une légion, dont le chef s'appelloit *Martius Narbo*. Cette légion étoit probablement la dixieme, puisque la ville porte quelquefois le titre de *decumanorum colonia*.

Vous savez sans doute, Madame, que pour adoucir la peine que pouvoit causer aux colons romains l'éloignement de leur patrie, & pour leur donner lieu de conserver le souvenir de leur origine, les Triumvirs députés par le sénat de Rome, avoient soin de faire construire dans les nouvelles colonies les mêmes édifices publics qui décoroient la capitale de l'empire. C'est ce qu'ils firent dans

Narbonne, où l'on vit bien-tôt s'élever un capitole, un amphithéâtre, des temples, des cirques, un palais, &c.

J'ai dit ailleurs que cette ville devint si considérable, qu'elle donna son nom à une grande province que l'on appella *Gaule Narbonnoise*, & qui dans la suite fut divisée en deux. Malheureusement elle fut entièrement consumée par le feu, sous l'empire de Tibere. Mais Antonin *le Pieux* la fit rebâtir, & y rétablit à ses dépens les thermes, les basiliques, les portiques & d'autres monumens dont on voit encore des restes.

L'an 413 de notre ère, Ataulphe, roi des Visigoths, qui avoit déja pénétré dans les Gaules, parut devant Narbonne, & s'en rendit le maître par surprise. Quelques mois après il y célébra son mariage avec Placidie, sœur de l'empereur Honorius, qui lui abandonna toute la province dont cette ville étoit la métropole. Les Goths continuerent à la regarder comme la capitale du pays qu'ils occuperent, & qu'ils appellerent *Septimanie*, *duché ou marquisat de Gothie*. En quelque temps que ces derniers noms aient commencé, cette ville a toujours été une ville principale & considérable sous les Visigoths; & si leurs rois ont plus souvent résidé à Toulouse, Narbonne a toujours été leur place d'armes & de commerce la plus importante.

Cependant les Sarrasins, après avoir conquis l'Espagne, forcerent, sous la conduite de Zama leur général, le passage des montagnes du côté du Roussillon, & vinrent assiéger Narbonne dont ils s'emparerent l'an 719. Cette ville fut pillée & saccagée; tous les anciens monumens en furent détruits; les habitans qui l'avoient défendue, passés au fil de l'épée; les femmes & les enfans emmenés captifs en Espagne. Ces conquérans arabes avoient envahi toute la Gaule Narbonnoise. Charles Martel les fit reculer, & les battit même complétement près de Narbonne. Le roi Pepin les en chassa en 759. Ils y rentrerent, & ce ne fut qu'un peu plus tard que Charlemagne les repoussa tout-à-fait de l'autre côté des Pyrenées. Mais ces barbares, avant de sortir de Narbonne, en brulerent les faubourgs.

Les Visigots & les Sarrasins avoient établi successivement des gouverneurs dans cette ville, & Charlemagne y en établit aussi. Ces gouverneurs ne prenoient que le titre de *viguier* ou de *vidame* (*vice dominus*). Cixilane fut le premier qui prit celui de vicomte, vers la fin de l'empire de Louis *le Débonnaire*. Ce gouvernement comprenoit, sous les Français, la ville & toute l'étendue du diocèse, telle qu'elle étoit avant le démembrement qui en fut fait au commencement du quatorzieme siecle.

Les descendans de Charlemagne donnerent aux archevêques la moitié de la seigneurie de la ville, en établissant sur le reste des ducs & des comtes, & sous eux des vicomtes qui devinrent héréditaires & patrimoniaux. Vers l'an 865 la ville de Narbonne devint la capitale du marquisat de Gothie, & dans la suite celle du royaume de Septimanie. Les ducs d'Aquitaine & les comtes de Toulouse prenoient quelquefois le titre de ducs de Narbonne; & les vicomtes les reconnoiſſoient pour leurs ſeigneurs ; quelquefois auſſi ces derniers agiſſoient comme indépendans. Durant les guerres des Albigeois, les habitans de Narbonne ſuivirent tour-à-tour le parti de ces hérétiques & le parti contraire. Enfin, lorſque les comtes de Touloufe eurent été dépoſſédés par Simon de Montfort ; que le fils de celui-ci eut remis tout le pays au roi de France, & que ſaint Louis ſe fut arrangé avec le roi d'Arragon ; il n'y eut plus dans Narbonne que deux ſeigneurs, l'archevêque & le vicomte.

Je dois remarquer ici que ce dernier titre avoit été poſſédé juſqu'en 1134, par une maiſon dans laquelle le nom d'*Aymeric* s'étoit perpétué, & dont le dernier mâle mourut cette même année. Sa sœur Ermengarde, qui lui ſuccéda, n'ayant point eu d'enfans, laiſſa, en 1197, ſa vicomté à ſon neveu fils de ſa sœur. Il étoit eſpagnol, & de l'illuſtre maiſon de Lara en Caſtille. Ses deſcendans adoptèrent auſſi le nom d'*Aymeric*, en eſpagnol *Maurique*. C'eſt d'eux que deſcendent les Narbonne-*Lara* : les

Maurique de Lara en Espagne ont la même origine. La branche aînée des vicomtes de Narbonne-*Lara* s'éteignit au commencement du quinzième siecle. Le dernier d'entr'eux vendit la vicomté à Gaston IV du nom, comte de Foix & de Béarn. Jean, fils cadet de celui-ci, l'eut en partage; & Gaston, fils de Jean, l'échangea avec le roi Louis XII contre le duché de Nemours. Cependant les rois de Navarre, de la maison de Foix, conserverent des prétentions sur la vicomté de Narbonne. Enfin, le roi Henri IV, héritier de tous les biens de Foix & d'Albret, ayant réuni tous les droits des rois de France & de Navarre sur Narbonne, le roi en partagea la seigneurie avec l'archevêque. Tel est le dernier état des choses. Quant aux Narbonne-*Pelet*, ils font remonter leurs droits sur le nom de Narbonne, jusqu'à la premiere race des vicomtes, desquels Ermengarde hérita.

La ville de Narbonne fut affligée de la peste en 1587 & en 1594. Elle avoit été frappée du même fléau vers le milieu du quinzieme siecle. Peudant les guerres de religion, qui, dans le seizieme, désolèrent la France, elle se déclara pour la ligue; & ses habitans se porterent à divers excès. Le duc de Montmorenci en fit le blocus, qu'il convertit en siege. Elle se soumit, enfin, à Henri IV en 1596; & depuis cette époque elle a toujours été fidèle à nos rois. Les états de la province s'y sont assemblés plusieurs fois dans les quinzieme, seizieme, & dix-septieme siecle.

Cette ville est la premiere de toute la province dans l'ordre ecclésiastique. La foi y fut prêchée dès le premier siecle de notre ère, puisque, suivant la tradition, elle eut pour apôtre *Sergius Paulus*, qui avoit été proconsul en Chypre. Saint Paul avoit étonné par son éloquence ce Sénateur romain, qu'il parvint à convertir au christianisme. Sergius embrassa la vraie religion avec tant de zèle, qu'il partit pour la Gaule Narbonnoise dans le dessein d'y répandre la lumiere de l'évangile. A son arrivée à Beziers, il ordonna saint Aphrodise, son disciple, pour premier évêque de cette ville, & se rendit ensuite à

Narbonne, où il fit un grand nombre de profelytes. On ne fait pourtant point s'il fut martyrifé. Mais on fe flatte de poffeder fes reliques dans la cathédrale ; qui cependant eſt dédiée à *faint Juſt* & *faint Paſteur* martyrs.

Auffi-tôt que l'on entend parler dans l'hiſtoire des évêques de Narbonne, on voit qu'ils prennent le titre de métropolitains, & même de primats de la Gaule Narbonnoiſe. Cela devoit être, puiſqu'ils étoient évêques de la métropole & de la ville principale de cette grande province. Il eſt certain qu'en 588, ils ſe trouvoient en poſſeſſion de ces titres. L'an 1097 l'archevêque d'Aix ayant voulu ſe fouſtraire à cette primatie, celui de Narbonne fut maintenu dans ce droit par le Pape Urbain II. En 1264 un archevêque de cette derniere ville ayant été élevé au souverain pontificat fous le nom de Clément IV, confirma ſon ancien dioceſe & ſes ſucceſſeurs dans tous leurs privileges.

Ce même pape ordonna la conſtruction d'une nouvelle cathédrale, parce que l'ancienne avoit été pluſieurs fois ruinée par les Sarraſins &

même par les Albigeois. La plus grande partie de cete église fut achevée dans ce même siecle (le treizieme) & subsiste encore. Mais, par une singularité remarquable, ce bel édifice gothique ne fut point alors achevé; & l'on a été quatre cent cinquante ans sans entreprendre de le conduire à sa perfection. Ce n'est qu'en 1704 qu'on s'est remis à y travailler.

Au commencement du quatorzieme siecle le pape Jean XXII, diminua considérablement l'étendue du diocèse de Narbonne & de sa jurisdiction métropolitaine, en érigeant Toulouse en archevêché, en lui donnant des suffragans, dont quelques-uns l'étoient de Narbonne, & en créant plusieurs autres évêchés, parmi lesquels ceux de *Saint-Pons* & d'*Aleth* furent faits aux dépens du diocèse de Narbonne même. C'est ainsi que ce dernier s'est trouvé réduit à cent trente-une paroisses & dix suffragans. Mais il a du moins conservé le titre de primat, & la présidence de l'ordre du clergé, & par-conséquent des états de la province entiere.

La ville de Narbonne a environ dix mille habitans. Elle a été autrefois entourée de fortes murailles que le roi Louis VIII fit démolir. Elles furent rétablies dans le temps des troubles & des guerres de religion ; & l'on y éleva de bons remparts qui mirent la ville à couvert de la fureur des huguenots. On y ajouta encore de nouvelles fortifications, parce que, tandis que le Roussillon étoit à l'Espagne, Narbonne étoit une place frontiere en premiere ligne. Mais depuis la réunion du Roussillon à la couronne, ces fortifications devenant inutiles ont été négligées. Il ne subsiste plus que les remparts, qui sont très-beaux, & deux demi-lunes revêtues de pierres devant les portes.

Le canal de la *Robine* divise Narbonne en deux parties, le bourg & la cité, qui communiquent l'une à l'autre par trois ponts. On entre dans la ville par quatre portes près l'une desquelles est le séminaire, bâtiment digne de la curiosité des voyageurs.

L'église cathédrale, bâtie comme je l'ai dit plus haut, sous le pontificat de Clément IV, est située dans la cité.

C'eſt une édifice remarquable par la hauteur de ſes voûtes & la hardieſſe de ſa conſtruction. On voit dans cette égliſe pluſieurs tombeaux de marbre. Celui du milieu du chœur eſt du roi Philippe le Hardi, mort à Perpignan l'an 1285. Son corps ayant été porté à Narbonne, on le fit bouillir dans de l'eau & du vin, pour ſéparer la chair d'avec les os. Ses entrailles & toutes les chairs furent inhumées dans ce tombeau, & ſes os avec ſon cœur furent transportés à Paris & à Saint-Denis. Ce monarque eſt ici repréſenté en marbre blanc, revêtu de ſes habits royaux & couché, tenant de la main droite un long ſceptre, & de l'autre ſes gants. Le convoi eſt repréſenté ſur les quatre faces de ce tombeau. On y voit des chanoines, dont les uns portent leurs aumuſſes ſur la tête, & les autres ſur le bras. D'un autre côté ſont des princeſſes qui portent auſſi des aumuſſes ſur la tête. Enfin on y voit le roi Philippe *le Bel* entre ſes deux gardes de la manche : il eſt en habit de deuil, ſans traîner. Sa cornette eſt rabaiſſée ſur les épaules, au lieu que les autres la portent sur la tête. Cette représentation nous prouve que nos rois assistoient alors aux funérailles de leurs prédécesseurs.

Il y avoit dans cette église un fort beau tableau de la *résurrection de Lazare*, peint par Sébastien Delpiombo, & donné par Clément VII, qui avoit été archevêque de Narbonne avant d'être pape. C'étoit un vrai chef-d'œuvre. Le duc d'Orléans régent du royaume, l'acheta en 1722, & en fit faire une fort bonne copie qu'il envoya aux chanoines, & qu'on voit dans la même chapelle.

Le soleil où l'on expose le Saint Sacrement doit être vu. Il est si grand & si massif qu'il ne faut pas moins de huit prêtres pour le porter. Il y a encore dans cette église un magnique reliquaire qui renferme un morceau de la vraie croix.

Le palais de l'archevêque est une espece de forteresse composée de plusieurs corps de logis, & environnée de plusieurs tours carrées. Le jardin est vaste & beau. On y remarque un antique & magnifique tombeau de marbre blanc, & une niche aussi de marbre, au travers de laquelle les prêtres du paganisme rendoient les oracles par un trou carré qui paroît au milieu de cette niche.

Il faut aller voir dans l'église collégiale de *Saint-Paul* les tapisseries : elles sont anciennes & d'un goût exquis. On y fait aussi remarquer aux voyageurs la représentation d'une grenouille qui est au fond du bénitier. L'église des carmelites fait aussi l'admiration des curieux par la beauté des marbres de son maître-autel & de ses chapelles. Il y a dans cette ville cinq paroisses & un très-grand nombre de couvens d'hommes & de filles. Mais les détails en seroient peu intéressans.

Vous savez, madame, que Bachaumont & la Chapelle ont apostrophé Narbonne en ces termes.

> Digne objet de notre courroux,
> Vieille ville toute de fange,
> Qui n'es que ruisseaux & qu'égouts;
> Pourrois-tu prétendre de nous
> Le moindre vers à ta louange?

Assurément ces deux poëtes voyageurs étoient bien de mauvaise humeur; & cette *Narbonne* méritoit un peu plus d'égards. On ne peut néanmoins disconvenir que cette ville étant située dans un fond environné de montagnes, les eaux s'y ramassent en si grande abondance lorsqu'il y pleut cinq ou six jours de suite, qu'il est presque impossible d'en sortir sans courir risque de se noyer.

Narbonne s'étendoit anciennement, dit un auteur moderne, jusqu'à un grand lac, qu'on nomme aujourd'hui *l'étang Salin*, qui a été desséché, & qui communiquoit à un autre qui s'étendoit jusqu'au Capestan, dans lequel l'Aude se déchargeoit, & à la mer par le golfe de *Vendres*, où étoit l'ancien port des gros vaisseaux; les petits venant à Narbonne où aboutissoit le lac. Mais les romains détournerent ce fleuve au-dessus de Cuxac, pour le faire passer à Narbonne, & le jetter dans la mer par l'étang & le golfe de Sigean, où ils formerent un nouveau port qui fut appellé *la Nouvelle*, par rapport à l'ancienne embouchure de *Vendres*. Dans la suite des temps, ce nouveau lit s'étant en partie comblé par les éboulemens de terre & les îles qui s'y formerent, le fleuve reprit son cours par l'étang de Vendres, où il se décharge aujourd'hui en partie, & par le moyen d'une nouvelle digue & d'un nouveau canal qu'on appele *Robine*, qui furent faits près de *Saletes*. On prit dans le quatorzieme siecle une partie de ses eaux pour les faire passer par le milieu de la ville & avoir la communication de la mer par le port de la *Nouvelle*. Cet ouvrage est ce qu'il y a de plus curieux à voir dans Narbonne.

Auprès de cette ville dans le terroir de *Liviere*, il y a cinq abîmes d'eau nommés *Œliols*, en latin *Oculi Livoriæ*. Ils sont d'une profondeur extraordinaire; & des bouillons de leurs eaux se forme un canal qui se joint à celui de la Robine. La terre qui environne ces gouffres, tremble sous les pieds de ceux qui ont la curieuse hardiesse de les aller voir. Au reste ces abîmes sont fort poissonneux; & les paysans des environs y vont souvent pêcher.

Il y a dans le diocese de Narbonne quatre abbayes d'hommes & deux de filles. Les plus célebres font celles de *Quarante*, & de *Font-froide*. Celle-ci fondée vers l'an 1130, par un vicomte de Narbonne, fuivit d'abord la regle de faint Benoit. Mais du temps de faint Bernard, elle embraffa celle de Cîteaux; & depuis cette époque elle a toujours été occupée par des religieux de cet ordre.

C'eft dans ce diocefe, au bourg de *Foncouverte* que naquit le bienheureux *Jean-François Regis*, Jéfuite, d'une famille noble dont la branche aînée eft reftée en Rouergue, où elle porte le nom de Deplas. Il mourut âgé de quarante trois ans, en faifant une miffion à la Louvefc, paroiffe du diocefe de Vienne dans le Vivarais, où il fut inhumé, & qui eft devenue confidérable par le concours des perfonnes qui vont vifiter fon tombeau.

Peyrac & *Sigean* font les principales falines de ce canton. Il s'y prépare tous les ans une grande quantité de fel, qui eft tranfporté dans tout le Languedoc & les autres provinces voifines, jufqu'en Savoie & ailleurs.

Perignan, aujourd'hui *Fleuri*, fut érigé en Duché-Pairie l'an 1736, en faveur de Jean Hercule de Rosset marquis de Rocosel, époux de la sœur du cardinal de Fleuri.

Leucate est une petite ville & une place fortifiée tout-à-fait sur les frontieres du Roussillon. Les Espagnols l'ont plusieurs fois assiegée, même au dix-septieme siecle. Elle étoit alors en très-bon état. Mais depuis que le Roussillon est à la France, on la néglige & on l'abandonne avec raison ; car l'habitation n'y est pas fort saine.

Je suis, &c.

A Narbonne, ce 4 décembre 1760.

F I N.

TABLE DES MATIERES
CONTENUES DANS CE VOLUME.

LETTRE CDXIII.

Suite de l'Auvergne.

Horrible gorge au bas du groupe du Mont-d'or. *page* 1
Village de Mont-d'or-les-bains. Bains de César. 3
Les grands bains. 5
Fontaine de la Madeleine. 6
Propriétés de ces eaux. 7
Grouppe du Mont-d'or. Rivieres de *Dore* & de *Dogne*. Rochers remarquables. 8
Cascade du Mont-d'or. 9
Montagne du *puy de Sanci*. 10
Hameaux de *la Bourboule*. 12
Ville de *la Tour.* Maison de *la Tour-d'Auvergne.* Ibid.
Géraud de *la Tour.* Particularités de sa vie. 13
Bernard V de *la Tour*; son courage & sa magnificence. Ibid.
Château nommé *la Roche-Vandais*; siege qu'il a soutenu. 14
Fin de *Mérigot de Marchés*, chef des *pillards*. 15.

Bertrand VI de *la Tour*, comte d'Auvergne;
son courage & sa magnificence dans les
joutes. 16
Jean III de *la Tour*, comte d'Auvergne; ses
trois filles. 17
Autre branche de *la Tour* & ses descendans.
Courte description de la ville de *la Tour*.
18
Lac de *Paven*. Sentiment de plusieurs auteurs
sur ce lac. 19
Ce qu'il est en lui-même; sa forme; abondance
& naissance de ses eaux. 20
Le Creux de Souci. Chose remarquable qu'on
dit dans le pays sur cette excavation. 21
Petite ville de *Besse*. Image noire de la Vierge.
Chose merveilleuse qu'on raconte de cette
image. 22

LETTRE CDXIV.

Suite de l'Auvergne.

Petite-ville de *Vodable*; origine de son nom.
24
Restes d'un palais magnifique. Premier dauphin
d'Auvergne. 25
Dernier dauphin de la maison d'Auvergne. Ce
dauphiné entre dans la maison de Bourbon.
26
La ville d'*Ardes*, chef-lieu du duché de *Mercœur*. Célèbre abbé de Cluny de cette
maison. 27
Maison où a passé ce duché. Anecdote sur
le duc de Mercœur du temps des guerres
civiles. 28

Château de Mercœur. Eglises & commerce d'Ardes. 29

Petite ville de *Nonette*, sa situation; vue admirable dont on y jouit. 30

Bourg d'*Usson*; description de son ancien château; sieges qu'il a soutenus. 31

Louis XI en fait une prison d'état. Ordre qu'il donne d'y renfermer un courtisan dans une cage de fer. 32

La reine *Marguerite de Valois* prisonniere dans ce château. 33

Elle y fait entrer des troupes, & s'en rend maitresse. 34

Conduite licencieuse qu'elle y mene. Vers qu'elle a faits pour un de ses amans. 35

Deux services qu'elle rend à Henri IV, mettent fin à son exil. 36

Quatrain affiché sur la porte de son hôtel à Paris. 38

Le château d'*Usson* démoli; restes qu'on en voit. Ibid.

La ville de *Sauxillanges*; fondation remarquable de son prieuré. 39

Corps de religieux conservé tout entier dans l'église du monastère. Commerce de cette ville. 40

La ville de *Vic-le-Comte*. Les comtes d'Auvergne y font leur séjour & y fondent un chapitre. 41

Choses remarquables qu'on voit dans l'église. 42

Tombeau d'une princesse de France dans celle des cordeliers. Anecdote à son sujet. 43

Tableau donné par cette princesse; inscriptions remarquables. 44

Restes du château de Buron; fontaines minérales. 45

LETTRE

DES MATIERES.

LETTRE CDXV.

Suite de l'Auvergne.

Langeac, seigneurie divisée en deux fiefs. 47
Nom que donne cette ville à une maison illustre. 48
Situation de cette ville. Cérémonie singuliere & ridicule qu'on y pratiquoit. 49
Productions minéralogiques & autres. 51
Le bourg de *Vieille-Brioude*; question sur l'ancienne existence de ce lieu. 52
Pont célebre & très-curieux. 53
La ville de *Brioude*; miracles rapportés par Grégoire de Tours, à la mort de St. Julien. 54
Richesses de l'église de S.-Julien, plusieurs fois pillées. 55
Reconstruction de cette église; fondation de son chapitre; institution du premier ordre de chevalerie. 56
La ville de Brioude ravagée par les seigneurs du pays, que le pape excommunie. 57
Le roi de France marche en Auvergne & les soumet. L'un d'eux est fouetté de verges à la porte de l'église. 58
Brioude prise plusieurs fois; sa situation. 60
Incertitude de l'époque ou les chanoines de Brioude prirent le titre de *comtes*. 61
Ce chapitre est divisé en trois ordres. Ibid.
Tableaux, horloge de l'église; manteau & chapeau du dauphin, fils du roi Charles VI. 62
Fondation des cordeliers de cette ville. 63
Chemin de Brioude à la *Chaise-Dieu*; abbaye de cette petite ville; son fondateur. Ibid.

Tome XXXII. S

Raimond comte de Toulouse y vient implorer
la protection de saint Robert. 65
Description de l'église de cette abbaye. 66
Tombeau du pape Clément VI au milieu du
chœur ; bulle que lança ce pontife contre
l'empereur Louis de Baviere. 67
Inculpation horrible faite aux protestans con-
cernant le corps de ce pape. 68
Bourg d'*Arlant* ; ses manufactures. 69
Anecdote concernant une inondation dans le
pays nommé *Livradois*. Ibid.
Fief du *Livradois* ; son histoire. 70
La ville d'*Ambert* ; siege qu'elle a soutenu. 71
Sa situation, son église, son commerce. 72

LETTRE CDXVI.

Suite de l'Auvergne.

Notions générales sur la Haute-Auvergne. 74
La ville de *Saint-Flour*. Titre de capitale
qu'elle prétend avoir 75
Origine du nom que porte cette ville. 76
Fondation du monastere de Saint-Flour ; embel-
lissement de la ville. Ibid.
Sa situation, ses églises, ses maisons d'éduca-
tion, ses couvens, 78
Autorité temporelle de l'évêque de Saint-Flour ;
foires qui s'y tiennent. 80
Maison de *Brezons*. Ibid.
Chaudes-Aigues ; sa source d'eaux minérales.
82
Bourg de *Carlat* ; son ancien château ; siege
qu'il a soutenu. 83
Séjour qu'y fit la reine Marguerite *de Valois* ;

pourquoi elle en fut chassée par les habi-
tans. 84
La ville d'*Aurillac* ; son origine. 85
Situation de cette ville ; abbaye de *Saint-
Géraud*. 86
Couvens & college d'Aurillac. 88
Hommes illustres qu'a produits Aurillac ;
Gerbert. 89
François Maynard. 90
Piganiol de la Force. 91
La ville de *Mauriac*; erreur concernant une
fameuse bataille. Ibid.
Monastere, college, église & commerce de
cette ville. 92
Ancien hermitage ; réflexion à ce sujet. Ibid.
Château d'*Escorailles*; maison de ce nom ;
notice sur Marie-Angélique d'*Escorailles*,
duchesse de Fontanges. 93
La petite ville de *Salers*, patrie de *Pierre
Liset*. 94
Vic-en-Carladès ; source minérale. 96
Pierre d'Auvergne, ou le *Moine de Montaudon*,
célebre Troubadour. Ibid.
Louis Boissi. 97
Groupe du *Cantal* ; sa description. Ibid.
Etat de ces montagnes dans les différentes
saisons. 99
La petite ville de *Saint-Paulien*. 100

LETTRE CDXVII.

Le Languedoc.

Notions générales sur le Languedoc. 101
Origine du nom de cette province. 102

Sa position, sa division. 103
État du Languedoc avant les Romains. 104
État de cette province sous ces peuples. 105
Nom de *Septimanie* qui lui est donné. 106
Irruption des visigoths dans le Languedoc. 107
Royaume qui y est fondé. 108
Formation de la langue *Romance* ou *Romaine*.
  Ibid.
Les Visigoths vaincus par Clovis; ils se maintiennent dans leur royaume au pied des Pyrenées. 109
Irruption des Sarrasins, chassés ensuite par les français. 110
Royaume de Gothie ou *Septimanie*, rétabli. 111
Grand nombre des comtes dans cette province.
  Ibid.
Ils perpétuent leurs dignités dans leurs familles.
  112
Premier comte de Toulouse. 113
Frédelon, & ses descendans. 114
Agrandissement de cette maison de Toulouse.
  Ibid.
Raimond VI protecteur des Albigeois. 115
Inconstance dans sa conduite. 116
Famille de Trincavel, vicomte de Beziers; massacre de cette ville & de plusieurs autres.
  117
Montfort investi du comté de Toulouse; Raymond rappellé. 118
Droits cédés à Louis VIII. 119
Paix conclue avec saint Louis. Ibid.
Comté de Toulouse qui revient à la couronne.
  120
Comté de Montpellier qui y revient aussi. Ibid.
Sort de cette province depuis cette époque.
  121

Troubles en Languedoc durant les guerres de
 religion. 126
Population de cette province. Ibid.
Caractere, mœurs & génie des habitans. 123
Preuves qu'ils ont donné de leur fidélité à
 nos rois. 125
Refutation d'un farcafme lancé contre les
 Languedociens. 126

LETTRE CDXVIII.

Suite du Languedoc.

Clergé du Languedoc. 129
Hôpitaux, feminaires, colléges & universités.
 130
Etats de cette province, leur origine. Ibid.
Constitution actuelle de ces états ; lieux où ils
 se sont tenus. 131
Présidence de ces états, & leur durée. 132
Frais du voyage des députés en 1527 & en
 1545. 133
Anecdote à cette occasion sur un repas
 donné à François I, par la ville d'Harfleur.
 134
Ordre des séances de ces états ; formation des
 trois ordres. 135
Maniere dont on y opine ; maniere dont ces
 états sont convoqués par le roi. 137
Ce qu'y font les commissaires du roi. 138
Impositions & charges du Languedoc. 139
Cours & bureaux de cette province. 140
Parlement féant à Toulouse ; son établisse-
 ment. 141
Comment il est composé. 142
Sénéchaussées de cette province. 143

Jurisprudence suivie dans le Languedoc. Ibid.
Remarque sur son privilege de se gouverner
 suivant les loix romaines.   144
Autre remarque sur les fiefs établis en Languedoc.   145
Gouvernement militaire de cette province.
 146
Etablissement de la gabelle dans le Languedoc.
 147

LETTRE CDXIX.

Suite du Languedoc.

Climat de cette province en général.   149
Montagnes.   150
Forêts.   151
Côtes sur la Méditerranée.   152
Port d'*Aigues-Mortes* aujourd'hui comblé. 153
Projet du port de *Cette*.   Ibid.
Exécution de ce projet; description de ce
 port.   154
Poissons de la Méditerranée.   156
Pêche de mer.   Ibid.
Description du lever du soleil, à l'occasion
 de cette pêche.   157
Pêche des marais.   159
Fleuves navigables. Cours de la Garonne. 160
Autres rivieres, & description de leurs cours.
 161
Canal royal du Languedoc; son auteur. 162
Difficultés vaincues pour sa costruction. 163
Difficulté principale pour le partage des eaux.
 164
Ce que couta ce canal; sa description, son
 embouchure; cascade des huit écluses de
 Béziers.   166

Montagne du *Malpas* sous laquelle passe le canal, & très-curieuse. 167
Description de la voûte qu'on y a construite. 168
Autre petit canal qui coupe obliquement le premier. 170
Ce canal royal coupé dans le rocher. 171
Le même porté sur un pont de trois arcades à *Cesse*. Ibid.
Porté sur le pont de *Répudre*; torrent de ce nom. 172
Bassin de *Naurouse*. 173
Réservoir à *Saint-Feriol*. 174
Deux rigoles qui conduisent les eaux. Ibid.
Chaussée qui soutient ces eaux. 175
Vers du grand Corneille sur ce canal. 176
Autres canaux du Languedoc. 177
Projet du maréchal de Vauban concernant le canal royal. 178
Autres canaux projettés. 179

LETTRE CDXX.

Suite du Languedoc.

Fertilité du sol dans les divers cantons du Languedoc. 181
Vins de toutes les espèces qu'on y recueille. 182
Récolte des olives. 183
Culture des mûriers; art de faire la soie. 184
Manière de faire éclore & d'élever les vers à soie. 185
Leurs maladies; nourriture qui leur convient. 186

Coques de ces animaux; manière d'en tirer la
soie. 187
Nombre des plantes curieuses ou médicinales
qu'on trouve dans le Languedoc. 188
Le salicot. Ibid.
Le *Pastel* ou *Guede*; origine du mot pays de
Cocagne. 189
La *graine d'écarlate* ou *kermés*. Ibid.
Le *verlet* ou *verd-de-gris*. 190
La *crême de tartre*. 191
Eaux minérales. Ibid.
Fosse remarquable appellé le *Boulidou*. 192
Autres sources d'eaux minérales curieuses.
Fontaine de *la Pegue*. 193
Fontaine Puante. 194
Mines de fer; de cuivre, de plomb, &c. 195
Carrieres de Marbre. 196
Pétrifications, congélations, & cristallisations.
Ibid.
Salines. 197
Manufactures. Ibid.
Commerce du Languedoc; diverses foires. 199
Haras. Observation sur les lettres suivantes.
200

LETTRE CDXXI.

Suite du Languedoc.

Montagnes des *Cevennes*. 201
Le *Velai*. Notions générales & notice histo-
rique sur ce pays. 202
Etats du Velai. 203
La ville *du Puy*; sa situation & son agrandis-
sement. 204

Ancienne ville de Ruessium; château de Polignac dédié autrefois à Apollon. 205
Saint-Georges, premier apôtre du Velai; première chapelle bâtie en l'honneur de la sainte Vierge. 206
Ses successeurs immédiats; la ville de Ruessium réduite au village de Saint Paulian. 207
Eglise du Puy; reliques qu'on y dépose. 208
La ville du Puy épargnée par un roi des Vandales, les Visigoths & autres peuples. 209
Evêché du Puy occupé par les plus grands seigneurs. Ecole établie dans cette ville. 210
Evêque du Puy qui se signale à la première croisade; victoire remportée sur les mahométans à la vue du fer de la lance qui avoit percé notre seigneur. 211
Priviléges confirmés aux évêques du Puy par trois papes. 212
Aventure singuliere arrivée du temps des Routiers. 213
La ville du Puy épargnée durant les guerres des Albigeois. 214
Priviléges considérables des évêques de cette ville. 216
Chanoines du Puy vivant en communauté; réfectoire remarquable où ils mangeoient. 217
Charles VII proclamé roi de France au Puy. Ibid.
Pélerinage fait par Louis XI à l'église Notre-Dame de cette ville. 218
Evénement arrivé au siege de la ville du Puy par les Calvinistes. 219
Droits des chanoines du Puy; description de leur église; privilége du grand-autel. Ibid.

S 5.

Origine & histoire de l'image de Notre-Dame du Puy. 220
Autres reliques conservées dans cette église. 221
Le Puy, patrie du cardinal de Polignac ; diocèse de cet évêché. 223

LETTRE CDXXII.
Suite du Languedoc.

Le Vivarais & sa division. 225
Notions générales sur ces trois cantons. Ibid.
Commerce de ce pays ; bois de *Mercouire*. 227
Premiers peuples du Vivarais. Ancienne ville d'*Albe*. Ibid.
La ville de Viviers. 228
Divers souverains du Vivarais. 229
Etats de cette province. Ibid.
Haut-Vivarais. La ville d'*Annonai* ; sa description ; remarque sur l'étymologie de son nom. 230
Pierre Bertrand ; cardinal. 232
Situation de la ville de *Tournon* ; sa population, son collége. Notice sur le cardinal de Tournon & sur la maison de ce nom. Ibid.
Château de *Crussol*. 233
Privas, siege qu'a soutenu cette ville. 234
Aubenas ; sa situation, sa manufacture ; son collége ; par qui doté ? Ibid.
La ville de *Viviers* ; bourg de *Saint-Andéol*. 235
Bas-relief antique curieux. Ibid.
Bourg de l'*Argentiere* ; baronnie de *Joyeuse*. Ibid.

LETTRE CDXXIII.

Suite du Languedoc.

Le *Gevaudan*; notions générales sur ce pays. 238

Eaux minérales qu'on y trouve. 239

Ce que faisoient autrefois les habitans; origine du mot *Gavachos*; manufactures. Ibid.

Premiers peuples du Gevaudan; son ancienne capitale; son premier évêque. 240

Il passe sous la domination de plusieurs maîtres. Droits régaliens accordés à l'évêque de Mende. 242

Vicomtes de Gevaudan. Les évêques prétendent à la Souveraineté. Ils partagent la seigneurie avec nos rois. 243

Etats du Gevaudan. 244

La ville de *Mende*; ce qu'elle offre de remarquable; grosse cloche fondue par les calvinistes. 245

Hermitage & chapelle taillés dans le roc. 246

La ville de *Marvejols*; ce qu'elle a souffert durant les guerres de religion. Ibid.

Commerce de cette ville. Privilége du premier consul. 247

La petite ville de *Saint-Ennimie*; fondation singuliere de son prieuré. Ibid.

La petite ville de *Castelnau* ou *Château-Neuf-de-Rendon*. Le connétable du Guesclin; maison de *Joyeuse*. 249

LETTRE CDXXIV.

Suite du Languedoc.

Le bas Languedoc; son climat, son terroir; ses productions. 251

Diocèse d'*Alais*; ses productions, ses manufactures. 252

Etablissement de l'évêché d'Alais. 253

La ville d'*Alais*, & ce qu'elle offre de remarquable. Ibid.

Citadelle d'*Alais*. 254

Maison de *Pelet*, à laquelle cette ville a appartenu. Ibid.

Comment cette ville fut érigée en comté. 255

La ville d'*Auduze*; sa situation; à qui elle a appartenu; sa population, son commerce. 257

La petite ville de *Saint-Hippolyte*; tanneries; citadelle. 258

Bourg de *Meyrueis*; description de trois grottes curieuses qu'on voit aux environs. Ibid.

Montagnes du diocèse d'Alais; anciens *Camisards*. 260

Diocèse d'*Uzès*, son étendue, ses productions; rivière du *Gardon*. 261

La ville d'*Uzès*; sa seigneurie partagée; Duché-Pairie aujourd'hui la plus ancienne. 262

Evêques de cette ville. 263

Population d'Uzès; clocher de la cathédrale, palais de l'évêque. Ibid.

Fontaine d'*Aure*; château des anciens vicomtes. 264

Savans qu'a produits la ville d'Uzès; *Jean Mercier* & *Josias Mercier*, son fils. Ibid.

Raymond Jordan, sur-nommé *le savant idiot*. 265

Les petites villes de *Saint-Ambroise*, *Portes*, *les Vans*, baronnie de *Bargeac*. Ibid.

La ville du *Pont-Saint-Esprit*; sa situation, son origine. 266

Pont remarquable; comment il fut bâti; avantages qu'il procure. 267
La petite ville de *Bagnols*; origine de son nom; deux fontaines remarquables. 268
Baronnie de *Roquemaure*. 269
Abbaye de *Saint-André*, *Villeneuve d'Avignon*, ses foires, sa chartreuse, sa situation. 270
Baronnie d'*Aramont*. 271

LETTRE CDXXV.

Suite du Languedoc.

Diocèse de *Nîmes*; productions de son sol. 272
La ville de Nîmes; sa fondation & l'origine de son nom. 273
Ses premiers habitans; ses embellissemens sous les romains. 274
Son ancienne enceinte; médailles qu'on y a découvertes. 275
Etablissement de la religion chrétienne à Nîmes. 276
Les Visigoths s'emparent de cette ville & la fortifient. Ibid.
Elle est prise par les rois de France, puis par les Sarrasins, & reprise par les Français qui la détruisent. 277
Comtes établis à Nîmes. 278
Cette ville rentre pour toujours sous la domination de nos rois. 279
Elle devient le théâtre des guerres de religion. 280
Conciles tenus à Nîmes. Les états du Languedoc s'y assemblent. Ibid.

Monumens antiques de cette ville ; *temple de Diane*, sa description. 281
Amphitéâtre & sa description. 282
Vers de *M. de Pompignan* sur ce chef-d'œuvre des Romains. 284
La *maison carrée* ; opinion générale sur cet antique monument ; sa description. 285
La *Tourmagne* ; son origine & sa description. 286
Autres monumens dont on voit encore quelques testes 287
État actuel de Nîmes. Rues, paroisses, couvens, cathédrale, hôtel-de-ville, citadelle, esplanade. 288
Commerce & manufactures. 289
Académie de Nîmes ; grands hommes qu'a produits cette ville, *Nicot, Cotelier, Flechier*. Ibid.
Ses environs ; pont du *Gard*, sa description. 290
Chemin de Nîmes à Beaucaire. 292
Beaucaire ; ce qu'étoit autrefois cette ville. Ibid.
Sa description & ses églises ; foire fameuse qui s'y tient. 293
Le bourg de *Saint-Gilles* ; son abbaye. 294
Saline de *Peccais*. 295
La ville d'*Aigues Mortes*, son ancien port. 296
Tour de *Constance* anciens fossés de Marius. 297
Port actuel d'*Aigues-Mortes*, & canal de *la Robine*. 298
Population, climat, privilèges, commerce de cette ville. 299
Anecdote ridicule & affreuse. 300
Monastère de *Psulmodi*. 301

La petite ville & le château de *Sommieres* ;
maison de *Bermont*. 302
Sieges qu'a soutenus *Sommieres* ; baronnie de
Calvisson. 303

LETTRE CDXXVI.

Suite du Languedoc.

Diocèse de Lodève ; productions de son sol.
304
La ville de Lodève ; origine de son nom d'après son histoire. 305
Les évêques seigneurs de cette ville ; établissement de l'épiscopat. 306
Naissance du cardinal de Fleuri à Lodève. 307
La ville de *Clermont* ; ses anciens seigneurs, sa situation, ses manufactures & son terroir.
308
Diocèse de *Montpellier* ; son territoire. 309
Situation de la ville de *Montpellier* ; ce qu'elle étoit autrefois. Ibid.
Evêché de cette ville autrefois à Maguelonne.
310
Formation de *Montpellier*, & origine de son nom. 311
Premiers comtes de cette ville ; elle passe aux rois de Mayorque. 312
Translation de l'évêché de Maguelonne à Montpellier. 313
Elle est plusieurs fois saccagée par les Huguenots. Ibid.
Ces hérétiques la fortifient & soutiennent plusieurs sieges. 314
Citadelle de Montpellier. 315
Cours des aides & autres tribunaux ; université. 316

Hôtel-de-ville; églises, bâton de saint Roch;
   dévotion à ce saint. 318
Population de Montpellier; ses promenades,
   le *Peyrou*. 319
Le *jardin du roi*; sa beauté. 320
Coutumes locales, commerce de Montpellier.
   321
Vert-de-gris; comment il se fait. 322
Dames de cette ville, salubrité de l'air. Ibid.
Grands hommes qu'elle à produits; *Ducan*,
   Desseisses, le P. *Poyet*, *Rébuffe*; privilége
   accordé à la postérité de ce dernier. 324
Le *Boulidou* de *Peyrolds*. Ibid.
La ville de *Lunel*, son ancienne synagogue
   des Juifs, ses vins muscats. 326
La petite ville de Ganges; ses manufactures,
   ses anciens seigneurs. 327
La petite ville d'*Aniane*; son abbaye. Ibid.
Lieu où étoit autrefois la ville de *Maguelonne*.
   la petite ville de *Frontignan*; ses vins mus-
   cats, sa décoration singuliere. 328
Le bourg de *Balaruc*, ses eaux minérales. 329

LETTRE CDXXVII.

Suite du Languedoc.

Diocèse d'*Agde*; son climat ses productions.
   331
La ville d'*Agde*; sa fondation, ses vicomtes.
   332
Sa situation, sa population, son commerce;
   ses églises, le palais épiscopal. 333
Notre-Dame de Grace ou *du Grau*; couvent
   des capucins; mot d'un général de cet ordre.
   334

Le petit fort de *Brescou*. 335
La ville de *Cette* ; son origine, son port, sa population. 336
La petite ville de *Meze*, & autres bourgs. 337
Abbaye de *Valmagne* ; ce qu'il y a de curieux ; la petite ville de Montaguac. Ibid.
La ville de *Pezenas* ; ses dehors ; ce qu'elle étoit autrefois ; ses anciens seigneurs ; érigée en comté ; *la grange des prés.* 338
Tenue des états de Languedoc à *Pezenas* ; foire qui s'y tient ; sa population ; caractere de ses habitans ; son intérieur. 339
Anecdote sur *Jean-Francois Sarasin*. 340
Grands-hommes qu'a produits *Pezenas* ; le P. *Poussines* ; *Juvenel de Carlencas*. Ibid.

LETTRE CDXXVIII.

Suite du Languedoc.

Diocèse de *Beziers*. Productions de son sol. 342
Origine de la ville de *Beziers* ; comment elle est nommée par les anciens auteurs ; elle est saccagée par les goths. 343
Siege de Beziers ; anecdote à ce sujet concernant un de nos rois. 344
Cette ville se rétablit ; les sarrasins s'en emparent ; les Français la reprennent ; ses vicomtes. 345
Désastre de Beziers lors de la guerre des Albigeois. 346
Anecdote concernant un Troubadour & une comtesse de Beziers. 347
Quel est ce Troubadour ; l'accueil qu'il reçoit à la cour de Beziers. 348

Il exprime dans ses poësies sa passion pour la comtesse. 349
Cette princesse lui permet de la célébrer. 350
Vœu que forme ce Troubadour; il le voit exaucé & n'en devient que plus amoureux. 351
Jalousie d'un roi de Castille, & ses effets. 353
Plaintes touchantes, désespoir, fin de ce Troubadour. 354
Evêché de Beziers; sa fondation. 355
Belle situation de cette ville; description de ses environs. 356
Autres avantages dont on y jouit; vers en son honneur, connu de temps immémorial. 358
Enceinte, murailles, entrée de Beziers. 359
Restes de monumens antiques. Ibid.
Edifices modernes. Palais épiscopal. Différentes vues de la ville, les casernes. 360
Paroisses de Beziers; église de *Saint-Aphrodise*. 361
La nouvelle cathédrale. 362
Autres églises. 363
Rue remarquable. Statue grotesque. 364
Réjouissance publique le jour de l'ascension. 365
Espece d'escrime des bergers. 366
Danse *des treilles*. 367
Caractere des habitans de Beziers. 368
Leurs dispositions pour les sciences & les arts; grands hommes qu'a produits Beziers. *Jacques Esprit*. 369
Le P. *Gonet*, *Pierre-Paul Riquet*. 370
Paul Pellisson; sa détention à la Bastille. 371
Ses amusemens dans cette prison. 372
Le P. *Pierre Cléric*, *Jean Barbeyrac*. 373

Jean-Jacques d'Ortous de Mairau. 374
Le P. Vaniere. 375
Sénéchauſſée de Beziers. Privilége remarquable accordé aux premiers magiſtrats de ce ſiege. 376
Conciles, états de Languedoc tenus à Beziers, anecdote concernant Moliere. 377
Village aux environs de Beziers; chapelle remarquable. 378
Le village de *Gabian*, *montagne des Diamans*. 379
Source minérale, fontaine d'*huile pétrole*. 380
Abbaye de *Saint-Pierre de Joncels*; autres lieux remarquables; contrée de *Groiſſeſſac*. 381
Partie montagneuſe de ce dioceſe. 382
Dioceſe de *Saint-Pons*; ſes productions, ſon commerce. 383
La ville de *Saint-Pons*; ſon origine, ſon évêché. Ibid.
La petite ville de *Saint-Chignan*; abbaye de *Foucaude*. 385

LETTRE CDXXIX.

Suite du Languedoc.

Dioceſe de *Narbonne*; productions du ſol; ſes plaines, les montagnes. 386
Chimere touchant la fondation de *Narbonne*; ſa vraie origine; ce qu'elle étoit alors. 387
Etat de cette ville ſous les Romains. 388
Elle eſt conſumée par le feu. 390
Elle eſt priſe par les Goths. Ibid.
Elle eſt pillée par les Sarraſins, qui en ſont chaſſés. 391

Ses vicomtes. 392
Maisons dans lesquelles a passé cette vicomté. 393
Siege qu'a soutenu Narbonne. 394
Son premier évêque, & ses successeurs. 395
Métropole de cette ville. 396
Population de Narbonne; ses fortifications. 398
Canal de *la Robine*. Ibid.
Cathédrale de cette ville; tombeau qu'on y voit. 399
Copie d'un beau tableau; soleil où l'on expose le saint Sacrement; palais de l'archevêque. 400
Eglise collégiale; ses tapisseries. 401
Apostrophe de deux poëtes contre Narbonne. Ibid.
L'étang Salin, port nommé *la Nouvelle*. 402
Abimes d'eau nommés *Œliols*. 403
Abbayes de ce diocèse. Ibid.
Le bourg de *Fonconverte*. Naissance du bienheureux Jean François Régis. 404
Les salines de *Peyrac* & de *Sigean*. Ibid.
Duché de *Fleuri*; la petite ville de *Lencate*. 405

Fin de la table du tome XXXII.

www.ingramcontent.com/pod-product-compliance
Lightning Source LLC
Chambersburg PA
CBHW072218240426
43670CB00038B/1667